LAUB- UND NADELBÄUME
EUROPAS

kosmos

Alan Mitchell
Illustriert von
David More

Über 750
europäische
Bäume in
Farbe

LAUB-
UND
NADEL-
BÄUME
EUROPAS

Kosmos
Gesellschaft der Naturfreunde
Franckh'sche Verlagshandlung
Stuttgart

Aus dem Englischen übersetzt von Christoph Arndt.
Bearbeitet von Kurt Gallenberger (Nadelbäume) und Georg Kessler
(Laubbäume).
Titel der Originalausgabe »The Complete Guide To Trees Of Britain
And Northern Europe«, erschienen bei Dragon's World Ltd., Limps-
field 1985 unter der ISBN 185028 000 2
© Dragon's World Ltd. 1985
Illustrations David More / Linden Artists 1985
Text Alan Mitchell 1985
Line Illustrations Holland & Clark Ltd. 1985

Mit 1700 Farbzeichnungen von David More

Umschlaggestaltung von Kaselow Design, München,
unter Verwendung von Farbzeichnungen von David More.

CIP-Kurztitelaufnahme der Deutschen Bibliothek

Mitchell, Alan:
Laub- und Nadelbäume Europas : über 750 europ.
Bäume in Farbe / Alan Mitchell. Ill. von David
More. [Aus d. Engl. übers. von Christoph Arndt.
Bearb. von Kurt Gallenberger (Nadelbäume) u.
Georg Kessler (Laubbäume)]. – Stuttgart :
Franckh, 1987.
    Einheitssacht.: The complete guide to trees
    of Britain and Northern Europe <dt.>
    ISBN 3-440-05789-5

NE: More, David:; Gallenberger, Kurt [Bearb.];
HST

Franckh'sche Verlagshandlung, W. Keller & Co., Stuttgart / 1987
Das Werk einschließlich aller seiner Teile ist urheberrechtlich
geschützt. Jede Verwertung außerhalb der engen Grenzen des Ur-
heberrechtgesetzes ist ohne Zustimmung des Verlages unzulässig
und strafbar. Das gilt insbesondere für Vervielfältigungen, Über-
setzungen, Mikroverfilmungen und die Einspeicherung und Ver-
arbeitung in elektronischen Systemen.
Für die deutschsprachige Ausgabe:
© 1987, Franckh'sche Verlagshandlung, W. Keller & Co., Stuttgart
Printed in Italy / Imprimé en Italie
LH 14 os / ISBN 3-440-05789-5
Satz: G. Müller, Heilbronn
Herstellung: Canale, Turin / Italien

Mitteleuropa besitzt einen enormen Reichtum an einheimischen Bäumen und Baumarten aus allen gemäßigten Regionen der Erde. In diesem Buch werden alle Arten, denen man oft begegnet, sowie eine Auswahl weniger geläufiger bis äußerst seltener Bäume, die besonders interessant oder schön sind, vorgestellt und beschrieben.

Die Abbildungen zeigen nahezu 500 Arten und etwa 250 Varietäten.

Die Bäume werden in der für sie typischen Landschaft vorgestellt; viele Detailzeichnungen von Rinde, Knospen, Blättern, Blüten und jahreszeitlichen Blattfärbungen erleichtern darüber hinaus das Bestimmen selbst unbekannter und seltener Arten.

Der Text ergänzt David Mores meisterhafte Zeichnungen – er beschreibt nicht nur die in den Bildtafeln gezeigten Formen und Farben, sondern informiert außerdem ausführlich über Ursprung, Vorkommen und Wachstum der einzelnen Baumarten. Wo jahreszeitlich bedingte Farbschwankungen von Blättern und Früchten nicht abgebildet sind, werden sie – falls sie für das Bestimmen hilfreiche Merkmale darstellen – im Text erwähnt; dasselbe gilt für die Größe der Blätter und Früchte. Angaben über Standort, Bodenansprüche und Verwertungsmöglichkeiten ergänzen die Artkennzeichnung. Die Ausführungen über die botanisch und anzuchtmäßig interessantesten Eigenschaften der Pflanzen, die aktuelle Größe zahlreicher Baumriesen und seltener Exemplare komplettieren die Bandbreite der Beschreibungen.

Den Abschluß bildet ein praktischer und informativer Ratgeber mit vielen wertvollen Hinweisen zur Auswahl, Züchtung und Pflege von Bäumen.

Inhalt

Familie Weidengewächse (Salicaceae)

Weiden (*Salix*)

Zweihäusige Bäume oder Sträucher, d.h., es gibt Pflanzen, die nur männliche, und solche, die nur weibliche Blütenstände tragen. Die Blüten sind in Kätzchen angeordnet (männliche gelb, weibliche grün).
Man kennt etwa 300 Arten und sehr viele Bastarde und Zuchtformen. Weiden bevorzugen feuchte Standorte und lassen sich relativ leicht ungeschlechtlich durch Stecklinge vermehren.

Bruchweide *Salix fragilis*

Die Bruchweide ist häufig im Flachland an Gewässerrändern anzutreffen und gehört zu den einheimischen Arten. Sie liebt es, wenn Bäche oder Flüsse mit ordentlicher Strömung ihre Wurzeln umspülen, stehende Gewässer behagen ihr weniger. Zu den besten Standorten zählen die sumpfigen Ufer schnellfließender, kreidehaltiger Flüsse und große Entwässerungsgräben in Schwemmlandebenen. Bäume, die in einiger Entfernung von Fließgewässern stehen, wurden angepflanzt.
In früheren Zeiten stutzte man die Bäume in ca. 2,5 m Höhe und kappte alle paar Jahre die nachwachsenden Triebe, um daraus Weidenruten und Material zum Körbeflechten zu gewinnen. So wuchs der Weide ein dicker Kopf (»Kopfweide«) mit 20 und mehr Trieben. Ihren Namen (*fragilis*) hat diese Art von den sehr leicht abbrechenden, gelben, einjährigen Trieben, durch die der Baum auch auf natürliche Weise ungeschlechtlich vermehrt wird: Bei Sturm brechen diese Triebe ab, fallen in das Gewässer und werden mit der Strömung fortgetragen. Einige von ihnen landen an schlammigen, seichten Stellen in ruhigerem Wasser und treiben hier sehr bald Wurzeln – ein neuer Baum entsteht. Für Verbreitung flußabwärts sorgen die im Frühsommer entstehenden, mit watteähnlichem Flaum versehenen Samen, die überallhin vom Wind vertrieben werden.
Die Bruchweide wächst sehr schnell. Der Hauptstamm erreicht ungestutzt eine Höhe von mehr als 10 m, die daraus wachsende lichte Krone wird bis 25 m hoch. Da das rasche Wachstum anhält, kann ein »Riese« von 200 cm Durchmesser gerade erst 100 Jahre alt sein.
Eine gesunde, in vollem Laub stehende Bruchweide ist leicht an ihrem üppigen, grünglänzenden Blätterwerk zu erkennen, das oft büschelweise von langen, kräftigen Trieben herabhängt. Die Rinde ist schwarz-grau und schuppig, wird mit zunehmendem Alter immer rissiger und blättert schließlich ab.

Silberweide *Salix alba*

Die Silberweide ist in Europa als Ufergehölz weit verbreitet, jedoch nicht so häufig wie die Bruchweide. Die Bäume werden bis 30 m hoch und bilden eine unregelmäßige hochgewölbte oder breite Krone aus. Silberweiden sind leicht an ihren silbrig bis blaugrün schimmmernden Blättern und den silbergrauen Zweigen zu erkennen. Ihre Rinde ist dunkelgrau und nicht abbröckelnd. Ihre Wachstumsgeschwindigkeit übertrifft die der Bruchweide, Höhen von 30 m sind also keine Seltenheit.
Von der Silberweide gibt es sehr viele Bastarde und Zuchtformen, z.B.:

Salix alba 'Chermesina' (*S. a. britzensis*)

Männliche Zuchtform von deutlich geringerer Lebenskraft mit im Winter leuchtendroten Zweigen – wird aus diesem Grund auch gerne in Parkanlagen und Gärten angepflanzt.

Salix alba 'Sericea' (*S. a. britzensis*)

Zuchtform mit beiderseits silbrig behaarten Blättern und niedriger, breit ausladender Krone. Langsamwüchsig. Häufig am Rand von Stadtparks angepflanzt.

Salix alba 'Coerulea'

Sehr schnell wachsende Zuchtform, deren Holz sich durch außergewöhnliche Elastizität und Stoßfestigkeit auszeichnet. Diese Form wird daher in England bevorzugt angepflanzt, ihr Holz wird zur Herstellung von Kricketschlägern verwendet.

Salix alba 'Sericea'   Salix alba 'Coerulea'   Gestutzte Bruchweiden (»Kopfweiden«)

Männliches Kätzchen

Junge Blätter

...zelnder Zweig

Bruchweide

Aussamendes Kätzchen

Salix alba 'Chermesina'

Silberweide

Aussamendes Kätzchen

Bruchweide

Bruchweide

Bruchweide

Silberweide

Weide, die jährlich ganz zurückgeschnitten wird

Trauerweide *Salix alba chrysocoma*
Die Trauerweide, ein Bastard aus Silberweide und Chinesischer Trauerweide (*Salix babylonica*) stammt aus China. Sie ist eine in freier Natur nicht vorkommende Gartenform, die schon sehr früh auf den alten Seidenstraßen in den morgenländischen Raum und von dort noch vor 1730 nach Europa gelangte. Starke Bäume können innerhalb von 15 Jahren eine Höhe von bis zu 15 m erreichen. An ihren hellgelben Zweigen ist diese Weidenart recht gut zu erkennen. Den schönsten Anblick bietet die Trauerweide im März, wenn sich zu den hängenden gelben Zweigen die frischen hellgrünen Blätter entfalten. Die Trauerweide wird aus Ablegern gezogen, die man 30–40 cm tief in den Boden steckt und nur 1–2 Knospen ca. 10 cm weit aus dem Boden ragen läßt. Nach einem Jahr sollten die Triebe bis zum Boden zurückgestutzt werden, damit sich im folgenden Jahr ein einzelner, kräftiger Trieb bildet. Ableger mit langen, herumbaumelnden Spitzen wachsen kümmerlich und müssen mit trickreichen Konstruktionen gestützt werden, damit sie eine Höhe erreichen, von der herab es sich stilgerecht »trauern« läßt.

Hängeweide *Salix alba* 'Tristis'
Rein weibliche Bäume, deren dünne Zweige nicht so stark herabhängen wie die der Trauerweide.

Korkenzieher-Weide *Salix matsudana* 'Tortuosa'
Die Korkenzieher-Weide stammt aus Nordchina und ist eine Gartenform der Chinesischen Trauerweide, dem Urahn unserer Trauerweide. Schon kurz nach dem Jahre 1920 eingeführt, wurde sie erst 30 Jahre später als kleinwüchsiger Gartenbaum beliebt. Die jungen Triebe sind noch sehr stark gedreht, glätten sich aber im Laufe der Zeit, wenn sie kräftiger werden, bis sie in Stammnähe fast glatt sind. Die Korkenzieher-Weide wird aus Ablegern gezogen und sollte bei gutem Wuchs nach 10 Jahren eine Höhe von ca. 10 m erreicht haben. Als Gartenbaum ist diese Weidenform sehr beliebt, nicht nur ihres eigenartiges Wuchses wegen, sondern auch deshalb, weil sie schon sehr früh im Jahr ihr leuchtendgrünes Blätterkleid anlegt und oft bis weit in den Dezember hinein anbehält.

Salweide *Salix caprea*
Die Salweide kommt als Strauch oder kleiner Baum (3–10 m hoch) überall in Europa bis Nordostasien vor. Sie ist eine der bekanntesten Weidenarten. Schon im zeitigen Frühjahr, lange vor dem Laubaustrieb, zeigen sich die mit silbernen Härchen überzogenen Blütenknospen, die sich dann über einen langen Zeitraum hin (Mitte Februar – Ende April) öffnen und eine wertvolle Bienenweide abgeben. Männliche Bäume tragen jung graubehaarte und älter glänzend rotbraune Zweige, weibliche Bäume grüne Zweige. An Watte erinnern Mitte Juni die flockigen Samen, die der Wind überallhin verweht. Sie benötigen allerdings einen feuchten Untergrund zum Auskeimen und sind relativ kurzlebig.

Kilmarnock-Weide *Salix caprea* 'Kilmarnock'
Die Kilmarnock-Weide ist eine männliche Zuchtform der Salweide mit besonders stark »trauernden« Zweigen.

Grau- oder **Aschweide** *Salix cinerea*
Diese Weidenart ist in den feuchten Wäldern heimisch, besitzt kräftige, dicht mit grauen Härchen besetzte Zweige und wird selten höher als 6 m.

Ohrweide *Salix aurita*
Diese Art gehört zu den kleinsten Weidenarten und wird maximal 2 m hoch. Der kleine Strauch mit seinen dünnen, hellbraunen Zweigen wächst bevorzugt im Unterholz feuchter Wälder, auf feuchten Wiesen und in Mooren.

Korbweide *Salix viminalis*
Die Korbweide wächst oft in Niederungen an von Weiden gesäumten Flußläufen. Sie wird 3–10 m hoch und trägt lange, biegsame Äste und Zweige mit relativ großen (25 cm langen) Blättern. Ihre »Ruten« werden jährlich geschnitten und hauptsächlich zum Flechten von Körben verwendet. Es gibt viele verschiedene Zuchtformen.

Mandelweide *Salix triandra*
Mandelweiden können bis 9 m hoch werden. Sie besitzen gefurchte Zweige und wurden früher gerne als Korbweiden angepflanzt. Auch von dieser Art gibt es verschiedene Varietäten.

Lorbeerweide *Salix pentandra*
Lorbeerweiden finden sich häufig an Flüssen und in feuchten Wäldern. Sie kommen entweder buschartig (bis 7 m hoch) oder als größere Bäume (bis 20 m hoch) mit breiter Krone vor. Die leuchtendgelben männlichen Kätzchen erscheinen erst sehr lange nach dem Laubaustrieb. Kenntlich ist diese Art an den lorbeerähnlichen, dunkelgrünen Blättern.

Reifweide *Salix daphnoides*
Die Reifweide ist in ganz Europa bis Mittelasien verbreitet und wurde vermutlich schon vor langer Zeit eingeführt. Diese strauch- oder baumförmig wachsende Weide wird 7–10 m hoch und fällt durch ihre dunkel purpurfarbenen Triebe auf. Die nicht sehr häufig vorkommende Reifweide sollte alle 2 Jahre zu einem Stumpf zurückgestutzt werden, damit die nachwachsenden Triebe so lang wie möglich werden. Schneidet man die Triebe nicht, so verlangsamt sich ihr Wachstum sehr rasch.

Korkenzieher-Weide

Kilmarnock-Weide

Salweide

nger Trieb

Alter Trieb

Korbweide

Männliches
Kätzchen

Trauerweide

Ohrweide

Grauweide

Mandelweide

Männliches
Kätzchen

Salweide

Aussamendes
Kätzchen

Lorbeerweide

Reifweide

Trauerweide (Frühjahr)

Korbweide

Trauerweide (Sommer)

Pappeln (*Populus*)

Zweihäusige (männliche und weibliche Blüten auf verschiedenen Individuen) Laubbäume, deren Blüten meist in langen Kätzchen vor dem Ausbruch des Laubes erscheinen. Blätter langgestielt, meist eiförmig bis lanzettlich. Etwa 40 Arten in Europa, Nordafrika, Nordamerika und Asien; viele Zuchtformen.

Zitterpappel, Espe, Aspe *Populus tremula*

Die Zitterpappel ist ein relativ kurzlebiger Baum, der 15–20 m hoch wird und in Wäldern, Schlägen und Gebüschen häufig anzutreffen ist. Bei gutem Boden sehr raschwüchsig. Neigt stark zu Bastardierung mit anderen Pappel-Arten. Am Grund des Stammes wachsen meist zahlreiche Schößlinge. Rinde glatt mit dunkleren, waagerechten Linien. Männliche Kätzchen länger als weibliche, graubraun und flaumig.

Die Zitterpappel bildet in feuchten, tiefgelegenen Ländereien hie und da Dickichte am Waldrand, Einzelbäume sieht man selten. Diese Dickichte bestehen meist nur aus Bäumen desselben Geschlechts, was die Vermutung nahelegt, daß sie alle Schößlinge von ein und demselben »Ur-Baum« sind. Wurzelschößlinge wachsen inner- und außerhalb solcher Dickichte in dichten Grüppchen 10 Meter und mehr von ganz jungen Bäumen entfernt. Selbst wenn man sie mit einem Teil der Wurzel herauszieht, sind sie nur sehr schwer zu Vermehrungszwecken nutzbar – Aussäen ist hier die einzige erfolgversprechende Methode:

Weibliche Bäume bringen schon in jungen Jahren reichlich Samenkörner hervor, man muß nur den richtigen Zeitpunkt zum Sammeln erwischen, d. h. kurz bevor sie abgeworfen werden – meist frühestens im Juni. Der Samen muß sofort ausgesät werden, dann hat er bis zum nächsten Morgen gekeimt, falls er überhaupt gut war. Selbstgezogene Setzlinge entwickeln sich rasch und bringen schon nach 2 Jahren Zweige von mindestens 1,3 m Länge hervor. Doch obwohl sie nach 15 Jahren 15 m hoch sein können, verlieren sie bald an Lebenskraft und erreichen selten mehr als 22 m Höhe oder 40 cm im Durchmesser.

Hängeespe *Populus tremula* 'Pendula'

Kleine Zuchtform der Zitterpappel mit hängenden Zweigen.

Silberpappel *Populus alba*

Die Silberpappel stammt aus Südeuropa, Nordafrika und dem westlichen Asien. Sie wird 25–30 m hoch und entwickelt eine breite, asymmetrische Krone. Am Grunde des kräftigen Stammes mit seiner grauweißen Rinde entwickeln sich oft viele Schößlinge. Blattunterseite und junge Triebe sind stark weißfilzig behaart (Name!). Silberpappeln werden häufig für Schutzpflanzungen verwendet, z. B. wo die Schößlinge dem Flugsand trotzen und Dickichte bilden, die die Sanddünen am Weiterwandern hindern. Auch verträgt der Baum den starken Kalkgehalt und den hohen Grundwasserspiegel solcher Gegenden. Zuweilen pflanzt man sie in Hecken als Feldbegrenzung. Silberpappeln sind jedoch nur kurzlebig.

Bolle's Silberpappel *Populus alba* 'Pyramidalis'

Diese Kulturform stammt aus Zentralasien und wurde um 1876 nach Europa eingeführt. Sie ist schnellwüchsig, aber kurzlebig. Ältere Exemplare werden unansehnlich und sterben von der Spitze her ab. Diese Zuchtform zeichnet sich hauptsächlich durch ihre schlanke, pyramidenförmige Wuchsform aus.

Populus alba 'Richardii'

Diese Varietät mit ihren goldgelben Blättern ist äußerst selten. Die Goldfärbung der Krone ist nicht einheitlich (manche Stellen sind fast grün), und sie scheint ebenfalls kurzlebig zu sein.

Graupappel *Populus canescens*

Die Graupappel steht im Aussehen zwischen der Zitter- und der Silberpappel und ist wahrscheinlich ein von diesen beiden Arten abstammender Bastard, der jedoch beide Arten deutlich an Lebenskraft übertrifft. Am besten zu erkennen ist sie wohl durch ihre dunkle Rinde. Sie kann gewaltige Ausmaße erreichen, eine Höhe von über 30 m erzielen und weit über 200 Jahre alt werden. Zu dieser Langlebigkeit kommt noch ihre ausgesprochene Windsicherheit, auch gegenüber salzhaltigem Seewind, und ihre Anspruchslosigkeit, was den Boden angeht. Am besten gedeiht die Graupappel in weiten Talauen auf kreide- oder kalkhaltigen Böden. Graupappeln sind ausgesprochene Flachwurzler und treiben sehr viele Schößlinge. Aus diesem Grund sind sie als Feldrainmarkierung oder Alleebäume bei Landwirten nicht sehr beliebt.

Wären sie weniger ausbreitungswütig, könnte man sie öfter als Ersatz für die Ulme pflanzen, die nahezu identische Ansprüche stellt und von der Statur her ähnlich ist. Die Graupappel wird häufig mit der Silberpappel verwechselt, doch unterscheidet sie sich deutlich von dieser durch ihren großen und massigen Stamm und die starken, ausladenden Äste, die oft Kronen mit mehreren Kuppeln bilden. Auch ist ihr Laub lange nicht so weiß. Im Spätsommer sind die Blätter nur dünn behaart, und noch vor Herbstanfang haben sie alle diesen wolligen Haarfilz verloren. Weibliche Bäume sind seltener als männliche, da man lieber männliche Bäume anpflanzt, weil diese zur Zeit der Fruchtreife im Juli nicht solche Unmengen wolliger Samen verbreiten.

Populus alba 'Pyramidalis'

Graupappel

Hängeespe

Weibliche Kätzchen

Männliche Kätzchen

Fruchtende Kätzchen

Silberpappel

Graupappel

Zitterpappel

Schößlingsblatt

Schößling

Populus alba 'Richardii'

Graupappel

Zitterpappel

Silberpappel

Schwarzpappel *Populus nigra*

Die Schwarzpappel ist ein schöner Baum, der auf dem Lande jedoch selten geworden ist. Das kommt daher, daß man in den Tälern des Flachlandes große Bäume durch die Pyramidenpappel ersetzte, eine Bastardform, die sogar noch schnellwüchsiger ist und – da es sich um einen männlichen Baum handelt – im Sommer nicht die ganze Gegend mit wolligen Früchten übersät. Typisch ist die Schwarzpappel in den großen Flußtälern Europas. Die Schwarzpappel wird bis 35 m hoch und entwickelt eine unregelmäßige, breit gewölbte Krone. Ihr Stamm ist weit herab beastet, und bei genauerem Hinsehen bemerkt man viele große Auswüchse an ihm, die den Verlauf einiger Furchen auf der dunklen, knorrigen Rinde unterbrechen. Außerdem wachsen die größten Zweige seitlich am Stamm nach oben heraus; an ihnen sprießen dichte Büschel von Jungtrieben.

Von der Schwarzpappel gibt es eine ganze Anzahl von Kreuzungen und Zuchtformen. Zu erwähnen seien z.B. die Kreuzungen aus der Schwarzpappel (*Populus nigra*) und der Baumwollpappel (*Populus deltoides*). Diese Formen sind sehr raschwüchsig, wenig krankheitsanfällig und leicht zu vermehren. (Siehe auch Seite 18).

Pyramidenpappel *Populus nigra* 'Italica'

Diese schlanke, säulenförmige Varietät der südeuropäischen Schwarzpappel wurde um 1760 zuerst in Norditalien (Lombardei) gezüchtet und breitete sich rasch über ganz Europa aus. Sie wird bis 35 m hoch, besitzt hoch aufgerichtete, dichtstehende Äste und ist häufig an Flußufern oder Straßenrändern zu sehen. Bei dieser echten Form handelt es sich um einen männlichen Baum, der zu Beginn des Frühjahrs zahlreiche dunkelrote Kätzchen an den oberen Trieben trägt. Die spitz zulaufende Krone lenkt den Blick nach oben und erscheint dem Betrachter größer, als sie tatsächlich ist. Für die ersten 30 m benötigt der Baum etwa 40 Jahre, doch können Stürme und Gewitter leicht Schäden verursachen, wenn der Baum noch höher wird; außerdem wird er mit zunehmendem Alter krankheitsanfälliger.

Von der Pyramidenpappel gibt es sehr viele verschiedene Formen, z.B.:

'Elegans'

Eine im Vergleich zur bekannten Wuchsform nur knapp halb so breite und beinahe lächerlich anmutende Varietät, die sehr weit verbreitet ist und oft über 30 m hoch wird.

'Gigantea'

Diese Varietät ist ein weiblicher Baum unbekannter Herkunft, den man sehr häufig in Pflanzungen von Pyramidenpappeln findet. Er läßt sich relativ leicht anhand der mehreren auseinanderstrebenden Stämme bestimmen. Kurz vor dem Laubausbruch ist er dicht mit langen, leicht gebogenen, zartgrünen Kätzchen behangen. Wie die größeren Zweige und die wuchtige Krone vermuten lassen, wächst er im Stammdurchmesser schneller als die schlanken männlichen Bäume, doch wird er selten höher als 25 m.

'Plantierensis'

Unter den Pyramidenpappeln ist die Form 'Plantierensis' wahrscheinlich häufig zu entdecken, sie wird aber nur selten von diesen unterschieden. Blätter und Triebe sind mit Flaum überzogen, und der Baum ist meist dichter belaubt und kräftiger. Auch die Krone weist eine breitere Spitze auf. Als Kreuzung zwischen der Pyramiden- und der Schwarzpappel vor 1884 in den Plantiere Nurseries in der Nähe von Metz gezüchtet, gelangte sie schon ein Jahr später zum Verkauf.

'Thevestina'

Diese Form kommt häufiger in den Balkanländern vor und zeichnet sich durch eine grauweiße Rinde aus.

Behaarte Schwarzpappel *Populus nigra* var. *betulifera*

Die behaarte Schwarzpappel ist im nördlichen und mittleren Europa heimisch und wird gerne entlang von Straßen, in Parks und Gärten angebaut. Sie wird ca. 30 m hoch und besitzt eine braun rissige Rinde und relativ kleine dunkelgrün glänzende Blätter mit zur Blattspitze gebogenen Zähnchen und abgeflachten Stielen. Blattstiele, Blattnerven und Blütenstiele sind filzig behaart (Name!). Die Blütenkätzchen erscheinen bereits im März; die männlichen Blüten sind rot, die weiblichen grünlich.

Berliner Lorbeerpappel *Populus* × *berolinensis*

Die Berliner Lorbeerpappel ist eine Kreuzung aus der Pyramiden- und einer asiatischen Balsampappel, die vor 1865 in Berlin gelang. Dieser weibliche Baum wird über 25 m hoch und ist raschwüchsig. Seine Äste stehen weiter ab als die der Pyramidenpappel.

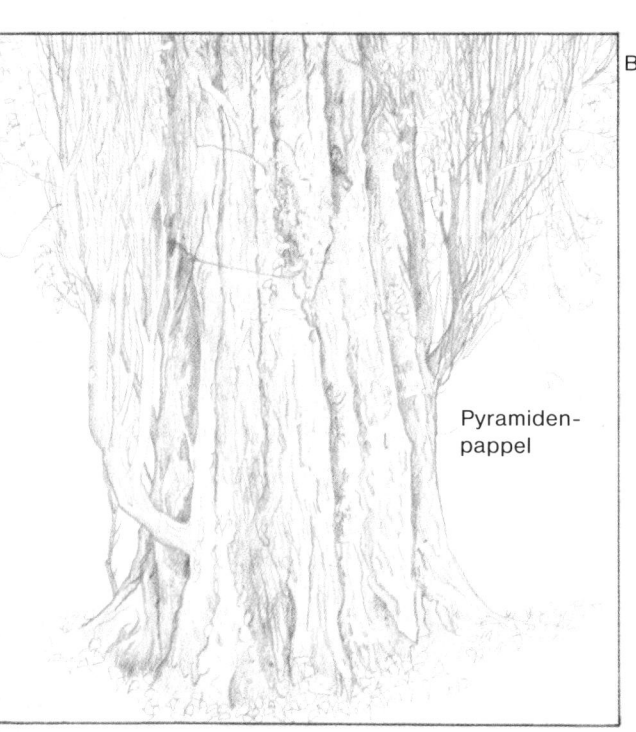

Pyramiden-
pappel

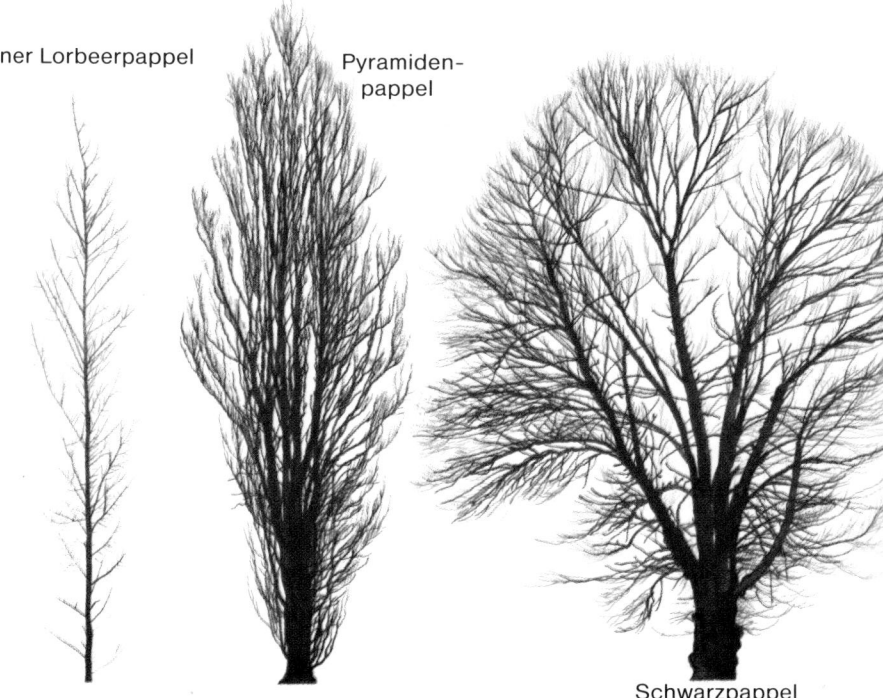

Berliner Lorbeerpappel

Pyramiden-
pappel

Schwarzpappel

Männliche Kätzchen

Schwarzpappel

Fruchtende weibliche Kätzchen

Pyramidenpappel

Berliner Lorbeerpappel

Populus nigra 'Elegans'

Populus nigra 'Gigantea'

Populus nigra 'Plantierensis'

Schwarzpappel

Balsampappel *Populus balsamifera*
Pappelart, deren Verbreitungsgebiet von Nordamerika über Zentralasien bis nach Fernost reicht. Man erkennt sie an den großen, stark harzigen Knospen, den robusten Trieben und den großen, unterseits weißlichen Blättern. Die Balsampappel gelangte vor etwa 300 Jahren aus Kanada in unsere Breiten, ist aber inzwischen selten geworden. Der Baum wird bis etwa 30 m hoch und besitzt meist eine schmale Krone. Am Grunde des Stammes wachsen oft zahlreiche Wasserreiser empor. Die Rinde ist dünn und fein zerrissen. Junge Triebe und Knospen sind dick mit aromatisch riechendem Harz bedeckt. Die ausgewachsenen Blätter sind relativ groß. In Kultur kommen offenbar nur männliche Bäume vor.

Ontario-Balsampappel *Populus × candicans*
Die Ontario-Balsampappel ist eine Kulturform mit flaumigen Blattstielen und wächst mehr in die Breite. Auch sie strömt – vor allem im Frühjahr – einen sehr aromatischen Duft aus. Am schönsten sieht der Baum im Hochsommer aus, wenn das dunkelgrüne Frühjahrslaub einen prachtvollen Hintergrund abgibt für die hochsommerlichen Blätter, die sich in weißen, beigen und rosa Farbtönen entfalten. Die Ontario-Balsampappel ist jedoch sehr krebsanfällig und wird daher nicht häufig kultiviert.
Von dieser Form gibt es auch noch eine Zuchtform, die hellgefleckte Blätter hervorbringt (**P. × candicans 'Aurora'**).

Westliche Balsampappel *Populus trichocarpa*
Die Westliche Balsampappel ist mit ihren 60 m Wuchshöhe der größte Laubbaum der Rocky Mountains und der Berghänge des Westens. Sie kam ursprünglich nur im westlichen Nordamerika vor, wurde aber 1892 in Europa eingeführt. Man pflanzt sie wegen des süßen Balsamduftes ihrer schwellenden Knospen und ihrer jungen Blätter, der weithin die Frühlingsluft erfüllt. Die Westliche Balsampappel ist relativ raschwüchsig und kann leicht aus Stecklingen gezogen werden. Für den Garten ist diese Art daher nicht gut geeignet, denn binnen 5 Jahren ist der Baum so groß wie das Haus, und bis dahin haben sich die Schößlinge im gesamten Garten breitgemacht. Die säulenförmige Krone wird leider immer wieder durch Seitentriebe und abgestorbene Zweige am Stamm verunziert. Typisch sind die unterseits weißen Blätter und deren erhebliche Größenunterschiede. Kurze Zweige haben relativ breite Blätter von etwa 10 cm Länge, während die kräftigen, schnellwüchsigen Zweige im Laufe des Sommers immer größere Blätter bekommen, so daß schließlich diejenigen zur Spitze hin schmale, mehr als 30 cm lange Dreiecke sein können. Im Herbst verwandeln sich die Bäume in prächtige, leuchtendgoldene Türme. Die Westliche Balsampappel gedeiht auf leicht sauren Böden und in feuchtkühlen Gegenden. Die männlichen Bäume tragen große, dicke Kätzchen von 8 cm Länge, die sich vor dem Laubaustrieb trüb-dunkelrot färben und im allgemeinen abgeworfen oder heruntergeweht werden, bevor die Pollen fliegen. Weibliche Bäume haben grüne Kätzchen, die zu wolligen Früchten reifen, die im Mai abgeworfen werden.

Chinesische Halsbandpappel *Populus lasiocarpa*
Die Chinesische Halsbandpappel stammt – wie der Name schon sagt – aus Mittel- und Westchina. Sie ist weltweit die einzige Pappel und – mit Ausnahme von einer oder zwei Trauerweiden-Hybriden – auch die einzige Vertreterin der Familie der Weidengewächse, die am selben Baum männliche und weibliche Blüten trägt. Darüber hinaus ist sie absolut das einzige Mitglied der Familie, bei dem beide Geschlechter auf demselben Kätzchen zu finden sind. Der Baum wächst rundkronig, seine Zweige sind kantig, die Blätter herzförmig, bis 30 cm lang, auf der Oberseite glatt und glänzend grün, unterseits heller und leicht behaart, Mittelrippe und Stiel sind rot gefärbt. Diese Art eignet sich sehr gut als Einzelbaum für Parks und Gärten.

Populus wilsonii
Diese Pappel-Art stammt aus Mittel- und Westchina und gehört, wie *Populus lasiocarpa,* zu den Großblattpappeln. Von der Chinesischen Halsbandpappel unterscheidet sie sich durch ihre meist nur halb so großen und oberseits mehr blaugrünen, unterseits kahlen Blätter.

Großzähnige Pappel *Populus grandidentata*
Diese Art ist im östlichen Nordamerika heimisch. Sie wird kaum über 20 m hoch und blüht im März. Die männlichen Blüten sind rot gefärbt und mit seidigen Härchen versehen, die weiblichen Blüten sind grünlich. Die Fruchtkätzchen reifen im Mai oder Juni heran. Die Blätter ähneln denen der Amerikanischen Zitterpappel (*Populus tremuloides*), sind aber viel stärker gezähnt.

Populus koreana
Dieser kleine aus Korea stammende Baum wird bei uns meist nicht höher als 10 m – eignet sich also auch für kleinere Gärten. Die Baumkrone ist pyramidenförmig, die Blätter elliptisch-länglich und oberseits ziemlich runzelig mit roter Mittelrispe. Sie erscheinen meist schon recht zeitig im Jahr und vor allen anderen Pappel-Arten. Dieser Baum ist sehr gut für den Garten geeignet, reagiert jedoch empfindlich auf Kälte und eignet sich nicht gut für ungeschützte Lagen.

Rosenkranzpappel, Baumwollpappel *Populus deltoides*
Die Rosenkranzpappel stammt aus dem nordöstlichen Amerika, wird aber in vielen Teilen Europas als Straßenbaum gepflanzt. Der Baum ist raschwüchsig, wird bis 30 m hoch und bildet eine breite, rundliche Krone aus. Die Zweige sind kantig, jung grünlich, später graubraun. Die Endknospen sind kahl und klebrig. Die glänzend dunkelgrünen Blätter sind meist breit-dreieckig mit kurzer Spitze.
Von dieser Art gibt es mehrere Zuchtformen, z. B. die **Schmalblättrige Rosenkranzpappel** mit langen, schmalen Blättern oder die

Simons Rosenkranzpappel mit hellgrünen Blättern in zwei verschiedenen Formen.
Aus Kreuzungen zwischen der Schwarzpappel (*Populus nigra)* und der Rosenkranzpappel (*Populus deltoides*) entstanden vielerlei Zuchtformen, z. B.:

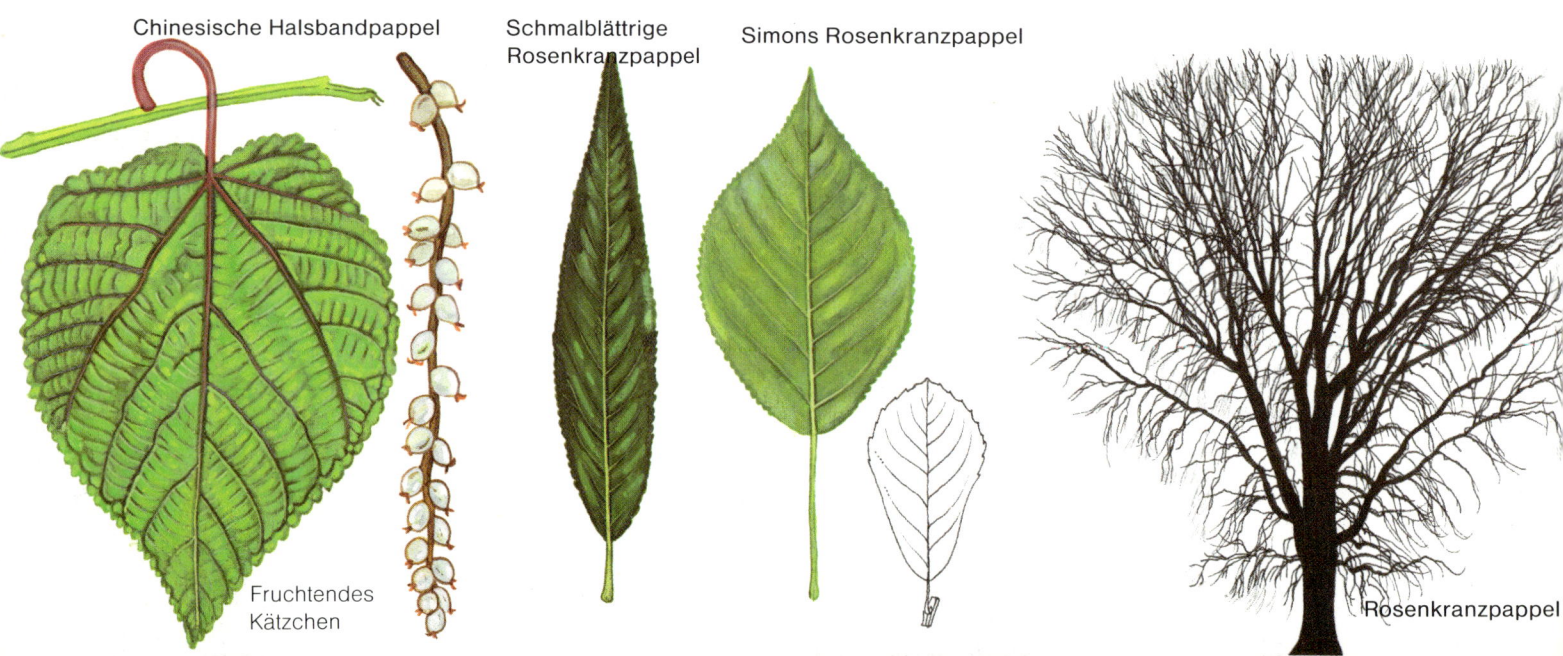

Chinesische Halsbandpappel

Fruchtendes Kätzchen

Schmalblättrige Rosenkranzpappel

Simons Rosenkranzpappel

Rosenkranzpappel

Weibliches
Kätzchen

P. ✕ candicans
'Aurora'

Weibliche[s]
Kätzchen

Ontario-Balsampappel

[M]ännliche
[K]ätzchen

Westliche Balsampappel

Herbstfärbung

[B]lattunterseite

Trieb

Balsampappel

Männliches
Kätzchen

Rosenkranzpappel

Weibliche[s]
Kätzchen

Endknospen

Chinesische
Halsbandpappel

Westliche Balsampappel

Balsampappel

Serotina-Schwarzpappel *Populus* 'Serotina'
Diese männliche, aus Stecklingen gezogene Zuchtform ist schnellwüchsiger als die einheimische Schwarzpappel, besitzt meist einen
langen, geraden Stamm ohne Seitentriebe und wird über 40 m hoch.
Aus diesen beiden Gründen wurde sie beim Anpflanzen meist der
Schwarzpappel vorgezogen. 200 Jahre lang war sie die am häufigsten angepflanzte Pappel, seit 150 Jahren jedoch wird sie zunehmend
von der Zuchtform 'Robusta' verdrängt.
Die Serotina-Schwarzpappel wurde vor allem in weiten Talauen
oder an Straßenrändern angepflanzt, in öffentlichen Anlagen hatte
man sie nicht so gerne, weil sie rasch zu einem Baumriesen mit starken Ästen heranwächst, bald die Altersgrenze erreicht und dann die
Äste abwirft.
Populus 'Serotina' liebt warme Sommer und benötigt für gutes
Wachstum fruchtbare, alkalische Böden. Sie verträgt andererseits jedoch stark exponierte Standorte, und viele der größten Exemplare
stehen einsam auf einer Wiese am Fluß.
Als letzter der in freier Landschaft stehenden Bäume bekommt
dieser Baum seine Blätter, doch öffnet er zeitgleich mit den meisten
Pappeln mindestens 6 Wochen zuvor seine Blüten – dunkelrote
männliche Kätzchen. Zur Zeit des Laubaustriebes sind sie dunkel-
orange-braun. In den folgenden 1–2 Wochen werden sie blasser und
nehmen schließlich eine typische graugrüne Farbe an, die sie den
ganzen Sommer über behalten.
Bis der Baum ausgewachsen ist, sieht die Krone aus wie ein riesiger
Kelch, doch spreizen sich die Zweige mit zunehmendem Alter. In
öffentlichen Anlagen müssen die größten Bäume meist kräftig
zurückgestutzt werden, so daß dichte Triebe in großer Zahl nachwachsen. Dadurch bekommen die Bäume ein gänzlich anderes, aber
inzwischen genauso charakteristisches Aussehen. Junge Bäume
entwickeln eine recht breitkegelige, lichte Krone mit verästelten Zweigen. Innerhalb von 20 Jahren können sie 25 m hoch und 55 cm dick
werden. Früher wurden Serotina-Schwarzpappeln häufig an kleinen
Landstraßen oder entlang der Autobahnen gepflanzt und dienten
hauptsächlich als Holzlieferant für die Streichholzindustrie.

Populus 'Serotina Aurea'
Diese Pappelform wurde kurz nach 1870 in einer belgischen Baumschule gezüchtet. Normalerweise wächst sie deutlich langsamer als
ihre grünblättrige Elternart, wird ca. 30 m hoch und entwickelt nicht die
gleiche kelchförmige Krone. In seiner Jugend ist der Baum fast kugelförmig mit einer dichteren Krone, die sich im Laufe der Zeit jedoch zu
einer großen, lichten und ziemlich unregelmäßigen Kuppel entwickelt. Bei manchen dieser Bäume wächst in den Zweigen hoch
oben wieder grünes Laub. Jungbäume erstrahlen den Sommer über
in hübschem Buttergelb. Alte, große Exemplare sind zwar blasser,
leuchten aber ebenfalls prachtvoll. *Populus* 'Serotina Aurea' ist ein
typischer Stadt- und Anlagenbaum, in Gärten sieht man ihn nicht
sehr oft.

Populus 'Regenerata'
Diese Pappel ist eine im Jahre 1818 in Frankreich gezüchtete weibliche Hybridenform, die bis 30 m hoch werden kann. Sie bekommt ihr
hellgrünes Laub sehr früh im Jahr, und bevor sich die Blätter ganz entfaltet haben, hängen darunter schon in dichten Reihen die weiblichen
Kätzchen wie leuchtendgrüne Raupen herab. Aufgrund ihrer gebogenen Äste, der herabhängenden, schlanken Zweige und des
Stammes voller Seitentriebe läßt sich diese Form schon aus der Entfernung von der Serotina-Pappel unterscheiden.

Populus 'Marilandica'
Ein weiteres Mitglied der Hybridengruppe. *Populus* 'Marilandica'
entstand um 1800 herum. Vermutlich ging sie aus einer Kreuzung
zwischen Schwarz- und Serotina-Pappel hervor. Diese Zuchtform
ist weiblich, wird ca. 30 m hoch und hat im Jugendstadium eine
dichte, beinahe kugelförmige Krone. Später gehen ihre großen Äste
ziemlich in die Breite und tragen nur büschelweise Laub.

Populus 'Eugenei'
Diese Zuchtform verdankt ihre schlanke, kleinästige Jugendkrone
einem ihrer Elternteile, der Pyramidenpappel. Diese Pappel wird
ca. 36 m hoch, wurde einst auf kargem Ackerland gepflanzt, ist
inzwischen aber selten geworden.

Populus 'Robusta'
Die Robusta-Pappel wurde 1890 in einer französischen Baumschule
gezüchtet. Sie ist von allen Hybriden am engsten mit der elterlichen
Rosenkranzpappel verwandt und hat fast den gleichen üppigen Blatt-
wuchs wie diese. Im Sommer erkennt man 'Robusta' an der Fülle großer, fester Blätter, während im Frühjahr die Unmenge großer, roter
Kätzchen eine ebenso sichere Bestimmungshilfe ist wie das leuchtende Orange der sich entfaltenden Blätter, die ca. 6 Wochen früher
als bei der Serotina-Pappel erscheinen. Diese Zuchtform ist ebenfalls
schnellwüchsig; innerhalb von 15 Jahren können die Bäume 30 m
hoch und höher werden.

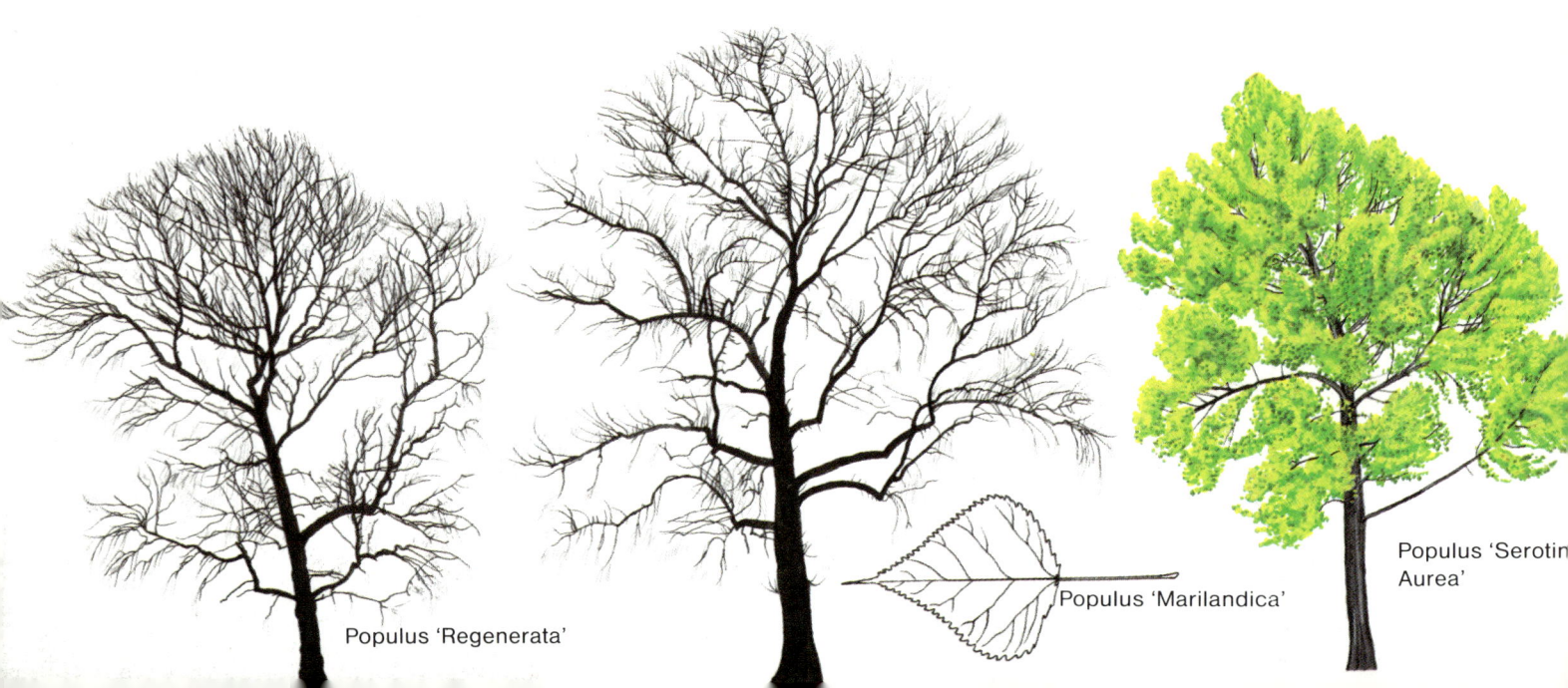

Populus 'Regenerata'

Populus 'Marilandica'

Populus 'Serotina Aurea'

Männliche
Kätzchen

Populus 'Serotina'

Blattgrund mit Drüsen

Fruchtendes
Kätzchen

Männliche
Kätzchen

Weibliches
Kätzchen

Populus 'Regenerata'

Populus 'Robusta'

Männliche
Kätzchen

Populus
'Serotina'

Populus 'Serotina'

Populus 'Robusta'
bei Laubausbruch

Populus 'Eugenei'

Familie Walnußgewächse (Juglandaceae)

Walnüsse (*Juglans*)

Walnüsse sind einhäusige Bäume, d.h., männliche und weibliche Blüten befinden sich auf ein und demselben Baum. Die Blüten erscheinen in Kätzchen; männliche einzeln an Vorjahrestrieben, weibliche zu mehreren an Jahrestrieben. Die unpaarig gefiederten, großen Blätter sitzen wechselständig an den Zweigen und besitzen einen typischen, angenehmen Geruch. Das Mark in den jungen Trieben ist gefächert. Die Früchte (Nüsse) besitzen meist eine dicke, nicht aufspringende Schale. Die Samen sind eßbar und sehr fetthaltig. Man kennt ca. 15 verschiedene Arten, die von Südosteuropa bis Ostasien, in Süd- und Nordamerika vorkommen.

Echte Walnuß *Juglans regia*
Die Echte Walnuß ist ein bis zu 30 m hoher Laubbaum mit breiter, kugeliger Krone. Seine Rinde ist anfangs noch glatt und braun, wird aber mit zunehmendem Alter tiefrissig und grau. Die jungen Blätter sind noch purpurbraun und glänzend und werden erst im Laufe ihres Wachstums dunkelgrün. Alle grünen Teile des Baumes haben einen typischen Geruch beim Zerreiben, ihr Saft färbt Hände oder Kleidungsstücke braun. Das Holz der Echten Walnuß ist zäh und elastisch, besitzt eine schöne Maserung und wird sehr gerne in der Möbelindustrie verwendet.

Damit die Walnuß gedeihen kann, braucht sie schwere, fruchtbare Böden, die feucht, aber nicht staunaß sein sollten. Gutes Wachstum wird darüber hinaus durch warme Sommer erzielt. Die sprießenden Blätter sind zwar frostempfindlich, entfalten sich aber ausreichend spät, um Frostschäden zu entgehen, außer wenn der seltene Junifrost zuschlägt. Dann sterben die Blätter ab, es wachsen jedoch rasch neue nach. Das Laub des Walnußbaumes riecht sehr aromatisch, und ein Zweiglein in einem Krug am offenen Fenster soll angeblich Fliegen aus dem Zimmer fernhalten.

Junge Walnußbäume findet man häufig in Parks und Gärten auf Lehm- und Kiesböden, und sie wachsen schnell, wenn sie nach ein paar Jahren gut angewachsen sind. Nach 20 Jahren sollten sie etwa 10 m hoch sein und im Stammdurchmesser 30 cm messen. Sehr früh stellt der Baum das Höhenwachstum fast völlig ein, und nur wenige Bäume sind höher als 30 m. An Dicke aber legt der Stamm etwa 100 Jahre lang rasch und stetig zu. Nach ca. 100 Jahren mißt er im Durchmesser 1 m.

Der Baum ist kurzlebig, nur wenige Stämme sind dicker als 1,3 m. Allerdings kennt man keine genaue Altersgrenze, da das Holz so wertvoll ist, daß man Bäume mit gutem Stamm nur selten uralt werden läßt.

Juglans regia 'Laciniata'
Diese seltene Zierform wächst eher strauchförmig. Ihre spitz zulaufenden, leicht purpurfarbenen Blätter sind sehr tief eingeschnitten. *Juglans* 'Laciniata' wird als Einzelpflanze in Gärten und Parks angepflanzt.

Schwarze Walnuß *Juglans nigra*
Diese Walnuß-Art, deren Heimat das östliche Nordamerika ist, trägt ihren Namen aufgrund ihrer dunklen, schwarzbraunen Rinde, die schon in jungen Jahren stark rissig und zerklüftet ist. Der Baum wird bis 50 m hoch und bildet eine runde Krone aus. Die jungen Triebe sind behaart; die gefiederten Blätter sind dunkelgrün und 30–60 cm lang. Die einzelnen Fiederblättchen, 15–23 an der Zahl, sind eiförmig bis lanzettlich und auf der Unterseite drüsig behaart. Die Steinfrüchte sind kugelig, 4–5 cm lang, grün und sehr dickschalig und öffnen sich nicht. Die Schwarze Walnuß liebt warme Sommer und schwere, nährstoffreiche Böden.

Das Holz entspricht dem der Echten Walnuß und ist sehr wertvoll. Da es nach der Bearbeitung kein bißchen mehr arbeitet – gutes Ablagern vorausgesetzt –, ausgesprochen zäh, elastisch und stoßunempfindlich ist, ist es unübertroffen zur Herstellung von Gewehrschäften. Wegen seiner schönen Färbung und Maserung sowie seiner Eigenschaft, auf Hochglanz polierbar zu sein, wird es auch als Möbelholz sehr geschätzt.

Butternuß, Amerikanische Walnuß *Juglans cinerea*
Auch die Butternuß stammt aus den Appalachen im Nordosten der Vereinigten Staaten. Im Vergleich zur Schwarzen Walnuß reicht ihr Verbreitungsgebiet jedoch weiter nach Norden: bis nach Maine und in die Provinz Quebec hinein. Schon vor dem Jahr 1650 gelangte die Butternuß nach Mitteleuropa, blieb jedoch eine Rarität, die es fast nur in botanischen Gärten zu sehen gibt. Der Baum wird bis 30 m hoch und bildet eine kegelige Krone aus. Die Rinde ist grau und rissig. Die behaarten Zweige tragen bis zu 60 cm lange dunkelgrüne Blätter, deren Stiele mit dichten, kurzen Härchen besetzt sind. 11–19 Fiederblättchen sind beidseitig behaart. Die Nuß ist länglich-eiförmig und wächst in Gruppen von 3–7 Stück. Sie ist 4–6 cm lang, die grüne Schale trägt 8 deutliche, rauhe Rippen. Die Butternuß benötigt zum guten Wachstum frische, nahrhafte Böden, verträgt jedoch mehr Kälte als die Schwarznuß.

Japanische Walnuß *Juglans ailantifolia*
Die Japanische Walnuß gehört mit ihren 15 m Höhe zu den kleinsten Walnuß-Arten. Sie entwickelt eine niedrige Kuppel, die im Sommer dicht mit sehr großen, trüb graugrünlichen Blättern besetzt ist, deren Stiele dick mit klebrigen Härchen überzogen sind. Die Blätter können mitunter bis zu 1 m lang werden.

Mandschurische Walnuß *Juglans mandschurica*
Diese Walnuß-Art stammt aus dem Nordosten Asiens und unterscheidet sich von der vorgenannten Art hauptsächlich durch ihre weniger behaarten, zugespitzten Blätter. Die Nuß ist länglich-eiförmig und spitz, mit mehreren scharfen Leisten.

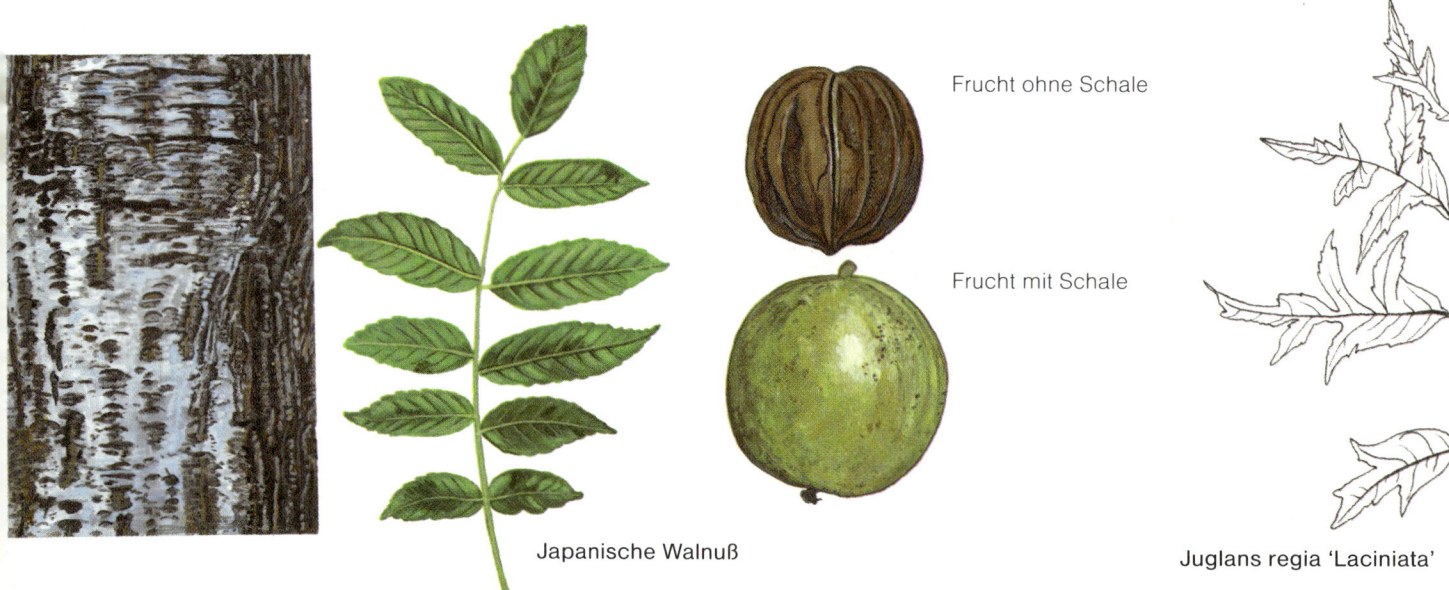

Frucht ohne Schale

Frucht mit Schale

Japanische Walnuß

Juglans regia 'Laciniata'

Weibliche Blüte

Schwarze Walnuß

Echte Walnuß

Männliche Kätzchen

Mandschurische Walnuß

Junger Trieb mit gefächertem Mark

Butternuß

Echte Walnuß

Schwarze Walnuß

Bitternüsse, Hickory (*Carya*)

Diese Gattung umfaßt ca. 20 Arten, deren Heimat im östlichen Nordamerika und in Ostasien liegt. Im Gegensatz zu den anderen Walnußgewächsen besitzen die jungen Zweige ein ungefächertes Mark. Die Blätter sind wechselständig und unpaarig gefiedert. Die männlichen Blüten stehen in Kätzchen zu 3 oder mehreren an einjährigen Zweigen, die weiblichen Blüten wachsen büschelig an den Zweigspitzen. Blütezeit Mai bis Juni. Die Nüsse sind glatt, von 4 Klappen eingeschlossen und viel kleiner als Walnüsse.

Bitternuß *Carya cordiformis*
Die Bitternuß wird bis 30 m hoch und bildet eine kegelförmige Krone aus. Die Rinde ist graubraun, zuerst glatt, später runzelig und schuppig (unter den abschuppenden Plättchen orangebraun). Die schlanke, gelbe Knospe und das Fiederblatt mit mindestens sieben Blättchen sind Kennzeichen, die sonst nur noch die sehr seltene Pekannuß aufweist, und das in eine stiellose Basis mündende Blättchen kommt ausschließlich bei dieser Art vor.

Weißer Hickory *Carya alba*
Schon früh im Leben wird der Zottelrindige Hickory, wie die Engländer den Weißen Hickory nennen, seinem Namen gerecht, wenn sich nämlich unten und oben am Stamm die Rinde in langen, gebogenen Plättchen abzulösen beginnt. Die Krone ist besonders dicht beästet, die tieferen Äste wachsen waagrecht. Die meist aus 5 Fiedern bestehenden Blätter sind entweder dick und ledrig oder hart wie Pergament; im Herbst färben sie sich leuchtend goldfarben.

Schweinsnuß-Hickory *Carya glabra*
Der Schweinsnuß-Hickory bildet eine Ausnahme hinsichtlich seiner kleinen Blätter, die an schwächeren Zweigen oft nur aus drei Blättchen bestehen, und wegen seiner sanft purpurn schimmernden Rinde im Alter. Er verfärbt sich wunderbar im Herbst, ist jedoch sehr selten.

Königsnuß *Carya laciniosa*
Die Königsnuß vereint in sich die wohlgeformte Krone der Bitternuß und die Rinde des Weißen Hickory, die sich allerdings in kleinen, gebogenen, sich überlappenden Schuppen ablöst. Die Blätter sind größer und besitzen in der Regel 7 Fiederblättchen. Die Frucht ist kugelrund.

Spottnuß, Behaarter Hickory *Carya tomentosa*
Dieser Hickory wird bis 30 m hoch. Die bis 50 cm langen, angenehm riechenden Blätter bestehen aus 7–9 Fiedern, die unterseits drüsig und filzig behaart sind. Der Blattstiel ist ebenfalls dicht und hart behaart. Die Frucht ist kugelig bis birnenförmig und dickschalig.

Pekannuß *Carya illinoiensis*
Die Pekannuß kann in ihrer Heimat (Südosten der USA) zu einem monumentalen, bis zu 50 m hohen Baum mit flockiger, hellgrauer Rinde heranwachsen. Die hellgrünen Blätter werden bis 80 cm lang und tragen 13–17 spitz zulaufende, leicht gebogene Fiedern. Die Frucht ist länglich-oval und vierkantig, die Nuß rötlich und wohlschmeckend.

Flügelnüsse (*Pterocarya*)

Die Flügelnüsse sind eine kleine Gruppe prächtiger Bäume, die zur Familie der Walnüsse gehören und mit diesen – im Gegensatz zu den Hickories, die ebenfalls zu dieser Familie gerechnet werden – das sonderbare Merkmal gemein haben, daß das Mark durch zahlreiche Zwischenwände kammerartig unterteilt ist, was sich bei einem schräg durchgeschnittenen Zweig gut feststellen läßt. Anders als Wal- oder Hickorynüsse haben die meisten Flügelnüsse keine Knospenschuppen, sondern halten den Winter über zwei flaumige Blätter fast über der Spitze des Triebes zusammengefaltet. Die Blüten wachsen in langen, grüngelben, hängenden Kätzchen, von denen die weiblichen bedeutend größer sind. Die Frucht ist ein kleines, geflügeltes Nüßchen (Name!).
Man kennt 8 Arten, von denen 6 aus China stammen, 1 aus Japan und 1 aus Westasien.

Kaukasische Flügelnuß *Pterocarya fraxinifolia*
Diese Flügelnuß stammt aus dem Kaukasus und Nordpersien. Der Baum wird bis 30 m hoch, ist oft auch mehrstämmig und bildet eine rundliche, hochgewölbte Krone aus. Die Rinde ist grau und tiefrissig. Die bis 50 cm langen, grünglänzenden Blätter tragen 11–20 dichtstehende Fiederblätter, die sich zum Teil überlappen. Die Fruchtstände sind bis 45 cm lang, die Einzelfrüchte besitzen 2 fast kreisrunde Flügel. Die Knospen stehen ohne Hüllschuppen zu mehreren beisammen.

Chinesische Flügelnuß *Pterocarya stenoptera*
Die Chinesische Flügelnuß ist seltener als die kaukasische Art. In einigen Fällen liegt das daran, daß man sie auf die kaukasische Art gepfropft hat, die dann die Oberhand gewann und seither dominiert. Ihre Blätter sind 20–40 cm lang und tragen 11–23 leuchtendgrüne, spitz auslaufende Fiederblätter. Die Blattspindel ist geflügelt. Die Fruchtstände sind 20–30 cm lang.

Flügelnuß-Hybride *Pterocarya × rehderiana*
Kreuzung aus der Kaukasischen und der Chinesischen Flügelnuß. Der Hauptblattstiel ist tief gefurcht und mit schmalen Flügeln besetzt. Er ist ein Mittelding zwischen dem breiten, gerippten Hauptblattstiel der chinesischen Art und dem rundlich-glatten der kaukasischen. Auch rangiert sie irgendwo zwischen den beiden hinsichtlich ihrer Neigung, Schößlinge zu treiben, die bei der chinesischen Art weitaus seltener und schwächer sind als bei der kaukasischen. Sie ist jedoch in puncto Wuchsgeschwindigkeit alles andere als Mittelmaß, sondern zeugt von erstaunlicher Lebenskraft.

Bitternuß

Weißer Hickory

Königsnuß

Spottnuß

Pekannuß

Kaukasische Flügelnuß

Fruchtkätzchen

nospe

Einzelfrucht

lügelnuß-Hybride

ruchtkätzchen

Chinesische Flügelnuß

Einzelfrucht

Einzelfrucht

Fiederblatt mit geflügelter Blattspindel

Bitternuß

Weißer Hickory

Frucht

Knospe

Knospe

Frucht

Frucht   Nuß

Schweinsnuß-Hickory

Königsnuß

Knospe

Knospe

Knospe

Knospe

Frucht

Frucht   Nuß

Pekannuß

Spottnuß

Kaukasische Flügelnuß

Chinesische Flügelnuß

Kaukasische Flügelnuß

Familie Birkengewächse (Betulaceae)

Birken (*Betula*)

Birken sind einhäusige Bäume oder Sträucher, die meist eine weiße oder gelblichweiße, abrollende Rinde besitzen. Die Blüten erscheinen in Kätzchen. Die männlichen, hängenden Blütenkätzchen werden bereits im Herbst gebildet, die kleineren, stehenden weiblichen Blütenkätzchen erst im Frühjahr. Die Früchte, winzige Nüßchen, sind mit häutigen Flügeln versehen und äußerst zahlreich. Blätter gestielt, meist eiförmig, mit gesägtem Rand. Etwa 40 Arten auf der nördlichen Halbkugel.

Weißbirke, Hängebirke, Sandbirke *Betula pendula*
Diese Birkenart wird bis maximal 30 m hoch und besitzt anfangs eine schmale, spitze Krone, die mit zunehmendem Alter jedoch breiter und gewölbt wird. Sie wächst häufig auf trockenem Heideland, in lichten Wäldern auf Sand oder Kies und an Berghängen, an denen das Regenwasser rasch versickert. Sie ist ein wahrer Pionier und die erste Baumart, die auf gerodeten oder abgebrannten Freiflächen wieder heimisch wird. Ihre leichten Samen werden vom Wind weit aus dem Wald fortgetragen. Nach zwei Jahren ist sie 1,5 m und nach 25 Jahren 20 m hoch, doch von da an legt sie nur noch langsam an Höhe zu, und nur wenige Bäume schaffen die 25-m-Marke. Auch der Stamm wird rasch dicker und mißt nach 25 Jahren 30 cm im Durchmesser. In der Wildnis stellen sich bei diesen Bäumen im Alter von etwa 60 Jahren die ersten Alterserscheinungen ein, sie sind dann ca. 50 cm dick. In Gärten aber erreichen viele von ihnen einen Durchmesser von 70–80 cm und ein Alter von 100 Jahren.

Dieser Baum wirft ständig irgendetwas ab: Im Frühjahr sind es erst die Knospenschuppen, die wie Spreu herabregnen, dann die männlichen Kätzchen. Danach wirft er den ganzen Sommer über tote Zweige ab – sogar im Winter. Es folgt eine Phase, in der die Samen zu Millionen herabrieseln – was noch durch Meisen, Birken- und Erlenzeisige unterstützt wird, für die Birken im Herbst eine Hauptnahrungsquelle sind. Danach fallen die Überreste der Früchte zu Boden. Auf Lehmböden gibt die Birke für viele Rhododendren einen idealen, schattenspendenden Schutz vor der Mittagssonne ab, und im Frühjahr läßt sie für die meisten Zwiebel-/Knollengewächse noch genügend Licht durch. Doch breiten sich ihre Wurzeln auf sandigem Boden zu sehr aus, und nur sehr widerstandsfähige Pflanzen können hier mit ihr auskommen.

Von dieser Art gibt es mehrere Zuchtformen, z.B.:

Betula pendula 'Dalecarlica'
Eine aus Schweden stammende, anmutige Zierform mit hängenden Zweigen und tief eingeschnittenen Blättern.

Betula pendula 'Fastigiata'
Diese Zuchtform sieht man ab und zu als Straßenrandbepflanzung. Im Jugendstadium eignet sie sich hierfür aufgrund ihrer säulenartigen Wuchsform sehr gut, mit zunehmendem Alter wird ihre Krone allerdings ein wenig ausladender.

Betula pendula 'Tristis'
Schlanker Baum mit kurzen, waagrechten Ästen, von denen in großer Zahl Zweige dicht herabhängen, die sich im Winter tief purpurrot färben.

Betula pendula 'Youngii'
Diese Zuchtform entstand in Milford, Surrey, und wird normalerweise in 1,5–2 m Höhe auf den Stamm einer Weißbirke aufgepropft. Meist wächst sie dann dicht oberhalb davon pilzförmig nach unten, doch werden manche Bäume bis zu 12 m hoch und tragen ihr Laub in vielen Etagen. Die Blätter sind klein und dunkelgrün.

Betula pendula 'Purpurea'
Diese Zuchtform ist sehr selten und zeichnet sich hauptsächlich durch ihre purpurfarbenen Blätter aus.

Zwergbirke *Betula nana*
Diese nur knapp 1 m Höhe erreichende, strauchartige Birke kommt in der nördlichen gemäßigten Zone vor. Ihre Blätter sind fast kreisrund und grob gekerbt. Im Herbst fällt diese Art durch ihr rotbraunes Laub besonders auf.

Moorbirke *Betula pubescens*
Strauch- oder baumförmig wachsende Birke, die bis 20 m hoch werden kann. Krone struppig, Zweige ansteigend oder abstehend. Rinde bräunlich bis weiß, nie in Platten gefeldert, fast immer glatt. Blätter rautenförmig, unterseits behaart. Sehr formenreich. Liebt feuchte, moorige Lagen.

Papierbirke *Betula papyrifera*
Das Verbreitungsgebiet dieser nordamerikanischen Art reicht im Norden entlang der nördlichen Baumgrenze von Labrador bis Alaska, im Süden von Oregon bis North Carolina. Man erkennt sie an den großen, bis 10 cm langen Blättern mit den wenigen Blattadern, vor allem aber an der glatten, silber- bis rosaweißen Rinde. Der Baum wird ca. 20 m hoch.

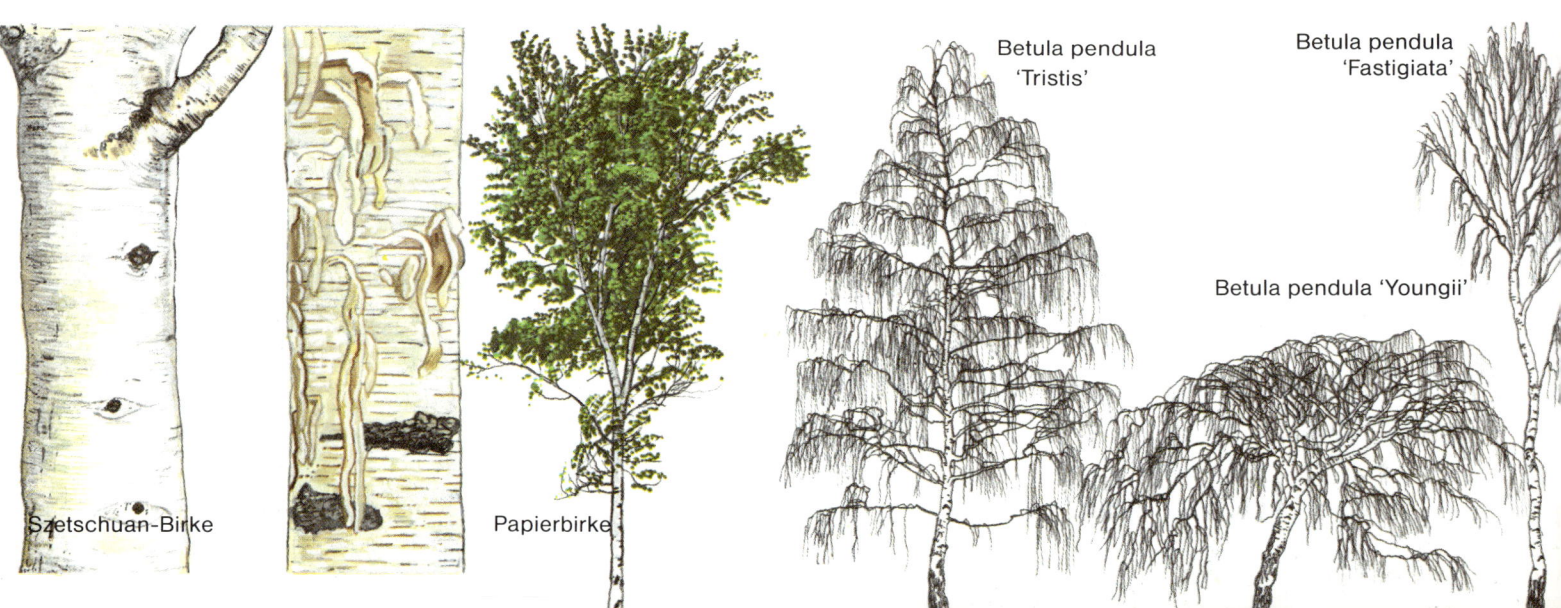

Szetschuan-Birke

Papierbirke

Betula pendula 'Tristis'

Betula pendula 'Fastigiata'

Betula pendula 'Youngii'

Weißbirke

Reifes männliches Kätzchen

Betula pendula 'Dalecarlica'
(Herbstfärbung)

Moorbirke

Unreife männliche Kätzchen

Fruchtstand

Reifes männliches Kätzchen

männliche Blüten

Betula pendula 'Purpurea'

Fruchtstand

Einzelfrucht

Einzelfrucht

Einzelfrucht

Überwinternde männliche Kätzchen

Deckblatt eines Fruchtstandes

Szetschuan-Birke

Papierbirke

Deckblatt eines Fruchtstandes

Weißbirke

Betula pendula 'Dalecarlica'

Moorbirke

Zwergbirke

Keimling

Szetschuan-Birke *Betula platyphylla var. szechuanica*
Diese in Südwestchina heimische Varietät zeichnet sich vor allem durch ihre glatte, kalkweiße Rinde aus, die sehr leicht mit der Hand zu weißem Staub zerrieben werden kann. Die mit kleinen Auswüchsen besetzten Zweige dieser Art fühlen sich rauh an, die Blätter sind stark gesägt, rundlich, fest und dick.

Kaschmir-Birke *Betula jacquemontiana*
Die Kaschmir-Birke ist die westliche Form der Himalaja-Birke und wird gegenwärtig in vielen Gärten wegen ihrer glatten, auffallend weiß leuchtenden Rinde gepflanzt. Der Baum hat eine schlanke Wuchsform und wird ca. 20 m hoch. Die schöne Rinde wird zuweilen abgeworfen, und für kurze Zeit präsentiert sich die neue in einem bräunlichen Orange.

Himalaja-Birke *Betula utilis*
Die Himalaja-Birke ist ein Baum mit vielen Gesichtern. Etliche der jetzt gepflanzten Exemplare wurden wegen ihrer makellos weißen Rinde ausgewählt und unterscheiden sich von der Kaschmir-Varietät nur durch die Anzahl der Blattadernpaare: Kaschmir-Birke maximal 9, Himalaja-Birke 10–12. Andere haben eine vorwiegend orangefarbene Rinde mit grauweißen Stellen, wieder andere zeichnen sich durch eine braun-beige-rote Rinde aus. Die starken, steil aufragenden Zweige bilden eine breitkegelige Krone, der Baum wird ca. 17 m hoch.

Schwarzbirke *Betula nigra*
Diese Birkenart aus Nordamerika kann in ihrer Heimat eine Höhe von 30 m erreichen. Charakteristisch für die Schwarzbirke ist der meist mehrstämmige Stamm mit seiner dicken, kraus gerollten Rinde, die bei jungen Bäumen orange-rosa bis blaßbraun und voll schwärzlicher Schuppenplättchen ist, sich später jedoch dunkel purpurrot färbt. Die zahlreichen zylindrischen Früchte stehen aufrecht und benötigen 1 Jahr zur Reife. Die Blätter sind unterseits silbrig behaart.

Transkaukasische Birke *Betula medwediewii*
Dieser kleine, aufrecht wachsende Busch oder Baum ist am Südufer des Kaspischen Meeres und im angrenzenden Elburs-Gebirge heimisch. Seine Rinde ist schuppig-braun mit etwas Silbergrau und ähnelt sehr stark der Haselnußrinde. Die Äste, die bei älteren Exemplaren waagrecht abstehen und dann emporwachsen, sind zum Stamm hin mit Blattdornen besetzt.

Ermans Birke *Betula ermanii*
Diese Art ist in Ostasien weit verbreitet und gelangte 1890 aus Japan zu uns. In jungen Jahren ist sie überaus attraktiv, wenn ihre schneeweiße Rinde die steil aufragenden Äste ihrer schlanken Krone fast auf der ganzen Länge ziert. Mit zunehmendem Alter wird die Krone ausladender, und die Rinde färbt sich rosa und beginnt, in Fetzen herabzuhängen. Die Blätter besitzen als hübsches Merkmal etwa zehn gerade, in engem Abstand parallel verlaufende Adernpaare und sind am Blattgrund meist keilförmig. Die 4 cm dicken Früchte wachsen in großen Mengen und bleiben bis in den Winter hinein am Baum hängen.

Gelbbirke *Betula lutea*
Diese aus dem Osten Nordamerikas stammende Art wird bei weitem noch nicht so häufig angepflanzt, wie sie es verdient hätte. Zwar ist ihre leuchtendgoldene Herbstfärbung nur von kurzer Dauer, doch ist sie dank der großen, herzförmigen Blätter und der schönen breiten Krone ein ausnehmend prachtvoller Laubbaum. Die Gelbbirke wird bis 30 m hoch und besitzt eine gelbliche bis graubraune, relativ glatte Rinde. Ritzt man einen Zweig mit dem Fingernagel, so duftet er kräftig nach Wintergrünöl.

Zuckerbirke *Betula lenta*
Die Zuckerbirke stammt aus dem Nordosten der USA und wird ca. 30 m hoch. Ihre Rinde ist in der Jugend glatt und rotbraun, wird mit zunehmendem Alter jedoch graubraun und feldrig zerrissen. Die länglich-ovalen Blätter besitzen 9–12 Aderpaare und sind fein gezähnt. Auch diese Art liefert Wintergrünöl.

Maximowicz-Birke *Betula maximowicziana*
Diese aus Japan stammende Birke ist ein herrlicher, raschwüchsiger Baum, der bis 30 m hoch werden kann. Die eher lindenartigen Blätter haben eine für Birken absolut untypische Größe: bis zu 12×15 cm. Die starken Äste, deren Rinde eine deutliche Orange- bis Rosafärbung aufweist, ragen nicht so steil auf wie bei den meisten anderen Birken. Bei Jungbäumen sind die Blätter im Frühjahr mit orangefarbenem Flaum überzogen, bei älteren Bäumen sind sie glatt und glänzen. Im Herbst färben sie sich leuchtend gelb. Die gelben, bis zu 12 cm langen männlichen Kätzchen hängen in 3er- und 5er-Gruppen an den Zweigen.

Chinesische Birke *Betula albosinensis*
Diese bis 30 m hoch werdende Birkenart hat ihre Heimat in Mittel- und Westchina. Die Rinde ist orangerot und rollt sich mit zunehmendem Alter leicht ab. Die Blätter sind bis 7 cm lang, oberseits gelbgrün, unterseits noch heller. Die Art wird hauptsächlich ihrer schönen Rindenfärbung wegen angepflanzt.

Betula albosinensis var. septentrionalis
Varietät der Chinesischen Birke, die sich durch besonders lange Blätter (bis 17 cm) auszeichnet, jedoch nur spärlich belaubt ist.

Chinesische Birke

Betula albosinensis var. septentrionalis

Maximowicz-Birke

Zuckerbirke

Junge Rinde

Alte Rinde

Kaschmir-Birke

Himalaja-Birke

Schwarzbirke

Transkaukasische Birke

Ermans Birke

Gelbbirke

Kaschmir-Birke

Himalaja-Birke

Schwarzbirke

Gelbbirke (Herbstfärbung)

Erlen (*Alnus*)

Einhäusige, feuchtigkeitsliebende Bäume oder Sträucher mit gestielten Winterknospen. Blätter meist rundlich und wechselständig, gesägt oder gezähnt. Blüten in Kätzchen, weibliche Blüten kürzer als männliche, zu 2 in der Achsel eines Tragblattes. Früchte kleine, flache, geflügelte Nüßchen, zu mehreren in eiförmigen, holzigen Zäpfchen. Etwa 30 Arten auf der nördlichen Halbkugel. Anzucht am besten durch Aussaat. Eignen sich nur für große Gärten oder Parkanlagen.

Schwarzerle *Alnus glutinosa*

Die Schwarzerle, die hauptsächlich an stehenden oder fließenden Gewässern vorkommt, gehörte zu den ersten Baumarten, die sich nach der letzten Eiszeit langsam wieder auszubreiten begannen. Sie verträgt Feucht- und Überschwemmungsgebiete, aber auch Böden, denen die für das Wachstum unerläßlichen Nitrate fehlen, denn an ihren Wurzeln sitzen Knötchen, in denen Bakterien leben, die die Nitrate aus der Luft extrahieren. Dadurch wird dieser Baum zu einem wertvollen Pionier, der neue Böden für andere Bäume aufbereitet. Schwarzerlen werden bis max. 30 m hoch und bilden eine breite, kegelförmige Krone aus. Die Rinde ist schwarzbraun und in längliche oder quadratische Platten gefeldert. Äste zuerst aufsteigend, später abstehend. Zweige unbehaart und anfangs stark klebrig. Die Blütenkätzchen erscheinen im Februar/März vor den eirunden, dunkelgrünen Blättern. Die Blätter bleiben bis spät in den Herbst hinein grün und fallen auch grün ab. Früher schätzte man die Erle ihres weichen, dauerhaften Holzes wegen, das vor allem dort verwendet wurde, wo durch ständigen Wechsel von naß und trocken die meisten anderen Hölzer rasch faulen, z.B. bei Mühlen oder Kanalwehren; es wurde aber auch zu hochwertiger Holzkohle verarbeitet. Für den letztgenannten Zweck sowie für andere Kleinerzeugnisse aus Holz ist die enorme Wuchskraft der Erle ein Segen. Schößlinge eines älteren Wurzelsystems können in einem Sommer mehr als 1,3 m hoch werden. An schlammigen Ufern schätzte man die dunkelroten Wurzeln, die dieser Baum in dichten Büscheln ins angrenzende Süßwasser treibt, als Schutz gegen Erosion bei Hochwasser und gegen die von vorbeifahrenden Motorbooten verursachte Auswaschung.

Alnus glutinosa 'Laciniata'

Diese Zierform ist bis auf die schmalen, engzerschlitzten Blätter mit der Schwarzerle identisch und erreicht auch nahezu deren Größe. Man findet sie nur in wenigen Gärten und manchmal in Parkanlagen.

Alnus glutinosa 'Imperialis'

Gartenform mit schmalen, tief gelappten Blättern. Fast den ganzen Sommer über sorgen große, persistente Nebenblätter an der Basis eines jeden Blattes für gelbgrüne Farbtupfer. Der Baum bleibt sehr schlankwüchsig und hat in jungen Jahren oft so dünne, elastische Zweige, daß sich die Kronenspitze zur Seite neigt und der Baum schwächlich aussieht. Im allgemeinen pflanzt man diesen Baum an Wasserläufen in Stadtparks oder großen Gärten, aber auch in feuchten Niederungen.

Grauerle *Alnus incana*

Die Grauerle ist ein bis 20 m hoch werdender, widerstandsfähiger Baum aus Nordeuropa, der keine nassen Standorte mag und am besten auf gut entwässerten Böden wächst. Sie gedeiht sogar auf dem oft ausgetrockneten, problematischen Erdreich von Schutthalden, aber auch in regenreichen Gegenden auf zerklüfteten, felsigen Böden. Beachtenswert ist bei heranreifenden Bäumen die glatte, hellgraugrüne Rinde. Die langgestielten Blätter bleiben bis Ende November am Baum; wenn sie abfallen, färben sie sich schwarz.

Golderle *Alnus incana* 'Aurea'

Die Golderle ist eine kleine Zierform mit gelben Blättern, die auch im Winter dank der rötlichgoldenen Triebe und der leuchtend orangefarbenen unreifen Kätzchen sehr dekorativ aussieht. Sie wird inzwischen aber vielfach durch die Varietät 'Ramulis Coccineis' verdrängt, bei der die Triebe leuchtend rot und die Kätzchenknospen scharlachrot wie Siegelwachs sind.

Italienische Erle *Alnus cordata*

Die Italienische oder Herzblättrige Erle ist der Edelmann unter den gewöhnlichen Erlen: Sie hat das schönste Laub und ist Sieger in den Disziplinen Wachstum, Wuchsform und Fruchtgröße. Ihre südländische Herkunft (Korsika und Süditalien) grenzen ihr Verbreitungsgebiet nicht im mindesten ein. Auf guten, schweren Böden kann der Baum bis zu 1,5 m lange Zweige treiben und bis 30 m hoch werden. Selbst an einem trockenen Standort auf Kalkgestein kann er jährlich 1 m zulegen und in kurzer Zeit einen kräftigen Stamm entwickeln. Die männlichen Kätzchen färben sich leuchtend gelb, die weiblichen Blütenstände, die zu 2–3 beieinanderstehen, leuchtend rot. Bis zu einer Wuchshöhe von mindestens 20 m bleibt die Krone schön spitzkegelig, was die anderen Merkmale wie Robustheit oder prachtvolles Laub, die diesen Baum besonders für Stadtgebiete und Landstraßen empfehlen, nur noch ergänzt.

Grünerle *Alnus viridis*

Die Grünerle findet man vor allem an Wasserläufen bis ins Gebirge hinauf. Gelegentlich erreicht sie schon mal die Größe eines kleinen Baumes mit bis 5 m Höhe, meist sieht man sie aber als hochgewachsenen Busch. Die vollen, hellgelben Kätzchen reifen für eine Erle recht spät, gewöhnlich sind sie erst Anfang Mai voll entwickelt.

Alnus glutinosa 'Laciniata'   Alnus glutinosa 'Imperialis'   Trauer-Grauerle   Golderle

Weibliche Blütenstände

Männliche Blütenstände

Schwarzerle

Unreife Früchte (Sommer)

Männlicher Blütenstand

Grünerle

Reife Früchte (Winter)

Männlicher Blütenstand

Italienische Erle

Weibliche Blütenstände

Männliche Blütenstände

Grauerle

Unreife Blüten (Winter)

Alnus incana 'Ramulis Coccineis'

Keimling

Grauerle

Italienische Erle

Schwarzerle

Schwarzerle

Familie Haselgewächse (Corylaceae)

Hainbuchen, Weißbuchen (*Carpinus*)

Einhäusige Bäume oder Sträucher mit grauer, glatter oder schuppiger Rinde. Blätter wechselständig, ungeteilt, einfach gesägt, mit 7–24 Nervenpaaren. Männliche Blüten im Frühjahr zusammen mit den Blättern in hängenden Kätzchen, Einzelblüten ohne Blütenhülle. Weibliche Blüten paarweise ohne Blütenhülle in kleinen, unscheinbaren Kätzchen. Gerippte Nußfrüchte mit großer, dreilappiger oder tiefgezähnter, hellgrüner Hülle (Flugorgan), in Büscheln an den Zweigen. Etwa 26 Arten von Europa bis Ostasien, in Nord- und Mittelamerika.

Hainbuche, Weißbuche *Carpinus betulus*
Bis maximal 30 m hoch werdender Baum mit glatter, silbergrauer Rinde. Die Stämme sind oft gedreht oder spannrückig und verzweigen sich schon in geringer Höhe. Blätter länglich-oval, bis 12 cm lang, im Herbst goldgelb. Blütezeit April/Mai. Männliche Kätzchen bis 5 cm lang, grünlich-gelb mit rötlichen Außenschuppen. Fruchtstand bis 15 cm lang, mit etwa 8 Paar Nüßchen, die von einer hellgrünen, zarten, dreilappigen Hülle umgeben sind. Das Holz zählt zu den härtesten und solidesten Bauhölzern und ist auch ein gutes Brennholz, aus dem man hochwertige Holzkohle gewinnen kann. Bis zur Erfindung des Gußeisens war dieses Holz als einziges für hölzerne Mühl- und Zahnräder geeignet, denn dank seiner Härte und Zähigkeit war es extremen Belastungen gewachsen.

Eichenblättrige Hainbuche *Carpinus betulus* 'Incisa'
Diese Zuchtform sieht man zuweilen in Parks als buschförmigen Baum von maximal 15 m Höhe und mindestens ebensolcher Breite. Die Blätter sind von Zweig zu Zweig unterschiedlich stark gelappt, die meisten älteren Exemplare tragen sogar an einigen Zweigen normale Blätter.

Pyramiden-Hainbuche *Carpinus betulus* 'Fastigiata'
Attraktiver und nützlicher Baum. Diese Zuchtform gedeiht gut auf schweren Lehmböden oder an asphaltierten Straßen, aber auch in Städten, wo sie wegen ihrer schlanken, dichten, pyramidenförmigen Wuchsform und ihrer Schnellwüchsigkeit sehr geschätzt wird.

Japanische Hainbuche *Carpinus japonica*
Diese kleinwüchsige Hainbuchenart wird nur selten bei uns angepflanzt. Rinde zart graugrün mit blaßrosa Streifen. Blätter dunkelgrün, länglich, mit 22 Blattaderpaaren mit aufwärts gebogenen Zähnchen.

Orient-Hainbuche *Carpinus orientalis*
Diese Art stammt aus Kleinasien und dem Balkan. Ihre Rinde ist deutlich purpurn bis grau gestreift. Die bis zu 5 cm langen Blätter sind in den Knospen ziehharmonikaartig zusammengefaltet.

Hopfenbuchen (*Ostrya*)

Hopfenbuchen ähneln den Hainbuchen sehr stark, sind jedoch anhand ihrer doppelt gesägten, behaarten Blätter, den schon im Herbst wachsenden männlichen Blütenkätzchen und den an Hopfenblüten erinnernden Fruchtständen leicht zu erkennen. Einzelfrüchte in sackartiger Hülle. 7 Arten in Europa, Asien und Amerika.

Europäische Hopfenbuche *Ostrya carpinifolia*
Robuster, bis 20 m hoch werdender Baum mit kegelförmiger Krone und brauner, schuppiger Rinde. Zuweilen auch mehrstämmig. Männliche Blütenstände in Kätzchen, bis 10 cm lang, hängend; weibliche Blüten paarweise in den Achseln der Tragblätter. Blütezeit Mai. Fruchtstand bis 5 cm lang, weißlich oder grünlich.

Haselnüsse (*Corylus*)

Einhäusige Sträucher, seltener Bäume. Blätter wechselständig, ungeteilt, mit weniger als 8 Paar Blattadern, meist doppelt gesägt. Männliche Blüten in hängenden Kätzchen, überwinternd. Weibliche Blüten in kurzen, knospenartigen Blütenständen mit auffallend karminroten Narben. Frucht eine von einer tütenförmigen Hülle umgebene Nuß, eßbar. Etwa 15 Arten in Europa, Nordamerika und Nordasien.

Gemeine Hasel *Corylus avellana*
Strauch oder kleiner Baum, bis ca. 12 m Höhe, mit breiter, buschiger Krone und kurzem Stamm. Rinde dunkelbraun glänzend, in Querstreifen auflösend. Zweige drüsig behaart. Fruchtstand mit 1–4 Nüssen. In ganz Europa verbreitet und häufig in Kultur.

Baumhasel *Corylus colurna*
Diese Art, deren natürliches Verbreitungsgebiet vom Balkan bis nach Klein- und Westasien reicht, kommt bei uns schon seit 400 Jahren vor. Die Baumhasel wird bis 20 m hoch und bildet eine breit kegelförmige Krone und einen kräftigen Stamm aus. Rinde grauweiß, rauh und korkig. Früchte in ballförmigen Büscheln, Fruchthülle weichstachelig.

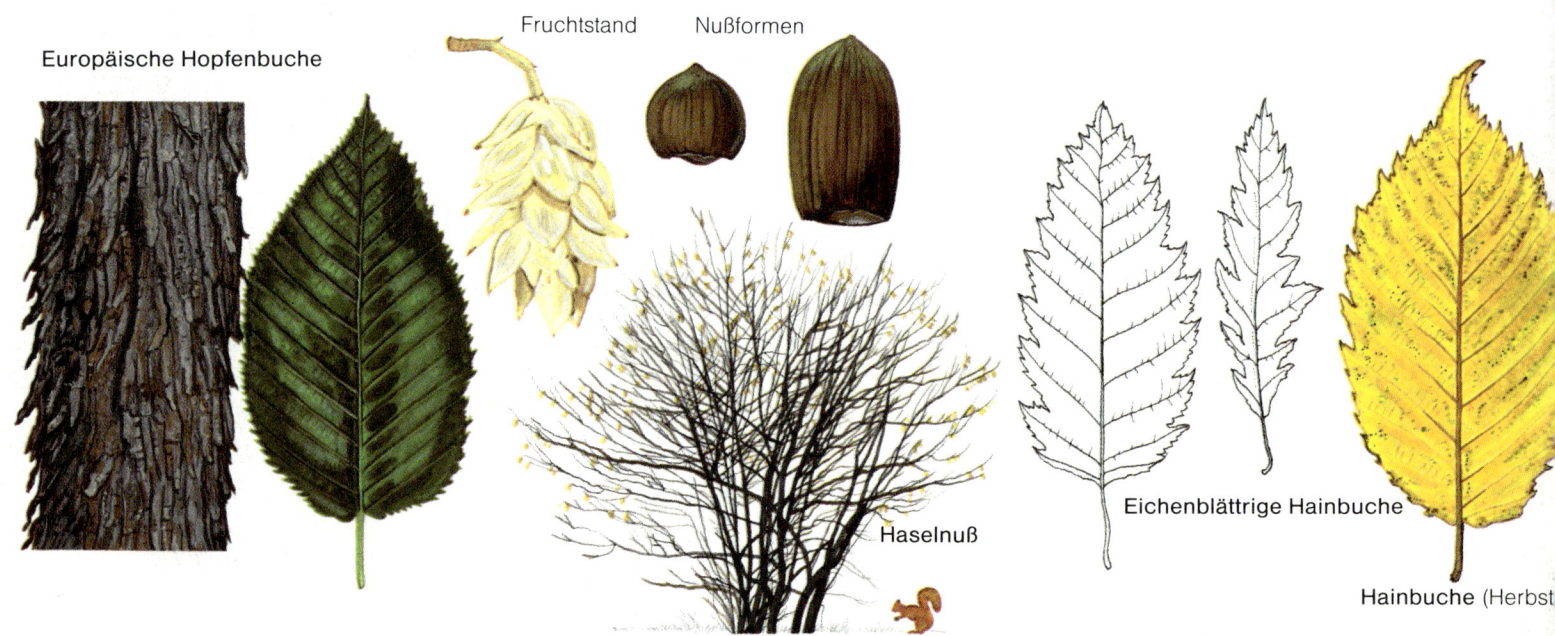

Europäische Hopfenbuche

Fruchtstand   Nußformen

Haselnuß

Eichenblättrige Hainbuche

Hainbuche (Herbst

Weiblicher Blütenstand

Hainbuche

Männliche Blütenstände

Männliche Blüte

Weibliche Blüte

Japanische Hainbuche

Fruchtstand

Einzelfrucht

Orient-Hainbuche

Einzelfrucht

Einzelfrucht

Fruchtstand

Baumhasel

Männliche Blütenstände

Knospe

Keimling

Frucht

Gemeine Hasel

Weibliche Blüten

Hainbuche

Querschnitt durch den Stamm einer Hainbuche

Baumhasel

Pyramiden-Hainbuche

Hainbuche

Familie Buchengewächse (Fagaceae)

Buchen (*Fagus*)

Sommergrüne, einhäusige Bäume mit glatter Rinde. Blätter ganz-randig, gewellt oder fein gezähnt. Männliche Blüten in kugeligen, langgestielten, hängenden Büscheln, weibliche aufrecht, unauffällig, meist paarig auf einem Stiel und von einer 4klappigen Hülle einge-schlossen. Fruchtbecher vierspaltig und weichstachelig, Nußfrucht (Buchecker) dreikantig, braun, sehr ölhaltig. Wichtiger Waldbaum. Etwa 10 Arten in der gemäßigten Zone der nördlichen Halbkugel. Sehr viele Zuchtformen.

Rotbuche *Fagus sylvatica*

Bis 40 m hoher Baum mit breiter, gewölbter Krone. Rinde grau, meist glatt, manchmal jedoch auch aufgerauht. Reich verzweigt, Äste aufrecht oder leicht überhängend. Zweige purpurbraun und glatt. Blätter eiförmig-oval, am Rand gewellt und bewimpert, frischgrün, im Herbst gelb bis braun. Wichtigster europäischer Waldbaum. Buchenholz ist sehr wertvoll und wird vor allem in der Möbelindustrie verwendet, in letzter Zeit aber auch sehr gerne als Brennholz für Kachelöfen und offene Kamine. Ein sonderbares Merkmal der Buche ist der spitz zulaufende »Jugendkegel«, eine Zone, die an der Basis etwa 2 m breit ist und ca. 2,5 m hoch wird. Das Laub dieser Zone sieht wie das der erwachsenen Bäume aus, bleibt aber im Winter tiefrot-braun am Baum. Buchenhecken stutzt man zurück, damit sie diese Wuchsform behalten.
Von der Rotbuche gibt es sehr viele Zuchtformen für den Garten und für Parkanlagen, z.B.:

Goldbuche *Fagus sylvatica* 'Zlatia'

Diese Form wurde schon vor 1890 in Jugoslawien gezüchtet und zeichnet sich durch ihr frisches, hellgoldenes Laub im Frühjahr aus – wird im Laufe des Sommers dann allerdings hellgrün und unterscheidet sich kaum noch von einer gewöhnlichen Buche.
Von der Goldbuche gibt es noch eine Form **'Luteo Variegata'**, deren Laub nur am Rand goldgelb ist.

Blutbuche *Fagus sylvatica* 'Purpurea'

Die Blutbuche war zuerst um 1680 in der Schweiz bekannt und wurde erst viel später auch in Deutschland gezüchtet. Der Name ist eine – wenngleich selten zutreffende – Verallgemeinerung, mit der man heute eine Reihe Setzlings- sowie zwei überragende Formen bezeichnet: »Swat Magret« und »Rivers Purple«, deren Blätter kräftig dunkelrot bis violett leuchten.

Farnblättrige Buche *Fágus sylvatica* 'Asplenifolia'

Diese Zuchtform besitzt geschlitzte, farnähnliche Blätter und ist schwachwüchsig. Im Winter erkennt man sie leicht an den feineren, dichter verästelten Zweigen, aber auch an den zahlreichen Seiten-trieben am Stamm und am Pfropfmal nahe der Basis. Die größten Exemplare sind heute über 25 m hoch und bis zu 1,2 m dick.

Rundblättrige Buche *Fagus sylvatica* 'Rotundifolia'

Diese Gartenform wurde vor 1870 in der Nähe von Woking, Surrey, gezüchtet und besitzt rundlich-ovale, stark bewimperte Blätter.

Schopfbuche *Fagus sylvatica* 'Cristata'

Diese recht seltene Form fällt nicht nur durch die grobgezähnten, hahnenkammähnlichen Blätter, sondern auch durch die Krone auf, deren lange Äste sich in geringer Zahl ziemlich planlos in den Himmel recken.

Hängebuche, Trauerbuche *Fagus sylvatica* 'Pendula'

Bis zu 30 m hoher Baum mit ansteigenden, weitausladenden Ästen, die in breiten Lagen kreisförmig um den Hauptstamm angeordnet sind und in mehr oder weniger starkem Bogen niederhängen.

Säulenbuche *Fagus sylvatica* 'Fastigiata'

Diese säulenförmige Buche wurde in einer auf dem Dawyckbesitz in der Nähe von Peebles angelegten Pflanzung entdeckt, ist aber erst seit 1938 im Handel.
'Dawyck Purple' ist eine von van Hoey Smith im Trompenburg-Arboretum von Rotterdam aufgezogene, rotviolettblättrige Zuchtform, die 1980 in Großbritannien auf den Markt kam.

Orientalische Buche *Fagus orientalis*

Das natürliche Verbreitungsgebiet der Orientalischen Buche reicht vom Balkan und der Krim bis nach Kleinasien und den Iran. Diese Art unterscheidet sich von der Rotbuche vor allem durch eine gefurchte Rinde und zugespitzte, dunkelgrüne Blätter.

Farnblättrige Buche

Rundblättrige Buche

Blutbuche

Schopfbuche

Hängebuche

Weibliche Blüten

Rotbuche

Männliche Blüten

'Luteo variegata'

Goldbuche

Orientalische Buche

Reife Frucht

Sommerlaub

Herbstlaub

Trieb

Rotbuche

'Dawyck Purple'

Säulenbuche

Scheinbuchen, Südbuchen (*Nothofagus*)

Nur eine kleine Gruppe aus der großen und wichtigen Familie der Buchengewächse ist auf der Südhalbkugel beheimatet, die Schein- oder Südbuchen, mit ca. 45 Arten in Australien, Neuseeland, Neukaledonien, Neuguinea und im antarktischen Südamerika. Scheinbuchen sind eng mit den echten Buchen der Nordhalbkugel verwandt, unterscheiden sich jedoch durch viel kleinere und dichter stehende, oftmals immergrüne, ganz kurz gestielte Blätter und viel kleinere Nußfrüchte.

Rauli-Südbuche *Nothofagus procera*

Bis 30 m hoch werdende Südbuche mit breiter, kegelförmiger Krone. Rinde grünlich-grau mit breiten Längsrissen. Stammt aus einer kleinen, nördlich der Chiloe-Insel gelegenen chilenischen Region, die sich bis knapp hinter die argentinische Grenze erstreckt. Die 1 cm großen, kastanienbraunen Knospen öffnen sich schon früh im Jahr, etwa um Mitte März herum, die Blätter werden jedoch von Spätfrösten fast immer am Austreiben gehindert. Im Mai setzt allerdings das Wachstum wieder ein, als wäre gar nichts geschehen. Ein- oder zweijährige Bäume können in einem strengen Winter bis zum Boden absterben, doch wachsen gewöhnlich im Juni neue Triebe aus dem Stumpf, die bis September bereits 1–1,5 m lang sind. Die stärksten sollte man pflegen und die übrigen im Sommer ausdünnen. Im Herbst färben sich die hübschen, am Rand gewellten Blätter blaßorange, kurz vor dem Blattfall häufig auch leuchtend rot.

Roblé-Südbuche *Nothofagus obliqua*

Diese Südbuche stammt aus Chile und wurde von den ersten spanischen Siedlern in Chile »Eiche« genannt (auf spanisch 'roble'). Sie stammt aus derselben Region wie die Rauli, ihr Verbreitungsgebiet erstreckt sich aber etwas mehr nach Norden bis zu den heißeren, trockeneren Landstrichen um Santiago. Die ersten Bäume wurden 1902 eingeführt. Die Rinde ist rissig, gefeldert und geschuppt und unterscheidet diese Art von der Rauli. Die Zweige sind schlank, die Knospen nur halb so groß wie die der Rauli. An ein und demselben Baum können die Blätter ganz unterschiedlich gelappt sein (manchmal auch gar nicht); ein Teil von ihnen hat im Spätherbst 8–10 deutlich voneinander getrennte Lappen. Die schlanken, gebogenen Äste hoch oben in der Krone sind ziemlich zerbrechlich und werden vom Sturm leicht abgerissen, daher ist ein geschützter Standort am besten. Guter Holzlieferant.

Antarktische Südbuche *Nothofagus antarctica*

Das Verbreitungsgebiet dieser Art reicht von dem der Rauli- und der Roblé-Südbuche bis nach Kap Hoorn hinunter. Sie sollte daher eigentlich ziemlich klimafest sein, doch verträgt sie keine ungeschützten Standorte und wächst bei uns nur in einigen windgeschützten Gärten. Zunächst ist sie recht schnellwüchsig, die schlanken

Haupttriebe sind bis zu 1 m lang. Bald danach verlangsamt sich aber das Wachstum, und nur selten erreicht der Baum eine Höhe von 12 m. Häufig ist er mehr buschähnlich oder ein kleinwüchsiger Baum mit flachen, weitausladenden Ästen. Das junge Laub ist leuchtend hellgrün, behält bis zum Spätherbst eine dunkelgrüne Farbe und färbt sich dann schön dunkelgolden.

Silberbuche *Nothofagus menziesii*

Die Silberbuche stammt aus Neuseeland und findet sich bei uns nur gelegentlich in Arboreten mit mildem Klima. In ihrer Heimat besitzt die Rinde einen blaß silbergrauen Farbton, der dem Baum seinen Namen gab. In Arboreten angepflanzte Bäume haben eine tief purpurrote, schimmernd gebänderte Rinde mit zahlreichen Reihen von Korkporen.

Rotblättrige Südbuche *Nothofagus fusca*

Diese ebenfalls aus Neuseeland stammende Südbuche mit ihren kleinen, fast dreieckigen, gelappten Blättern ist »immergrün«, zeigt aber fast das ganze Jahr über eine herbstliche Färbung, da sich etliche der dünnen Blätter schon vor dem Blattfall orange und rot färben.

Bergbuche, Schwarzbuche *Nothofagus solandri* var. *cliffortioides*

Die Heimat dieser Südbuche liegt in Neuseeland. Der Baum wird ca. 15 m hoch und hat eine pyramidenförmige, unregelmäßige Wuchsform. Von allen vorkommenden Laubbäumen hat dieser Baum die kleinsten Blätter, sie sind max. 15 mm lang. Auf dem von tiefen Rissen gefurchten Stamm sitzt eine glatte, schwarze Rinde (Name!).

Dombey-Südbuche *Nothofagus dombeyi*

Von allen immergrünen Südbuchen ist die aus Chile stammende Dombey-Südbuche die klimafesteste. Die purpurrötliche Rinde bricht mit zunehmendem Alter schuppig ab, die bloßgelegten Stellen leuchten orangerot.

Ovalblättrige Südbuche *Nothofagus betuloides*

Diese Art ist der Dombey-Südbuche ähnlich, jedoch von geringerer Wuchskraft. Ihr Verbreitungsgebiet reicht bis nach Kap Hoorn hinunter. Die jungen Blätter sind leicht klebrig; die leuchtendroten männlichen Blüten sehen wie kleine Fuchsien aus.

Frucht

Dombeys Südbuche

Bergbuche

Ovalblättrige Südbuche

Rauli-Südbuche

Frucht (vergr.)

Silberbuche

ieb

Bergbuche

Frucht

Antarktische
Südbuche

Rotblättrige
Südbuche

Roblé-Südbuche

Herbstfärbung

Rauli-Südbuche

Roblé-Südbuche

Antarktische Südbuche

Kastanien (*Castanea*)

Stattliche sommergrüne Bäume mit rissiger Rinde. Blätter wechselständig, zweizeilig, mehr oder weniger stark gesägt. Männliche Blüten in aufrechten oder abstehenden zylindrischen Kätzchen angeordnet; weibliche Blüten unscheinbar und meist an der Basis der männlichen Kätzchen. Früchte (Nüsse) zu 2–3 in einer dicken, stacheligen Hülle. Etwa 10 Arten in der gemäßigten Zone der nördlichen Halbkugel. Kastanien benötigen zum guten Wachstum und zum Reifen der Früchte Wärme und tiefgründigen, frischen, sandigen Boden.

In den USA werden die Kastanien leider von einer gefährlichen Krankheit – dem Kastanienrindenkrebs – heimgesucht und fast ausgerottet. Leider wurde diese Seuche inzwischen auch nach Europa verschleppt.

Eßkastanie, Marone *Castanea sativa*

Die Eßkastanie stammt aus Südeuropa und wurde möglicherweise schon von den Römern zu uns gebracht – zumindest die nußartigen Früchte. Der ansehnliche Baum wird bis 35 m hoch und bildet eine breite, hochgewölbte Krone aus. Die Rinde ist anfangs glatt und silbergrau, später dunkel braungrau mit einem Netzwerk aus Leisten und Furchen. Die markant spiralförmige Rinde ist ein Altersmerkmal. Bis zu einem Durchmesser von 60 cm – was einem Alter von etwa 50 Jahren entspricht – hat der Stamm einige wenige Risse, die meist geradlinig verlaufen. Von da an spalten sie sich zunehmend in ein Netzwerk aus flachen Rippen und Furchen und beginnen, sich spiralförmig zu verdrehen. Wenn der Baum ungefähr 1 m im Durchmesser mißt, ist diese Spirale zwar schon kräftig ausgeprägt, verläuft aber noch fast senkrecht. Sie verläuft jedoch bei einem Stammdurchmesser von 2 m in einem Winkel von ca. 45° und flacht sich mit zunehmendem Alter weiter ab.

Die Blüten erscheinen im Juni/Juli: als erste die hellgelben männlichen Kätzchen, die stets äußerst zahlreich sind. Sie reifen in Knospen heran, die hinter den Spitzen der Zweige sitzen. Danach öffnen sich die weiblichen Blüten – kleine, hellgrüne Rosetten mit weißen Griffeln – aus Knospen, die fast immer an der Basis der männlichen Kätzchen sitzen. In guten Jahren wachsen und reifen die Kastanienfrüchte zu einer Größe und Qualität heran, die der von Importware in nichts nachsteht. Meist verhindert aber der kühle Sommer eine Nutzung im größeren Stil.

Das Holz der Eßkastanie besitzt die meisten Vorzüge des Eichenholzes, läßt aber dessen typische Maserung vermissen. Auch hat der Baum die unangenehme Eigenschaft, »mitgenommenes« Holz abzugeben, sei es nun wegen des Aufpralls beim Fällen oder aufgrund anderer, länger zurückliegender »Schicksalsschläge«. Dabei handelt es sich um Risse, die das Holz für nahezu sämtliche Verwendungszwecke unbrauchbar machen. Lediglich Zaunpfähle stellt man auch heute noch daraus her, denn es läßt sich leicht spalten und ist ausgesprochen dauerhaft. Früher nahm man es auch für Hopfenstangen, und für beide Zwecke nutzte man das hervorragende Wachstum im Unterholz aus, wo man so alle 15 Jahre von alten Wurzelstöcken die nachgewachsenen Triebe abhackte.

In einigen Jahren fallen die Blätter im Herbst fahlgelb oder trübbraun, in anderen hingegen färben sie sich kräftig gelb und werden dann orange oder rötlichbraun.

Gefranste Eßkastanie *Castanea sativa* 'Laciniata'

Seltene Varietät, deren enggelappte Blätter am Rand in zahlreiche lange, fadenartige Fortsätze münden. Sie scheint merkwürdig wechselhaft zu sein; im einen Jahr weist ein Großteil des Laubes die Merkmale der Standardform auf, im nächsten wiederum sind die Blätter wieder ausgefranst.

Weißrandige Eßkastanie *Castanea sativa* 'Albomarginata'

Diese Zuchtform mit ihren weiß-grünen Blättern ist nicht ganz so selten. Bei jungen Bäumen sind alle Blätter auffällig in allen Variationen gemustert, obwohl es auch hier ab und zu einen »umgekippten« Zweig geben kann, der ausschließlich grün ausschlägt und herausgeschnitten werden muß.

Japanische Kastanie *Castanea crenata*

Dieser kleine, meist jedoch nur strauchig wachsende Baum stammt aus Japan und ähnelt der Eßkastanie. Auch bei ihm sind die Zweige anfangs fein behaart, später jedoch kahl. Die Blätter sind kerbig-gesägt und unterseits meist filzig behaart.

Amerikanische Kastanie *Castanea dentata* (*C. americana*)

Aus Nordamerika stammende Art, die bis 30 m hoch werden kann. Bei diesem Baum sind die Zweige schon von Anfang an kahl. Die Blätter sind länglich-lanzettlich und grob gesägt. Die bis zu 3 cm breiten Früchte stehen zu zweien oder dreien in einer Hülle.

Goldene Kastanie *Chrysolepis chrysophylla*

Diese Art ist in den Küstenregionen Oregons und Kaliforniens beheimatet und gehört zu einer kleinen Gruppe, die man zwischen den Eichen und den Edelkastanien einordnet. Sie wurde 1844 bei uns eingeführt und erreicht als Baum gelegentlich eine Wuchshöhe von 17 m, entwickelt sich aber auch buschartig. Die männlichen Kätzchen blühen erst nach dem Hochsommer, die immergrünen Blätter sind hart, fest und auf der Unterseite goldgelb beschuppt.

Goldene Kastanie

Rinde

Samen

Frucht

ibliche Blüten

Männliche Blüten

Fruchtstand

Samen (Kastanie)

Keimling

Gefranste Eßkastanie

Weißrandige Eßkastanie

Trieb

Trieb (vergr.)

Männliche Blüte (vergr.)

Weibliche Blüte (vergr.)

Eßkastanie

Eichen (*Quercus*)

Laubabwerfende oder immergrüne, meist große Bäume, gelegentlich aber auch Sträucher. Blätter wechselständig, kurzgestielt, gesägt, gezähnt oder buchtig-gelappt, selten ganzrandig. Blüten in Kätzchen, relativ unscheinbar, werden vom Wind bestäubt. Männliche Blüten hängend, weibliche zu wenigen zusammenstehend, meist aufrecht oberhalb der Kätzchen. Frucht eine rundliche bis längliche Nuß (Eichel), die in einer festen, becherförmigen Hülle sitzt, gestielt oder ungestielt. Über 200 Arten in der gemäßigten Zone der nördlichen Halbkugel und tropischen Gebirgen. Sehr häufig Bastardierungen zwischen einzelnen Arten. Gute Holzlieferanten. Eichen werden sehr alt und eignen sich in der Hauptsache für große Gärten und Parkanlagen. Sie benötigen zum guten Wachstum einen durchlässigen, frischen Boden. Anzucht aus Samen gut möglich.

Stieleiche *Quercus robur*
Heimische Eichenart, die bis 50 m hoch werden kann. Der Stamm ist dick und knorrig, die Rinde hellgrau mit dichtem Leisten- und Furchenmuster. Die Äste sind an der Basis sehr massiv, vielfach gekrümmt und niedrig am Stamm ansitzend. Die Krone ist breit, gewölbt und unregelmäßig aufgebaut. Blätter verkehrt-eiförmig, unregelmäßig gelappt, oben dunkel-, unten hellgrün. Eicheln meist zu 3 auf einem bis 8 cm langen Stiel. Am besten gedeiht die Stieleiche auf feuchten, schweren Lehmböden, doch gibt sie sich auch mit Sandböden zufrieden, in die sie tief mit den Wurzeln vordringt und daher nie Wassermangel ausgesetzt ist während einer Dürre. Sie ist ein Baum von einzigartiger Robustheit und bleibt vollkommen gesund, auch wenn ihre Blätter, Früchte und Wurzeln eine Unmenge von Insekten ernähren, darunter auch viele Gallwespen. Diese verzieren die Bäume mit oft farbenprächtigen Gallen. Auf der Rinde können Farnkräuter, Moose und Flechten gedeihen, während abgestorbene Äste zahlreichen Pilzen sowie Käfer- und Nachtfalterlarven einen Lebensraum bieten. Da diese Eiche sehr lichte Wälder bildet, können außer ihr noch viele andere Bäume und Sträucher wachsen; daher ist diese die wertvollste aller natürlichen Waldformen.
Da die Eiche gegenüber so vielen Schädlingen und Krankheiten resistent ist oder diese zumindest keine große Wirkung zeigen, erreicht sie ein hohes Alter. Sollte der Stamm irgendwann einmal hohl werden, hält das harte Randholz den Baum noch für rund 200 weitere Jahre zusammen und läßt ihn so alt werden wie kaum eine andere europäische Art. Nicht alt genug jedoch, um die vielen Erzählungen glaubhaft erscheinen zu lassen, die sich um so manchen Methusalem ranken und sich auf Personen und Ereignisse aus grauer Vorzeit beziehen. Ärgerlich ist hierbei nämlich der Umstand, daß diese Eiche viel schneller wächst, als man gemeinhin annimmt, und nur wenige Bäume haben annähernd eine solche Größe, die sie haben müßten – vorausgesetzt, die Geschichten wären wahr. Eine hundertjährige Eiche, die ein hohes Alter erreichen wird, mißt bereits 87–97 cm im Durchmesser. 200 Jahre später kann dieser kaum weniger als 2 m betragen. In freier Landschaft stehende Eichen sind gewöhnlich etwa 23–25 m hoch, in windgeschützten Eichenhainen sind dagegen 35 m keine Seltenheit. Hat der Baum ein Alter von ca. 200 Jahren erreicht, so nimmt die Wuchshöhe ab. Oft sind die größten, ältesten Exemplare nur noch breite Kolosse, bei denen alle Hauptäste abgestorben oder schon abgefallen sind. In früheren Zeiten wurden die jungen Eichen häufig etwa 2,5 m über dem Erdboden gestutzt, wo sie neue Zweige austrieben, an die nun das äsende Rehwild nicht mehr rankam und die man von Zeit zu Zeit zwecks Kleinholzgewinnung absägen konnte. Da diese Methode aber schon seit mindestens 150 Jahren nicht mehr praktiziert wird, haben die Stümpfe gewaltige Kronen entwickelt und können, wenn die Hauptäste absterben, diese durch neue Triebe ersetzen.

Zypressen-Eiche *Quercus robur* 'Fastigiata'
Schlankwüchsige Form, die in Süddeutschland vorkommt und durch Pfropfung vermehrt wird. Sie wird gern in Gebäudenähe gepflanzt und wächst pro Jahr um ca. 60 cm, wobei sie auch mit 27 m Höhe noch ein anmutiger Baum ist. Ihre Blätter sind größer als bei wildwachsenden Arten.

Ungarische Eiche *Quercus frainetto*
Schnellwüchsige Art, die in Süditalien und den Balkanländern heimisch ist. Mit 80 Jahren kann sie 30 m hoch sein und einen Stammdurchmesser von 1 m haben. Die geraden, fächerartig ausladenden Äste bilden eine enorme kuppelförmige Krone. Die hellgraue Rinde ist feinrissig strukturiert. Die glänzendgrünen Blätter sind tief buchtig gelappt.

Kanarische Eiche *Quercus canariensis*
Dieser halb immergrüne Baum kommt als Wildwuchs in Algerien und Südspanien vor und gelangte 1835 nach Mitteleuropa. Im Herbst färbt sich etwa die Hälfte der Blätter gelb und fällt ab, der Rest bleibt bis zum neuen Jahr grün. Die kräftige Rinde ist nahezu schwarz, die hübsche ovale Krone kann über 30 m hoch werden. Die Kanarische Eiche ist extrem winterfest.

Kanarische Eiche

Ungarische Eiche

Stieleiche

Stieleiche

Weibliche Blüten

Männliche Blüten

Stieleiche

Traubeneiche

Stieleiche

Hopfengalle

Kirsch-gallen

Stieleiche Trieb

Frucht (Eichel)

Alte Stieleiche

Stieleiche

Zypressen-Eiche

Zerreiche *Quercus cerris*
Bis 35 m hoch werdende Eiche, deren Heimat in Südeuropa und Westasien liegt; bildet eine breit-pyramidenförmige Krone aus. Die Rinde ist grau, tief rissig und manchmal in rechteckige Platten zersprungen. Die Hauptäste sind sehr lang, aufrecht und an der Basis verdickt. Zweige kurz behaart. Blätter schmal, länglich und sehr veränderlich, oben rauh, unten weich behaart. Früchte reifen im 2. Jahr, bis zu 4 zusammen. Fruchtbecher nur ganz kurz gestielt und lang beschuppt.

Die Zerreiche ist sehr schnellwüchsig, und da die Mittelknospe dominant ist und so der Baum stets gerade wächst, hat er schon in jungen Jahren einen hochwertigen Stamm. Im Gegensatz dazu kann es bei der Stieleiche, bei der nicht selten eine Seitenknospe den Haupttrieb bildet, sehr lange dauern, bis der Stamm dick genug ist, damit die Krümmungen sich ebnen und herauswachsen. Der Zimmermann ist jedoch nicht beeindruckt vom schönen Stamm der Zerreiche, denn oft ist dieser aufgrund großer Risse im Innern wertlos. Obwohl der Baum eine schöne Herbstfärbung annimmt – ein sattes Orangebraun –, sieht das Laub den ganzen Sommer über dunkel und trist aus.

Von der Zerreiche gibt es einige bemerkenswerte Zuchtformen, z. B.:

Quercus cerris var. ambrozyana
Diese Kreuzungsform aus einer Zerreiche und einer Korkeiche wurde zuerst in Ungarn gefunden. Es handelt sich um einen kleinen wintergrünen Baum oder Strauch mit graufilzigen Zweigen, verkehrt-eiälnglichen, borstig gezähnten Blättern.

Quercus cerris var. austriaca
Bei dieser Zuchtform sind die Blätter nur leicht gelappt. Dieser Baum wurde um 1900 aufgefunden.

Quercus cerris 'Laciniata'
Bei dieser Form sind die Blätter tief fiederschnittig, die einzelnen Lappen spitz und gezähnt.

Quercus cerris 'Variegata'
Diese Zuchtform zeichnet sich durch kräftig weiß gesprenkeltes Laub aus, wächst allerdings nur langsam. Für den Garten ist Quercus cerris 'Variegata' ein schöner Baum mit seinem lebendig gefärbten Laub.

Flaumeiche *Quercus pubescens*
Bei dieser Art sind alle Zweige, Blätter und Blattstiele mit kurzem, sehr dichtem Flaum bewachsen. Sie ist in ganz Südeuropa an trockenen Hängen die häufigste Eiche, wird bis 25 m hoch, kann aber auch strauchförmig wachsen. Die dunkelgraue Rinde ist fein gefurcht und schuppt in kleinen Plättchen ab. Die Früchte reifen im 1. Jahr und sitzen in einem behaarten, mit lanzettlichen Schuppen besetzten Becher.

Lucombe-Eiche *Quercus × hispanica* 'Lucombeana'
Die Lucombe-Eiche ist eine Züchtung aus Zerreiche und Korkeiche. Der hohe, immergrüne Baum bildet eine breite, pyramidenförmige Krone aus und besitzt eine korkige Rinde. Die derben, dunkelgrünen Blätter sind stachelspitzig oder abgerundet und auf der Unterseite graufilzig behaart. Diese Kreuzung entstand rein zufällig 1763 in England.

Korkeiche *Quercus suber*
Immergrüner, bis 20 m hoch werdender Baum, der sehr oft ungeordnet und buschartig wächst, wobei die unteren, großen Äste dazu neigen, am Boden liegend zu wachsen. Dieser Baum stammt aus dem Mittelmeerraum, ist aber bis in den hohen Norden winterhart. Die sehr dicke, tiefrissige, korkige, oft hellbeige Rinde wird manchmal an Wänden und Pfeilern von Orchideenhäusern als Nährboden für die epiphytischen Arten befestigt. In Spanien und Portugal läßt man sie erst gar nicht so reif werden, sondern schält sie alle paar Jahre zur Korkgewinnung ab; nach dem Schälen bleibt ein glatter, rotbrauner Stamm zurück. Die Früchte reifen im 2. Jahr. Sie sitzen in einem Becher, der etwa die Hälfte der Eichel umfaßt.

Chinesische Korkeiche *Quercus variabilis*
Die Chinesische Korkeiche besitzt die gleiche tiefrissige Rinde wie die Korkeiche, allerdings mit einem Stich ins Rosa. Die Blätter sind länglich-oval, oben dunkelgrün, unterseits silbrig behaart. Die großen Blattadern laufen jeweils am Ende in ein kleines, behaartes Zähnchen aus. Die Früchte sitzen in einem dickwandigen, aufgeblähten Becher.

Wallonen-Eiche *Quercus macrolepis*
Diese Art ähnelt der Zerreiche. Der relativ kleine, halb immergrüne Baum wird max. 15 m hoch. Auffallend an der Wallonen-Eiche sind die Fruchtbecher, die relativ breit (5 cm) sind und lange, dicke, abstehende bis zurückgekrümmte Schuppen tragen. Die Heimat dieser Art liegt in Südostitalien, auf den Ägäischen Inseln und dem südlichen Balkan.

Lucombe-Eiche

Korkeiche

Frucht

Männliche
Blütenstände

'Variegata'

Flaumeiche

Lucombe-Eiche

Zerreiche

Wallonen-Eiche

Korkeiche

Chinesische
Korkeiche

Zerreiche

Zerreiche

Flaumeiche

Traubeneiche *Quercus petraea*
In Europa weit verbreitete Eiche bis ca. 45 m Höhe. Krone breit und hochgewölbt. Rinde grau mit feinen Rissen und Furchen. Äste ziemlich gerade. Eicheln bis zu 6 in Büscheln zusammen, sitzend oder nur kurz gestielt. In etlichen Zuchtformen in Kultur. Die Traubeneiche, die sich als erste der beiden in Mitteleuropa heimischen Eichenarten nach der letzten Eiszeit wieder ansiedelte, stellt den späteren Ankömmling, die Stieleiche, in den Punkten Laubwerk, Krone, Wachstum und Gesundheit regelrecht in den Schatten. Jedes einzelne Blatt mit seinem 2,5 cm langen, gelben Stiel ist fest und ledrig, frei von Gallen, symmetrisch gelappt und spitz zulaufend. Am Baum ist das Laub ebenmäßig verteilt, nicht stellenweise gehäuft. Die abgeworfenen Blätter verrotten am Boden nicht, da sie sehr kräftig sind. Unterseits zeigen sie eine helle, kaffeebraune Farbe, von der sich das ausgeprägte Adergeflecht dunkelschokoladenbraun abhebt.
Meist wächst der Stamm 5–10 m senkrecht und astfrei in die Höhe, dann reckt sich die Krone aus geraden Ästen in den Himmel. Die Bäume können daher in engerem Abstand wachsen als die weitausladende Stieleiche. Die gleichmäßig dichte Belaubung läßt außerdem weniger Licht durch, und nur wenige andere Bäume oder große Sträucher gedeihen in Traubeneichenwäldern.
Traubeneichen findet man vorwiegend in regenreichen Gegenden auf lockeren Böden, während sich Stieleichen in trockeneren Landstrichen auf schweren Böden wohler fühlen. Natürlich gibt es auch hier Ausnahmen, die die Regel bestätigen.
Bastarde aus Traubeneiche und Stieleiche sind relativ häufig, außerdem finden sich viele Gartenformen, z.B.:

Quercus petraea 'Laciniata'
Zuchtform mit eingeschnitten gelappten Blättern, Lappen sehr schmal und nach vorn gerichtet.

Quercus petraea 'Pendula'
Zuchtform mit hängenden Zweigen und normal ausgebildeten und gefärbten Blättern. Leider recht selten.

Quercus petraea 'Purpurea'
Zuchtform, bei der die jungen Blätter bräunlich-purpurn gefärbt sind und sich mit zunehmendem Alter rötlich-graugrün umfärben. Sehr schöne Zuchtform für den Garten.

Schmalblättrige Traubeneiche *Quercus petraea* 'Mespilifolia'
Diese Zuchtform hat unterschiedlich gewellte oder schwach gebuchtete, sehr schmale Blätter von bis zu 22 cm Länge, die zum Rand hin dicker werden. Die Frühjahrsblätter sind ganzrandig und lorbeerartig, die Blätter des zweiten Triebes schwach gebuchtet oder gelappt. Der Baum erreicht zuweilen 25 m Höhe.

Kastanienblättrige Eiche *Quercus castaneifolia*
Diese Art stammt aus dem Kaukasus und dem Elbursgebirge am Kaspischen Meer. Sie hat nicht nur ungewöhnliche, sehr hübsche Blätter von 20 cm Länge, sondern wächst außergewöhnlich schnell zu einem prachtvollen Baum heran. Bei jungen Bäumen sieht die Rinde ganz wie schwarzes, blankpoliertes Leder aus, wogegen sie bei alten Exemplaren dunkelpurpurbraun und stark rissig ist.

Kastanien-Eiche *Quercus prinus*
Diese Art ist in den Appalachen im Osten der Vereinigten Staaten heimisch. Sie trägt breite, 18 cm lange Blätter, die an robusten, 1–2 cm langen Stielen sitzen. Die dunkelbraune Rinde ist stark zerklüftet. Sie kommt nur in wenigen Arboreten vor und wird oft mit der aus derselben Region stammenden, ebenfalls kastanienblättrigen Art *Quercus muehlenbergii* verwechselt; letztere hat allerdings elegantere, spitz zulaufende Blätter an gelben, 3 cm langen Stielen.

Kaukasische Eiche *Quercus macranthera*
Wuchsfreudiger, schöner Baum, dessen Blätter flaumig sind und an flaumbewachsenen Stielen und Zweigen sitzen. Vollständiger Laubabwurf im Winter und von dunklen Rissen in kurze, hellgraue, schuppige Platten zerschnittene Rinde.

Pyrenäische Eiche *Quercus pyrenaica*
Von dieser Art ist die Hänge-Varietät 'Pendula', die man in 2 m Höhe auf die Zerreiche aufpropft, weitaus bekannter. Von allen Eichen findet bei ihr der Laubausbruch am spätesten statt, und sie blüht auch als letzte. Dann zieren lange Büschel goldener Kätzchen eindrucksvoll ihre Zweige. Die Blätter sind weißlich-grau und mit dichten, kurzen Flaumhärchen bewachsen.

Armenische Eiche *Quercus pontica*
Die Armenische Eiche gleicht ihre niedrige, buschartig ausladende Wuchsform durch ausnehmend schöne Belaubung und eine prächtige, von Goldgelb bis Braun reichende Herbstfärbung aus. Die Triebe sind sehr robust, gerippt, doch glatt, die hellbraunen Knospen dick und kegelig. Die Blätter können bis zu 18×10 cm groß werden und sind unterseits leicht silbrig.

Libanon-Eiche *Quercus libani*
Schmucker, spitzkegeliger, ca. 10 m hoch werdender Baum mit einer lichten Krone und 12 cm langen Blättern. Im Winter geben ihm die wenigen Äste und die dunkle, leicht korkige, orange-rissige Rinde ein unheimliches Aussehen. Die Knospe am Ende eines jeden Triebes wird von dunkelgrauen Härchen umhüllt. Die Eicheln, die an kurzen, sehr robusten Stielchen sitzen, haben eine Reifezeit von zwei Jahren. In ihrer Heimat werden sie recht groß, in Mitteleuropa allerdings erreichen sie nur eine Länge von 2 cm und ragen kaum aus der großen, becherartigen Hülle hervor.

Libanon-Eiche

Mazedonische Eiche

Kastanienblättrige Eiche

Armenische Eiche

Traubeneiche

Trieb

Früchte

Männliche Blüten (vergr.)

Weibliche Blüten (vergr.)

Schmalblättrige Traubeneiche

Stieleiche

Kastanien-Eiche

Kaukasische Eiche

Kastanienblättrige Eiche

Traubeneiche

Pyrenäen-Eiche

Stieleiche

Mazedonische Eiche *Quercus trojana*
Diese Art ähnelt der Libanon-Eiche, hat aber eine knorrige Rinde und kleine Blätter, die bis in den Winter hinein braun am Baum hängenbleiben. Die Jungtriebe sind mit zartem Flaum bedeckt, die Eicheln sitzen ohne Stiel am Zweig.

Steineiche *Quercus ilex*
Immergrüner, bis ca. 30 m hoher Baum, der aus dem Mittelmeergebiet stammt. Bildet eine breite, hochgewölbte Krone aus. Rinde dunkelbraun bis schwärzlich, mit zunehmendem Alter in rechteckige Platten gefeldert.
Die Anlehnung an die Stechpalme (*Ilex aquifolium*) geschah aufgrund der harten, dornig zugespitzten Blätter, die die Steineiche in jungen Jahren trägt, wenn das Laub noch von Tieren abgeweidet werden könnte. Im Erwachsenenstadium sind die Blätter – wie die der Stechpalme, nur gleichmäßiger und schöner – glattrandig, dornenlos und ungelappt. Wie die Triebe sind sie dann unterseits dicht mit weißem Flaum bewachsen, die jungen Blätter alter Bäume dagegen sind rundherum weiß. Die Eicheln reifen im 1. Jahr. Sie sitzen in einem enganliegenden, kurzgestielten Becher, der fast die Hälfte der Eichel fest umschließt. Das Holz ist hart und überaus schwer. Es hat so viele Markstrahlen, daß man bei einem Querschnitt kaum die Jahresringe erkennen kann. Sägt man es schräg durch, um den Radius bloßzulegen, sieht es sogar schöner aus als das geschätzte Stieleichenholz, doch ist es schwierig zu bearbeiten, lagert schlecht ab und wird nur sehr selten verwendet.
Die Zuchtform **'Foordii'** hat schmälere, unterseits weißfilzige, glattrandige Blätter.

Turners Eiche *Quercus × turneri*
Turners Eiche ist eine Kreuzung aus der Steineiche und der Stieleiche und wurde schon vor 1870 in der Pflanzschule Turner in Essex in England gezüchtet. Der bis 15 m hoch werdende, halb immergrüne Baum bildet für gewöhnlich eine ausladende Krone aus. Turners Eiche wirft ihre noch dunkelgrünen Blätter erst ungefähr einen Monat vor Ausbruch des neuen Laubes ab, daher halb immergrün. Die Blätter sind eiförmig bis elliptisch und mehr oder weniger buchtig gelappt oder gezähnt. Die Früchte sitzen zu 3–7 an einem dünnen, filzigen Stiel.

Weißeiche *Quercus alba*
Die Weißeiche gehört zu den im Osten der Vereinigten Staaten heimischen Baumarten. Der prächtige Baum mit seiner ausladenden, kugeligen Krone wird in seiner Heimat bis 45 m hoch. Die Äste sitzen schon ziemlich tief am Stamm an und stehen fast strahlenförmig ab. Die Blätter sind schmal und unregelmäßig gebuchtet, oberseits glänzend grün, unterseits weißlich. Sie färben sich im Herbst tiefrot bis pur-

purfarben. Die Früchte sind relativ lang und schmal, die Fruchtbecher nur niedrig.
Das Holz wird im Schiffbau, in der Möbelindustrie, zum Bau von Eisenbahnschwellen und Fässern verwendet.

Kalifornische Eiche *Quercus agrifolia*
Diese nordamerikanische Art besitzt relativ kleine, ovale, jedoch derbe, immergrüne Blätter, die auf Ober- und Unterseite glänzend grün sind. Die fast lederartige Rinde dieser Art ist schwarz und glatt. Die Früchte sind schmal und lang und tragen an ihrer Spitze einen baskenmützenähnlichen Fortsatz. Sie sitzen in einem relativ niedrigen, kurzgestielten Becher.

Sägezahn-Eiche *Quercus acutissima*
Die in China und Japan heimische Sägezahn-Eiche sieht im Winter mit ihrer dunkelgrauen, schroffen Rinde zwar etwas düster aus, hat aber ansonsten große, hellgrüne Blätter und verdient es, wie in den USA als Stadtbaum gepflanzt zu werden. In Mitteleuropa ist sie derzeit noch auf die größten botanischen Gärten beschränkt.

Kleeblättrige Eiche *Quercus marilandica*
Diese Art hat dicke, ledrige, hellgrün glänzende, kleeblattähnliche Blätter von bis zu 12 × 11 cm. Sie ist langsamwüchsig und meist ein kleiner Baum mit steil aufragenden Ästen.
Die Kleeblättrige Eiche – manchmal auch Schwarzer Peter-Eiche genannt – ist in den östlichen und südöstlichen USA heimisch und kommt hier vor allem auf armen Böden vor.

Weideneiche *Quercus phellos*
Diese Art ist im Südosten der Vereinigten Staaten heimisch, wird hier bis 20 m hoch und bildet eine kegelförmige Krone aus. Auffallendstes Merkmal sind die schmalen, weidenähnlichen Blätter, die bei Laubaustrieb gelb sind, sich erst später grün färben, im Herbst jedoch wieder gelb werden. In unseren Breiten ist die Weideneiche nur sehr langsamwüchsig.

Kalifornische Schwarzeiche *Quercus kelloggii*
Diese Art ist in den Tälern und Küstengebirgen Kaliforniens und Oregons heimisch und kommt bis in eine Höhe von 2000 m vor. Die Früchte dieses Baumes dienten früher den Indianern als ein Hauptnahrungsmittel, das Holz als Brennholz. Der Baum erreicht eine Höhe bis 30 m. Er blüht im Mai bei Laubausbruch. Die weiblichen Blüten sitzen in den Blattachseln. Die Eicheln sind ca. 4 cm lang und liegen tief im Becher. Sie reifen erst im 2. Jahr und fallen dann im Oktober ab. Die Blätter sind 7–15 cm lang, oberseits glänzend dunkelgrün, unterseits etwas heller.

Turners Eiche

Weißeiche

Weibliche Blüte (vergr.)

Weiblicher Blütenstand

Männliche Blüte (vergr.)

Männliche Blütenstände

Blatt einer
jungen Steineiche

Turners Eiche

Kalifornische Eiche

Steineiche

Quercus ilex 'Foordii'

Sägezahn-Eiche

Kleeblättrige Eiche

Weideneiche

Spindeleiche

Steineiche

Sägezahn-Eiche

Weideneiche

Spindeleiche

Spindeleiche *Quercus imbricaria*
Nordamerikanische Eichenart, die über 25 m hoch werden kann und mit zunehmendem Alter eine breite Krone ausbildet. Die lorbeerartigen Blätter sind oben glänzend grün, unterseits behaart und heller. Die Frucht ist kurz und breit mit einer moscheeartigen Spitze. Sie sitzt in einem kurzgestielten, breiten, kurzen Becher.

Roteiche *Quercus rubra*
Die Roteiche ist ein typischer Vertreter einer Gruppe nordamerikanischer Eichen, zu deren Erkennungsmerkmalen kleine Eicheln zählen, die zwei Jahre zum Reifen brauchen, sowie stark gebuchtete Blätter, die am Rand einige große und an der Spitze behaarte Zähne aufweisen. Fast alle haben eine glatte Rinde und eine schöne Herbstfärbung. Die Roteiche ist sehr schnellwüchsig, jedoch kurzlebig: Der aus der Eichel keimende Trieb kann im ersten Jahr eine Länge von 1 m erreichen; im dritten Jahr kann der Haupttrieb bereits 1,5 m lang sein. Eine Roteiche kann bis 35 m hoch werden. Sie entwickelt meist eine breite, kugelig hochgewölbte Krone. Die jungen Blätter sind hellgelb, werden dann grün und färben sich im Herbst leuchtend rotbraun.
Die weiblichen Blüten sitzen an sehr kurzen, dicken Stielchen entlang der Mittelrippe der neuen Triebe und wandeln sich zu winzigen Eicheln um. So verharren sie ein volles Jahr, bis sie im folgenden Sommer zur vollen Größe reifen.

Goldblättrige Roteiche *Quercus rubra* 'Aurea'
Diese Zuchtform ist selten und wächst nur langsam, gefällt aber wegen der hellgoldenen Blätter im Spätfrühjahr, die sich allmählich grün färben.

Scharlacheiche *Quercus coccinea*
Die Scharlacheiche ähnelt der Roteiche, hat aber eine weitaus prachtvollere Herbstfärbung, ist ihr jedoch wachstumsmäßig unterlegen. In jeder Altersphase präsentiert sie sich leuchtend scharlach- bis tiefrot – oft durch die Überlagerung der orangeroten Grundfarbe mit einem braunen Farbton. Sie ist kurzlebig, Bäume mit mehr als 1 m Durchmesser sind eine Seltenheit. An ihrem leicht gebogenen Stamm sitzen nur wenige große Äste, die in alle Himmelsrichtungen zeigen und eine lichte, sehr unregelmäßige, kuppelförmige Krone bilden.

Sumpfeiche *Quercus palustris*
Auch diese Art kommt nur in südlichen, warmen Regionen vor, wo sie in kurzer Zeit auf dem glatten, geraden Stamm eine herrliche Kuppelkrone entwickelt. Auf der Unterseite der tief eingeschnittenen Blätter sitzen in den Nervenachseln markante, blaßbraune Haarbüschelchen. Die Rinde leuchtet in kräftigem Purpurbraun. Die unteren, steifen Äste hängen wie ein dichter Saum um den astfreien Teil des 2 m dicken Stammes. Die Früchte sind fast so lang wie breit (1–1,5 cm).

Färbereiche *Quercus velutina*
Das Verbreitungsgebiet der Färbereiche reicht von Maine bis Texas und deckt sich so weitgehend mit dem der Roteiche. Die langstieligen, großen Blätter fühlen sich pergamentartig an und sind unterseits mit weichem Flaum bewachsen. Ein sonderbares, artspezifisches Merkmal ist die Mittelrippe, die sich bei ca. 25 % der Blätter gabelt und sie in zwei ungleiche, plumpe Spitzen teilt.

Louisiana-Eiche *Quercus × ludoviciana*
Natürliche Kreuzung, die man 1913 in Louisiana entdeckte. Beim Laubausbruch sind die Blätter leuchtend orangerot, später färben sie sich sattgrün. So bleiben sie den ganzen Herbst über und werden im November orangebraun.

Sumpf-Weißeiche *Quercus bicolor*
Diese Art hat große Blätter mit keilförmigem Blattgrund, die unterseits verschieden weiß sind und im Herbst eine tiefbraune Farbe annehmen. Die schroffe Rinde ist hellgrau gefurcht.

Klettenfrüchtige Eiche *Quercus macrocarpa*
Nordamerikanische Eichenart, die bis 50 m hoch werden kann. Die Früchte sind an der Spitze behaart. Auch der Rand des Fruchtbechers ist behaart und mit abstehenden Schuppen besetzt.

Japanische Kaisereiche *Quercus dentata*
Langsamwüchsiger, hoher Baum mit breiter Wuchsform und dicker, rissiger Rinde. Blätter auffallend dick, schwer und unterseits weich behaart. Sie wachsen an kräftigen, behaarten Zweigen und werden bis zu 40 × 20 cm groß. Bei manchen Bäumen sterben in einem strengen Winter die Jungtriebe ab. Dann sprießen aus den kräftigen Zweigen nur büschelweise kleine Triebe.

Bartrams Eiche *Quercus × heterophylla*
Natürliche Kreuzung zwischen der Weiß- und der Roteiche. Die Blätter variieren in Größe und Anzahl der kleinen, an der Spitze behaarten Zähne und färben sich im Herbst rosa, rot oder braun. Im Sommer sind sie unterseits glänzend und haben an der Basis Haarbüschel in den Nervenachseln.

Leas Eiche *Quercus × leana*
Diese Kreuzung aus einer Spindel- und einer Färbereiche wurde 1830 von einem Herrn Lea in Ohio entdeckt. Ihre dunkelgrünen Blätter sind spindelförmig schmal und zweimal gebuchtet.

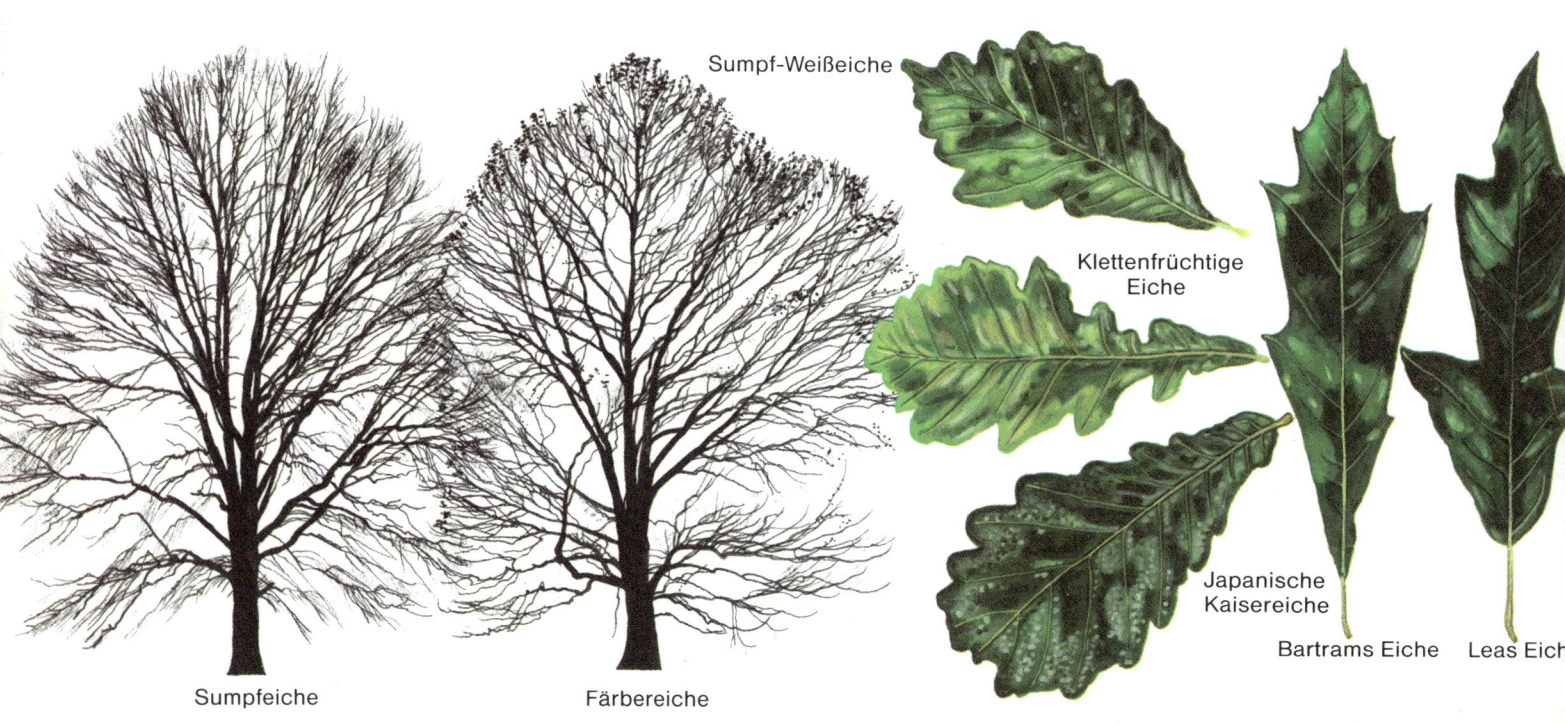

Sumpf-Weißeiche

Klettenfrüchtige Eiche

Japanische Kaisereiche

Bartrams Eiche   Leas Eich

Sumpfeiche   Färbereiche

Weibliche Blüten

Männliche Blüten

Sumpfeiche

Scharlacheiche

Roteiche

Färbereiche

1jährige Frucht

Louisiana-Eiche

2jährige Frucht

Roteiche

Roteiche

Goldblättrige Roteiche

Scharlacheiche

Familie Ulmengewächse (Ulmaceae)

Ulmen, Rüster (*Ulmus*)

Meist große, laubabwerfende Bäume, seltener Sträucher. Rinde gefeldert und zerrissen. Blätter ungeteilt, zweizeilig, wechselständig, kurz gestielt, meist doppelt gesägt mit schiefer Basis. Blüten zwittrig, unscheinbar, in Büscheln, erscheinen meist vor den Blättern. Frucht flache Nuß, die ringsherum von einem breiten, häutigen Flügelsaum umgeben ist, reift relativ rasch nach der Blüte. Etwa 20 Arten in der nördlichen gemäßigten Zone.

Bergulme *Ulmus glabra*
Ansehnlicher Baum bis 40 m Höhe mit ausladender Krone, der in Nord- und Mitteleuropa sowie in Westasien beheimatet ist. Der botanische Name »glabra«, zu deutsch »glatt«, scheint völlig deplaziert bei einem Baum mit dermaßen rauhhaarigen Blättern, die sich eher wie Sandpapier anfühlen, und dichtbehaarten Trieben und Blattstielen, er bezieht sich jedoch auf die Rinde der Jungbäume. In dem Alter nämlich, in dem bei anderen Ulmen die Rinde bereits auffällig gerippt oder in schuppige Platten unterteilt ist, fühlt sich die hellgraue Rinde der Bergulme noch immer glatt an. Erst im Alter von ca. 80 Jahren beginnen sich beim Stamm flache Risse zu zeigen, die Hauptäste sind aber weiterhin glatt und grau. Bei Parkbäumen kann man häufig beobachten, daß die untersten Äste besonders weit ausladen und bis auf den Boden herabhängen. In solchen Fällen übertrifft die Breite die Wuchshöhe beträchtlich. Wird sie durch andere Waldbäume eingeengt, entwickelt sich die Krone auf dem astfreien, jedoch oft schwach gekrümmten Stamm zu einer hohen Kuppel.
Die Triebe der Bergulme sind kräftiger als die anderer "Ulmen, verzweigte Triebe sind selten. Sie haben kurze Seitentriebe, die senkrecht zum Haupttrieb wachsen, und markante, eiförmige Knospen. Dicht an den Trieb geschmiegt, öffnen sich die Blüten im Februar oder März. Die Früchte sind schon lange vor Ausbruch des Laubes reif und hängen auffallend apfelgrün in Büscheln am Baum; im Juni färben sie sich hellbraun. Im Juli fallen sie herab und liegen dann mancherorts in Unmengen am Boden. Die jungen Blätter sind zunächst hellgrün und an den Adern gefaltet; vor dem herbstlichen Blattfall färben sie sich größtenteils blaßgelb.
In puncto Luftverschmutzung zählt die Bergulme zu den resistentesten Arten überhaupt. Ohne sie wären zahllose Plätze und Grünflächen nahezu baumloses Ödland.
Von der Bergulme gibt es sehr viele Gartenformen, von denen hier nur die wichtigsten beschrieben werden sollen:

Camperdown-Ulme *Ulmus glabra* 'Camperdownii'
Die Camperdown-Ulme wurde 1850 als Keimling beim Camperdown Castle in der Nähe von Dundee entdeckt. Diese Hängeform bildet eine fast kugelige Krone aus und wird ca. 12 m hoch. In 2 m Höhe auf den Stamm einer gewöhnlichen Bergulme gepfropft, bildet sie zunächst zahlreiche Windungen; erst später treibt sie gebogene Zweige, die laubenartig herabhängen. Die bis zu 20 cm langen Blätter sind größer und rauhhaariger als die der Bergulme. Die Triebe tragen nur wenige Blütenbüschel.

Hängeulme *Ulmus glabra* 'Pendula'
Bis 20 m hoch werdende Hängeform der Bergulme mit breit kegeliger Krone. Zweige waagrecht abstehend mit hängenden Spitzen, die sich fischgrätenartig verzweigen.

Exeter-Ulme *Ulmus glabra* 'Exoniensis'
Diese bis 18 m hohe, pyramidenförmige Zuchtform trägt hochaufragende Äste mit dunkelgrünen, tief und unregelmäßig gezähnten, leicht gekräuselten Blättern. Die Blätter selbst sind aufrechtwachsend und entfalten sich nicht völlig, sondern bleiben in Büscheln um die zahlreichen Triebe, und zwar auf der gesamten Länge, herumgewunden.

Goldulme *Ulmus glabra* 'Lutescens'
Die Goldulme unterscheidet sich von den übrigen goldblättrigen Ulmenvarietäten durch die glatte, hellgraue Rinde und deutlich größere Blätter. Im Freiland wächst dieser Baum normalerweise mehr in die Breite und hat waagrechte Äste, obwohl es auch hohe, schlankwüchsige Ausnahmen gibt. Der Baum ist in der Regel sehr kurzstämmig und ziemlich buschig.

Felsenulme *Ulmus thomasii* (*U. razemosa*)
Diese Art ist im nordöstlichen Nordamerika heimisch, jedoch gelegentlich auch in europäischen Botanischen Gärten anzutreffen. Sie liefert das wertvollste Ulmenholz der Welt. Die Bäume werden bis 30 m hoch und besitzen dunkelgrüne, beidseits verkahlende Blätter, die auf der Oberseite glänzen, auf der Unterseite zerstreut mit matten Härchen besetzt sind. Die Rinde ist dunkelbraun-grau und in breitschuppige Rippen zergliedert. Die Felsenulme blüht im März und bringt wenigblütige, dünnstielige, 3–5 cm lange Trauben hervor. Die Samen reifen im Mai.

Camperdown-Ulme

Bergulme

Hängeulme

Camperdown-Ulme

Exeter-Ulme

Blütenbüschel

Männliche
Blüte (vergr.)

Reife Frucht

Bergulme

Unreife Früchte

Trieb

Sämling

Verschiedene Blattformen

Goldulme

Bergulme

Englische Ulme *Ulmus procera*

Dieser stattliche Baum wird bis 40 m hoch und bildet einen dicken, geraden, bis weit in die breite, hochgewölbte Krone hineinragenden Stamm aus. Die dunkelbraune Rinde ist rissig und tief gefurcht bis klein gefeldert. Die Zweige sind ziemlich kräftig, rötlichbraun und in der Jugend weich behaart. Die breit-elliptischen bis eiförmigen Blätter sind 5–7 cm lang, oben dunkelgrün und rauh, unterseits weich behaart; sie bleiben bis spät ins Jahr hinein grün. Die Englische Ulme blüht im Februar/März und bildet anschließend rundliche Früchte mit breitem Flügelsaum aus. Diese Ulmenart stammt aus England, West- und Südeuropa, wird aber auch in anderen Teilen Europas gelegentlich angepflanzt.

Von dieser, schon lange in Kultur gehaltenen Ulme gibt es auch vielerlei Zuchtformen, z.B.:

Silberulme *Ulmus procera* 'Argenteo-variegata'

Schon seit 1770 bekannte Varietät mit weißgefleckten und/oder -gestreiften Blättern; wird bis 25 m hoch und bildet eine lockere Krone aus.

Ulmus procera 'Viminalis'

Schlankwüchsige, spitz zulaufende Zuchtform mit lichter Krone; kann eine Höhe von 23 m erreichen. Blätter schmal und unregelmäßig doppelt gesägt.

Ulmus procera 'Purpurea'

Zuchtform, deren Blätter beim Austrieb dunkelrot gefärbt sind, sich später jedoch tiefgrün umfärben.

Gelbblättrige Ulme *Ulmus procera* 'Aurea'

Kleiner, schönwüchsiger Baum, der das ganze Jahr über leuchtendgelbe Blätter trägt.

Ulmen waren früher als Park- und Alleebäume sehr geschätzt, da sie relativ schnell heranwuchsen und recht anspruchslos waren. Leider verschwinden diese Bäume aber immer mehr und werden auch nicht mehr so häufig angebaut – eine Folge der sogenannten Ulmenkrankheit, einer Pilzerkrankung, hervorgerufen durch den Pilz *Ceratocystis ulmi* und übertragen durch Ulmensplintkäfer (*Scolytus sp.*). Dieser Pilzbefall läßt sogar große, kräftige Bäume in kurzer Zeit absterben. Erste Anzeichen dieser Erkrankung sind vergilbende Blätter, gefolgt von absterbenden Zweigen und Ästen. Bisher gibt es noch keine Methode, dieser aus Zentralasien stammenden Seuche Herr zu werden, und auch das Züchten resistenter Ulmenformen hat bislang noch nicht viel Erfolg gezeigt. Etwas resistentere Ulmen sind einige Zuchtformen der Feldulme (*Ulmus carpinifolia*), z.B.:

Jersey-Ulme *Ulmus carpinifolia* 'Sarniensis'

Zuchtform mit pyramidenförmigem Wuchs, einer maximalen Höhe von 35 m und sehr vielen kleinen Ästen. Rinde dunkel graubraun und in lange Schuppen unterteilt. Bevor der Baum im Spätherbst die Blätter abwirft, bietet er ein farbenprächtiges Schauspiel: Er verwandelt sich in einen goldenen Turm, der später blaßorange wird.

Kornische Ulme *Ulmus carpinifolia* 'Cornubiensis'

Schlanke, pyramidenförmig wachsende Zuchtform aus Südengland, bis 40 m Höhe, mit dunkelgrünen, oberseits glatten, unterseits samtig behaarten Blättern, die dicht gedrängt am Zweig stehen.

Ulmus carpinifolia 'Umbraculifera'

Zuchtform mit dichter, kugeliger Krone und 3–7 cm langen Blättern.

Ulmus carpinifolia 'Dampieri'

Zuchtform mit schlank pyramidalem Wuchs. Blätter dicht gedrängt stehend, tief und doppelt gesägt.

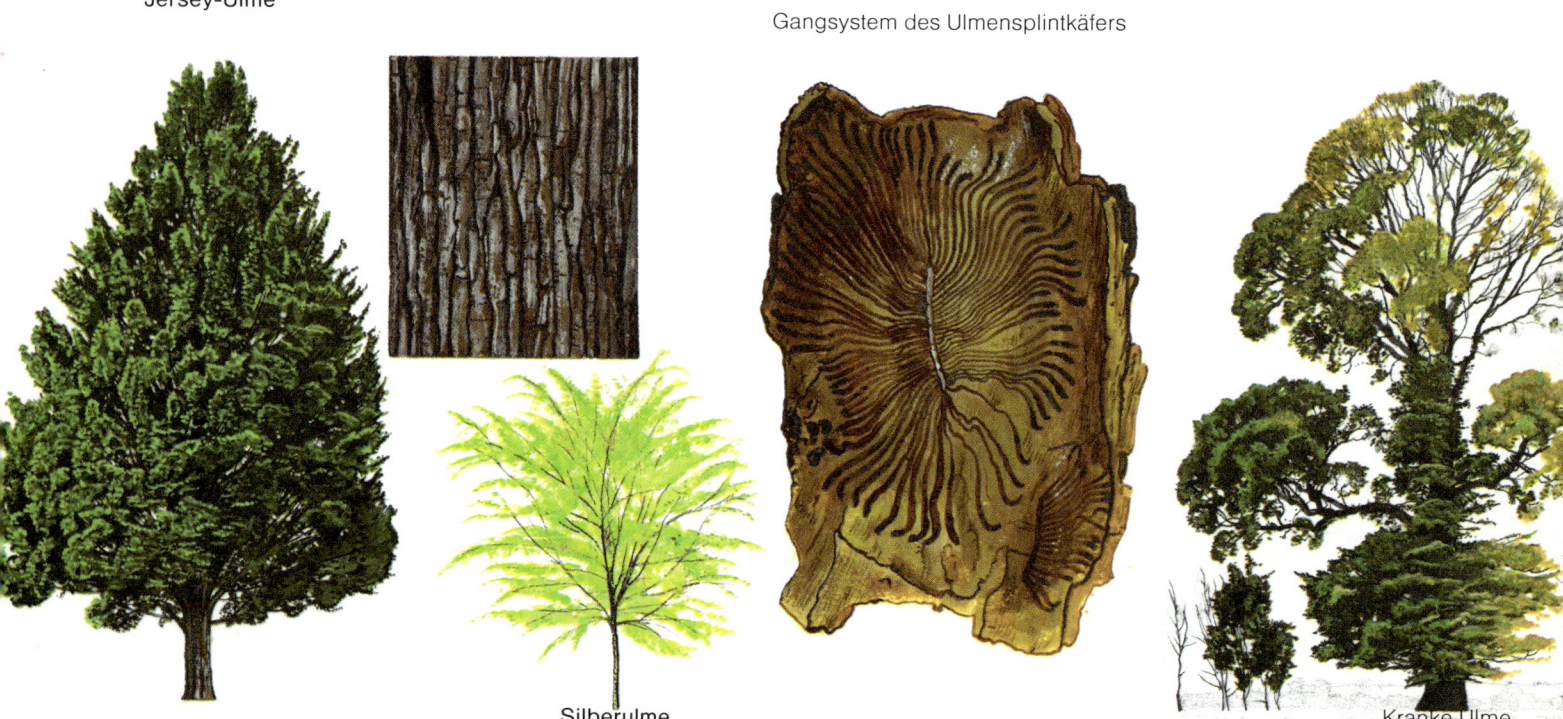

Jersey-Ulme

Gangsystem des Ulmensplintkäfers

Silberulme

Kranke Ulme

Jersey-Ulme

Kornische Ulme

Englische Ulme

Fraßschaden eines schlüpfenden Ulmensplintkäfers

›erschnitt durch einen befallenen Ast
›unkel = durch Pilze blockierte Leitungsgefäße der Ulme)

Frucht

Blühender Trieb

Ulmensplintkäfer

Gelbblättrige Ulme

'Viminalis'   'Argenteo-variegata'   Blüte (vergr.)

Gelbblättrige Ulme

Englische Ulme

Kornische Ulme

Feldulme *Ulmus carpinifolia* (*Ulmus minor*)

Großer, 30–40 m hoher und sehr vielgestaltiger Baum, der in Europa, Nordafrika und Westasien beheimatet ist. Krone oft hoch gewölbt, manchmal aber auch ganz schmal. Der Stamm treibt gewöhnlich viele Ausläufer, und aus buschigen Verdickungen am Stamm wachsen etliche feine Seitentriebe. Rinde graubraun mit langen, tiefen Furchen. Junge Triebe dünn und kahl, oft hängend, blaßbraun. Äste steil aufrecht. Blätter eiförmig-elliptisch, 5–8 cm lang, von unten nach oben größer werdend. Der Laubausbruch kommt bei dieser Art sehr spät; die roten Blüten öffnen sich Ende Februar oder Anfang März. Sehr formenreiche Art, von der auch viele Gartenformen gezüchtet wurden, z. B.:

Wredes Goldulme *Ulmus carpinifolia* 'Wredei'

Schlanke, pyramidenförmig wachsende Form, die bis 18 m hoch werden kann. Blätter dicht gedrängt stehend und unregelmäßig und tief gezähnt, goldgelb. Rinde rotbraun und netzartig gefeldert.

Holländische Ulme *Ulmus × hollandica* 'Hollandica'

Bastard aus Bergulme und Feldulme, der in vielen Varietäten als Park- und Zierbaum angepflanzt wurde. Die feingeschuppte, rotbraune Rinde ist anders als die anderer Ulmen, und auch die Krone weist typische Unterschiede auf. An der Außenseite der 2–3 großen Krümmungen ihres gebogenen Stammes wächst jeweils ein mächtiger, aufsteigender Ast, darauf thront eine lichte, flache Schirmkrone. Die dunklen Blätter sind grobstrukturiert, ledrig und oberseits fast ganz glatt.

Huntingdon-Ulme *Ulmus × hollandica* 'Vegeta'

Diese Form hat eine ganz eigentümliche, kugelige Krone, die von starken, sehr geraden und strahlenförmig wachsenden Ästen getragen wird. Die 12 cm langen Blätter sind ledrig-glatt und sitzen auf rosa-gelben Stielen von bis zu 2 cm Länge. Dank ihrer guten Wuchskraft und der schönen Krone ist sie ein guter Alleenbewuchs, den man auch gern in Parks und auf Plätzen in der Innenstadt pflanzt. Die ebenfalls großen Früchte hängen in Büscheln von 6 × 6 cm vor dem Laubausbruch Ende April hellgrün leuchtend in den Zweigen, wo man sie gar nicht übersehen kann. Die Samen sind steril.

Belgische Ulme *Ulmus × hollandica* 'Belgica'

Starkwüchsige Zuchtform mit aufrechtem, geradem Stamm. Blätter verkehrt-eiförmig, schief, mit 14–18 Nervenpaaren.

Ulmus × hollandica 'Dauvessei'

Zuchtform mit breit pyramidalem Wuchs und behaarten Jungtrieben. Blätter bis 12 cm lang, unterseits weich behaart.

Ulmus × hollandica 'Pitteursii'

Sehr kräftig wachsende Zuchtform mit bis zu 3 m langen Jahrestrieben. Blätter sehr groß und breit eiförmig. Diese Zuchtform stammt ebenso wie die Belgische Ulme aus Belgien.

Flatterulme *Ulmus laevis*

Bis etwa 35 m hoch werdende Ulme mit unregelmäßiger Krone. Zweige überhängend, jung behaart. Rinde bräunlichgrau, jung glatt, später tief gefurcht mit breiten Leisten. Blüte im März. Früchte in Büscheln, hängend, am Rand weiß behaart. Von Mitteleuropa bis zum Kaukasus weit verbreitet, jedoch nur selten angepflanzt.

Lockenulme *Ulmus plotii*

Feldulmenform, die nur in Großbritannien, und zwar im nördlichen Teil der Midlands, vorkommt. Krone schlank, pfeilförmig zugespitzt und sonderbar wuchernd; früher oft als Alleebaum angepflanzt. Da in ihrem quergemaserten Holz oft die Säge steckenblieb, nannten die Engländer den Baum »lock elm«, wovon sich der deutsche Name ableitete.

Chinesische Ulme *Ulmus parvifolia*

Kleiner, halb immergrüner Baum mit rotbrauner Rinde, der in China, Japan und Korea beheimatet ist. Breite Krone, die dicht mit ca. 3 cm langen Blättern belaubt ist, die bis zum Jahresende grün am Baum hängenbleiben. Blüht im Oktober. Selten.

Zwergulme *Ulmus pumila*

Kleine Ulmenart mit lichter, halbkugeliger Krone und schmalen Blätter. Blüht im Frühjahr. Selten.
Die Zuchtform 'Arborea' besitzt schmälere Blätter.

Flatterulme   Chinesische Ulme   Koritanische Ulme   Lockenulme

Zwergulme   'Arborea'

Wredes Goldulme

Holländische Ulme

Feldulme

Einzelblüte

Holländische Ulme

Huntingdon-Ulme

Zwergulme

Feldulme

Zelkoven (*Zelkova*)

Große, laubabwerfende, sommergrüne, ulmenartige Bäume oder Sträucher mit sehr dünnen Zweigen. Blätter ungeteilt, wechselständig, gesägt, mit schiefem Blattgrund. Blüten in den Blattachseln, klein und unscheinbar, in Büscheln, männliche und weibliche getrennt, Früchte einsamige Nüßchen, ohne Flügelsaum. 5 Arten in West- und Ostasien. Ebenfalls anfällig für die Ulmenkrankheit!

Kaukasische Zelkove *Zelkova carpinifolia*
Bis 30 m hoch werdender Baum mit ungewöhnlicher Wuchsform: Meist sehr vielstämmig, eher ein aufrecht wachsender Riesenbusch, auf dem tiefgerieften, normalerweise 1–2 m hohen Stamm thront eine gewaltige ovale Krone aus über 100 fast senkrechten Einzelästen, von denen viele etwa gleich dünn sind. Es gibt aber auch Exemplare mit normaler Baumwuchsform. Diese haben einen langen, leicht krummen Stamm, an dem die untersten Äste erst in 12 m Höhe beginnen; weiter oben wachsen dann leicht aufsteigende Äste in normaler Zahl. Solche Formen können auch mit der buschigen Art bastardieren. Die ersten Jahre über sind die Jungbäume schlank und wachsen nur langsam, dann aber setzt ein schnelles Wachstum ein, und der Stamm wird rasch dicker. Blüht im April. Die Herbstfarben sind Altgold bis Hellbraun. In den meisten Jahren reifen die kleinen Nüßchen in reichlichen Mengen. Bei vielen der alten, buschigen Bäume sind bereits einige der inneren Äste abgestorben, und da sie nicht herausfallen können, verrotten sie allmählich an Ort und Stelle. Rinde glatt, grau- bis grünlichbraun, in runden Schuppen abschilfernd und orangegelbe Flecken zurücklassend.

Sägeblättrige Zelkove *Zelkova verschaffeltii*
Die Herkunft dieser Art ist unbekannt, doch scheint sie eine Spielart der Kaukasusform zu sein. Sie hat die gleiche Rinde, und wo die schuppige Rinde abbröckelt, schimmern orangefarbene Stellen hervor. Die Blätter sind spitz und tief gesägt. Im besten Alter präsentiert sie sich als buschiger Baum mit schlanken, ausladenden Ästen, leider kann man ihr Wuchstempo nur als langsam bezeichnen.

Chinesische Zelkove *Zelkova sinica*
Diese Art kommt bei uns nur sehr selten vor. Sie besitzt eine gelblichbraune, in Schuppen abblätternde Rinde und relativ kleine, dunkelgrüne, einfach gesägte Blätter mit glattem, keilförmigem Blattgrund. Frucht schief und steinfruchtartig.

Keaki *Zelkova serrata*
Aus Japan stammende Zelkove mit lichter, halbkugeliger Krone, wird bis 35 m hoch. Zweige leicht herabhängend, jung stets kahl. An kräftigen Stielen sitzen scharf gezähnte, glatte, spitze Blätter, die im Herbst zarte Gelb- und Orangetöne annehmen. Dieser Baum läßt sich ganz problemlos aus Samen großziehen, bringt aber in den ersten Jahren nur einen mickrigen Stamm hervor. Daher muß man eventuell etwas nachhelfen und aus den vielen schwächlichen Trieben einen starken, senkrechten Haupttrieb auswählen.

Zürgelbaum (*Celtis*)

Sommergrüne, laubabwerfende Bäume oder Sträucher mit glatter oder runzeliger Rinde. Blätter ganzrandig oder gesägt, wechselständig, auseinandergehend, grannig zugespitzt. Blüten einhäusig, unscheinbar, in den Blattachseln. Kleine, kugelige Steinfrucht. Etwa 70 Arten, meist in den Tropen, sommergrüne Arten aus der nördlichen gemäßigten Zone. Bevorzugen tiefgründige, feuchte Böden. Sehr widerstandsfähig. Anzucht aus Samen.

Südlicher Zürgelbaum *Celtis australis*
Bis etwa 25 m hoch werdend, mit sehr schöner gewölbter, rundlicher Krone. Rinde glatt, grau. Junge Triebe grau behaart. Blütezeit Mai. Frucht dunkelrot bis schwarz, auf langem Stiel, eßbar. In Italien und Frankreich häufiger als Straßenbaum angepflanzt. Das sehr harte Holz (»Triester Holz«) ist sehr gesucht; die Rinde enthält ein gelbes Färbemittel, das Laub wird verfüttert.

Nordamerikanischer Zürgelbaum *Celtis occidentalis*
Bis 35 m hoch werdend. Krone breit und rund. Rinde grau mit knorrigen Verdickungen und geflügelten Leisten. Herbstlaub goldgelb. Frucht orangefarben bis dunkelpurpurn.

Mississippi-Zürgelbaum *Celtis laevigata*
Diese Art ist in den südöstlichen USA heimisch, wird aber auch in milden Gebieten Amerikas und Europas als Zier- und Schattenbaum angepflanzt. Der Mississippi-Zürgelbaum wird 18–24 m hoch und blüht im Mai. Die getrenntgeschlechtlichen Blüten sind grünlich und unscheinbar und sitzen auf demselben Baum. Die Frucht ist eine ca. $\frac{1}{2}$ cm breite, zuerst grüne, dann orangefarbene oder gelbe Steinfrucht, die in reifem Zustand dunkelpurpurrot gefärbt ist. Die Blätter sind ganzrandig und nicht gezähnt. Die Rinde ist hellbraun schuppig und oft beulig gerippt.

Südlicher Zürgelbaum   Nordamerikanischer Zürgelbaum   Keaki

Kaukasische Zelkove

Chinesische Zelkove

Sägeblättrige Zelkove

Nordamerikanischer Zürgelbaum

Südlicher Zürgelbaum

Kaukasische Zelkove

Familie Maulbeerbaumgewächse (Moraceae)

Maulbeerbaum (*Morus*)

Sommergrüne, ein- oder zweihäusige Bäume oder Sträucher. Blätter wechselständig, ungeteilt oder gelappt, gesägt oder gezähnt. Blüten unscheinbar, in hängenden, gestielten Kätzchen in den Blattachseln. Milchsaftführend. Steinfrüchte, die zu brombeerähnlichen Fruchtständen (Scheinbeeren) zusammengefaßt sind. 12 Arten in der nördlichen gemäßigten und subtropischen Zone, jedoch nur eine davon winterhart.
Bevorzugen sonnige Lagen mit nahrhaftem, kalkreichem Boden. Anzucht aus Samen.

Schwarze Maulbeere *Morus nigra*
Dieser bis 10 m hoch werdende Baum stammt aus Westasien; er besitzt ein knorriges Aussehen, eine dichte Krone, die meist breiter als hoch ist, und oft gebogene und gewundene Äste, die an einem kurzen, dicken Stamm ansitzen. Rinde dunkel orangebraun und in Furchen und Leisten zerrissen. Blätter breitoval mit herzförmigem Grund, unterseits flaumhaarig. Männliche Blütenkätzchen fast doppelt so lang wie weibliche. Blütezeit Mai. Früchte 2–2,5 cm lang, dunkelrot bis purpurn, süß. Frostempfindlich. Anzucht aus Samen, sehr langsamwüchsig. Die Maulbeere sollte nicht da gepflanzt werden, wo ihre Zweige über den Gehweg ragen, denn wenn nicht Vögel die Früchte abfressen, fallen sie überreif und schwarz zu Boden, wo sich die Amseln um die Verteilung kümmern und so den Gehweg in eine Rutschpartie verwandeln.

Weiße Maulbeere *Morus alba*
Bis 15 m hoher Baum mit runder bis schmaler Krone und sehr dickem Stamm. Rinde rötlichbraun bis mattgrau, mit flachen, welligen Furchen. Blütezeit Mai. Früchte 1–2,5 cm lang, weißlich bis rosa, fad süßlich.
Dieser Baum stammt aus China und ist seit langer Zeit in Kultur, da seine Blätter den Seidenraupen als Futter dienen.

Hänge-Maulbeere *Morus alba* 'Pendula'
Hängeform der Weißen Maulbeere mit runder Krone und fast senkrecht herabhängenden Zweigen. Blätter oberseits dunkelgrün glänzend, meist gelappt.

Osagedorn (*Maclura*)

Milchsaftführendes Maulbeerbaumgewächs, dessen Früchte eines Fruchtstandes zu einer einheitlichen Scheinfrucht vereinigt sind. Zweige dornig. Blätter ganzrandig und ungelappt, in der Knospe gefaltet. Nebenblätter nicht stengelumfassend, beim Abfallen Narben zurücklassend. Nur eine Art aus Nordamerika bekannt.

Osagedorn *Maclura pomifera*
Sommergrüner, zweihäusiger Baum oder Strauch. Wird in seiner Heimat – Nordamerika – bis 20 m hoch, bei uns erreicht er jedoch nur Strauchform mit ca. 8 m Höhe. Krone unregelmäßig gewölbt, Zweige dornig. Rinde orangebraun, gefeldert oder zerrissen. Junge Triebe samtig behaart, später kahl. Blätter zugespitzt eiförmig, olivgrün, glänzend, ganzrandig. Männliche Blüten in Trauben, grünlich-weiß, weibliche Blüten in kugeligen Blütenständen.
Blütezeit Juni. Frucht zusammengesetzt, orangenartig mit warziger Oberfläche, gelbgrün, ungenießbar. Schöner Zierstrauch, wärmebedürftig. Vermehrung durch Samen, Ausläufer, Wurzelschnittlinge und reife Stecklinge im Gewächshaus.

Osagedorn

Hänge-Maulbeere

Weiße Maulbeerc

Männliche Blüten

Schwarze Maulbeere

Weibliches Blütenköpfchen

Seidenraupe

Weibliches Blütenköpfchen

Osagedorn

Schwarze Maulbeere

Papier-Maulbeerbaum (*Broussonetia*)

Milchsaftführendes Maulbeerbaumgewächs, Früchte eines Fruchtstandes zu einer einheitlichen kugeligen Scheinfrucht vereinigt. Zweige nicht dornig. Blätter gesägt oder gezähnt, gelappt oder ungelappt.

Papiermaulbeerbaum *Broussonetia papyrifera*
Der Papiermaulbeerbaum stammt aus Japan und China und wird in seiner Heimat ca. 10 m hoch. Bei uns erreicht der Baum nur eine geringe Höhe. Äste rotgrau, Zweige graugrün. Rinde braun oder purpurgrau, rissig und voller Vertiefungen, schält sich manchmal folienartig ab. Blätter oval, am Grunde herzförmig, unterseits graufilzig. Zweihäusig, männliche Blüten in hellgelben, gestielten Kätzchen, weibliche in dichten, braunen, kugeligen Blütenständen. Blütezeit Mai. Kugelige, zusammengesetzte, braune Scheinfrucht, eßbar. In Südeuropa häufiger Zierbaum, bei uns nur in Weinbaugebieten winterhart. Vermehrung durch Aussaat, Ausläufer oder Wurzelschnittlinge unter Glas. Wird in Fernost intensiv angebaut, zum einen seiner Rinde wegen, aus der man Papier macht, zum andern wegen seiner elastischen Fasern, die zu hochwertigem Weißleinen verarbeitet werden.

Feigenbaum (*Ficus*)

Milchsaftführende Bäume, Sträucher, Kletter- oder Würgepflanzen. Blätter wechselständig und ganzrandig. Blüten ein- oder zweihäusig; vom fleischigen Fruchtboden fast völlig umschlossen. Das krugförmige Gebilde entwickelt sich dann zur Feigenfrucht. Etwa 2000 Arten, vor allem in den Tropen.

Gemeiner Feigenbaum *Ficus carica*
Baumartiger, laubabwerfender, zweihäusiger, 3–6 m hoher Strauch, in Südeuropa und Nordafrika beheimatet. Krone breit und niedrig, Äste kräftig, graugrün, anfangs behaart. Rinde hellgrau, relativ glatt mit dunklen Querstreifen. Blätter 10–20 cm lang, meist handförmig in 3–5 Lappen geteilt, dunkelgrün, ledrig und dick. Frucht birnenförmig, purpurn bereift, eßbar. In weiten Teilen Europas als Zierbaum angepflanzt, bringt nur im Gewächshaus oder an warmen, geschützten Stellen eßbare Früchte. Bevorzugt nahrhaften, lehmig-humosen Boden und ab dem Fruchtansatz viel Wasser und Wärme. Vermehrung durch Stecklinge, Ableger, Ausläufer und Samen.

Katsurabäume (*Cercidiphyllum*)

Laubabwerfende Bäume oder Sträucher mit einfachen Blättern. Blüten unscheinbar, zweihäusig, in Büscheln in den Blattachseln stehend. 2 Arten in Japan und China.

Katsurabaum *Cercidiphyllum japonicum*
Bis 30 m hoher Baum (bei uns kleiner bleibend) mit breit-kegelförmiger Krone; oft mehrstämmig. Rinde graubraun, längs gefurcht. Blätter an Kurztrieben wechselständig und herzförmig, an Langtrieben gegenständig und eiförmig zugespitzt, anfangs rosa-grünlich, später grün, im Herbst purpurrot. Blüten blattachselständig, männliche mit 8–13 roten Staubblättern, weibliche wie purpurfarbene Krallen mit zahlreichen roten Griffeln, im April, vor dem Laubaustrieb erscheinend. Früchte in Büscheln.
Der Katsura-Baum wurde 1881 aus Japan eingeführt und in China erst 1910 entdeckt. Obwohl er zu den dekorativsten Bäumen zählt, wurde er bis vor kurzem nur wenig geschätzt; alte Bäume sind deswegen rar. Dank seines sprunghaften Popularitätszuwachses nach 1950 und seiner Schnellwüchsigkeit finden wir nun in wesentlich mehr Gärten schöne Exemplare. Er ist winterhart, blüht bei uns aber selten. In heißen Sommern leidet er unter der Trockenheit, daher braucht er nährstoffreiche Feuchtböden. Am Rand von Gewässern wächst er prächtig, nur Frostmulden sollte man meiden. Ein Spätfrost zum Frühjahrsende kann die schönen, sich korallenrot entfaltenden Blätter austrocknen, und obwohl er wieder ausschlägt, bremst dieser Prozeß nicht nur das Wachstum, sondern zerstört auch sein überaus attraktives Gesamtbild. Die Blüten öffnen sich, wenn die Blätter noch rot – inzwischen dunkelrot – sind. Jedes »auf Tuchfühlung« wachsende Baumpaar – genauer gesagt: der weibliche Baum – liefert gutes Saatgut, und die Keimlinge entwickeln sich rasch zu schmucken Pflanzen. Gar zu viele Bäume sind vielstämmig, doch zeigen die einstämmigen Exemplare, wie lohnend es ist, sie schon in jungen Jahren entsprechend zu stutzen, damit sie sich zu säulenförmigen Bäumen mit gewölbtem Blätterdach und flach ausladenden, an der Spitze leicht abwärts gebogenen Zweigen entwickeln können. Die Herbstfarben sind von Baum zu Baum und von Jahr zu Jahr verschieden, bei den Jungbäumen dominiert meist ein sattes, leuchtendes Rot, während sich viele der großen Bäume in allen Farbschattierungen von Gold bis Rosa und gelegentlich auch Orange präsentieren.

Papiermaulbeerbaum

Frucht

Katsurabaum

Weibliche Blüten

Reife Früchte

Feigenbaum

Männliche
Blüten

Reife Früchte

Reife Frucht

Katsurabaum

Aufgeschnittene Frucht

Katsurabaum
Herbstfärbung

Feigenbaum

Familie Lorbeergewächse (Lauraceae)

Sassafras (*Sassafras*)

Mittelgroße, laubabwerfende Bäume oder Sträucher. Blüten zweihäusig. Blätter gelappt, stark aromatisch duftend. Steinfrucht an verdicktem, fleischigem Stiel. 2 Arten.

Sassafras *Sassafras albidum*
Dieser bis 20 m hoch werdende, schlanke Baum stammt aus dem atlantischen Nordamerika, besitzt eine rissige, graue Rinde und aufsteigende, glatte, glänzend grüne Zweige. Blätter hellgrün, in der Form sehr variabel, meist dreilappig oder elliptisch, im Herbst orangerot bis scharlachfarben. Blüten klein, gelblich-grün, erscheinen Ende April/Anfang Mai vor dem Laubaustrieb. Steinfrucht länglich, etwa erbsengroß, schwarz auf fleischigem, rotem Stiel. Friert in strengen Wintern oft bis zum Boden ab, treibt aber wieder aus den Wurzeln aus. Anzucht aus Samen im Gewächshaus.

Familie Zaubernußgewächse (Hamamelidaceae)

Parrotie *Parrotia persica*
Kleiner, sommergrüner Baum von 9–12 m Höhe mit breiter, kugeliger Krone und kurzem Stamm oder weitausladender Strauch. Stammt aus den feuchtwarmen Laubwäldern Nordpersiens. Rinde grau bis graubraun, platanenartig abschuppend, unter den Schuppen gelblich. Zweige olivbraun, anfangs sternhaarig. Blätter meist eiförmiglänglich, etwas gewellt, dunkelgrün. Herbstfärbung von Leuchtendgelb bis Scharlachrot. Blüten büschelig, gelblich, mit leuchtendroten, hängenden Staubblättern und tiefbraunen Hochblättern. Frucht eine zweifächerige Kapsel. Wird gerne im Garten angepflanzt, zum einen wegen seiner frühen Blüte, zum andern aufgrund der schönen Herbstfärbung. Benötigt bei uns jedoch einen geschützten Standort. Anzucht aus Samen oder durch Stecklinge im Gewächshaus.

Amberbaum (*Liquidambar*)

10–30 m hohe Bäume mit duftendem Harz. Blätter wechselständig, dunkelgrün, handförmig gelappt, im Herbst leuchtend rot gefärbt. Blüten gelb, eingeschlechtlich in kugeligen Köpfchen. Frucht vielsamiges, kugeliges Köpfchen. Einzelsamen langgeschnäbelt. 4 Arten.

Amerikanischer Amberbaum *Liquidambar styraciflua*
In seiner Heimat – feuchte Wälder im östlichen Nordamerika – kann dieser Baum bis 30 m hoch werden, bei uns wächst er allerdings sehr langsam und wird nicht so hoch. Zweige anfangs samtig, später oft mit dicken Korkleisten. Blätter 3- bis 5lappig, unterseits samtig behaart; Herbstfärbung leuchtend karminrot. Winterhart. Bevorzugt feuchte Böden, am besten in der Nähe eines Sees oder Teiches.

Orientalischer Amberbaum *Liquidambar orientalis*
Dieser Amberbaum wurde 1750 aus Kleinasien eingeführt. Der kleine Baum wird ca. 8 m hoch und entwickelt eine dichte Krone. Seine Rinde ist dunkel orangebraun und löst sich in kleinen Schuppen ab. Die Blätter sind ebenfalls 3- bis 5lappig, jedoch kleiner und völlig unbehaart.

Chinesischer Amberbaum *Liquidambar formosana*
Blätter im Gegensatz zu den beiden vorherigen Arten fein gesägt. Rinde zuerst hellgrau und glatt, später in kleine, viereckige Plättchen zerrissen.

Familie Magnoliengewächse (Magnoliaceae)

Tulpenbaum *Liriodendron tulipifera*
Dieser Baum wird in seiner Heimat (Nordamerika) bis 40 m hoch, erreicht bei uns aber meist nur eine Höhe von maximal 20 m. Krone schlank und fast säulenförmig. Rinde grau bis braunorange und netzartig mit flachen Leisten überspannt. Blätter groß, 4lappig, vorne gerade oder buchtig abgestutzt. Große Blüten an den Zweigspitzen, anfangs becherförmig, grünlichgelb, mit großen, fleischigen Staubblättern und zahlreichen, in einem Kegel zusammenstehenden Fruchtknoten. Blütezeit Juni/Juli. Frucht zapfenartige Sammelfrucht aus einsamigen Flügelfrüchten. Holz weich (Weißholz). Bevorzugt halbschattigen, nicht zu feuchten Standort. Anzucht durch Ableger oder Samen.
Vom Tulpenbaum gibt es verschiedene Gartenformen, z.B.:

Liriodendron tulipifera 'Aureomarginatum'
Schwächer wüchsige Gartenform mit gelbgeflecktem Laub und lockerer Krone.

Liriodendron tulipifera 'Fastigiatum'
Aufstrebender, kegelförmiger Wuchs mit aufrechten Zweigen.

Chinesischer Tulpenbaum *Liriodendron chinense*
Bei dieser Art sind alle Blätter tief buchtig eingeschnitten, oberseits glänzend dunkelgrün, unterseits mehr oder weniger silbrig. Die Blattstiele sind dunkelrot gefleckt. Die Rinde ist glatt und hellgrau.

Orientalischer Amberbaum

Frucht

Chinesischer Amberbaum

Amerikanischer Amberbaum

Korkiger Zweig

Amerikanischer Amberbaum

Tulpenbaum 'Fastigiatum'

Tulpenbaum

Blüte

Chinesischer
Tulpenbaum

Blüte

Tulpenbaum
'Aureomarginatum'

Frucht vom
Tulpenbaum

Frucht vom
Chinesischen Tulpenbaum

Früchte

Frucht

Blüten

Parrotie

Sassafras

Trieb

Rinde

Tulpenbaum

Tulpenbaum

Parrotie

Sassafras

Magnolien (*Magnolia*)

Sommer- oder immergrüne Bäume oder Sträucher mit derben, glänzenden, einfachen, ganzrandigen Blättern und relativ großen endständigen Blüten in Weiß, Rosa, Purpurn oder Bläulich. Zwei- bis mehrsamige, zapfenförmige Balgfrüchte. Etwa 75 Arten in Südost- und Ostasien, Nord- und Mittelamerika, Westindien. Sehr viele Gartenformen.

Magnolien werden sehr häufig in Parkanlagen und Gärten angepflanzt. Sie bevorzugen kräftigen, Feuchtigkeit haltenden, lehmighumosen Boden und einen vor praller Mittagshitze geschützten Standort. Anzucht aus Samen, durch Ableger oder Stecklinge.

Immergrüne Magnolie *Magnolia grandiflora*
Immergrüner, bis 30 m hoch werdender Baum mit weit ausladender Krone. Rinde grau und glatt. Blätter flach gewellt, unterseits rostbraun flaumhaarig. Blüten sehr groß, 20–30 cm breit, cremeweiß, wohlriechend, erscheinen nach oder mit den Blättern. Blütezeit Juli/August. Frucht zapfenförmig. Bei uns nicht winterhart!

Magnolia delavayi
Immergrüne Art aus dem südwestlichen China. Wird bei uns ca. 15 m hoch. Blätter oberseits glänzend grün, unterseits matt graugrün bis silbrig. Blüten relativ klein und spärlich.

Wilson-Magnolie *Magnolia wilsonii*
Dieses kleine, buschige Gewächs pflanzt man am besten neben einer Mauer oder an eine Böschung, so daß die Blüten herabhängen können. Ihre hängenden, wohlriechenden Blüten mit den roten Staubblättern öffnen sich erst, wenn der Baum in vollem Laub steht.

Großblättrige Magnolie *Magnolia hypoleuca*
Kurzlebige Art, die manchmal nur aus einem Ring großer Zweige, die aus einem Stumpf wachsen, besteht. Blätter groß, blaßgrün. Blüten weiß und sehr wohlriechend; Früchte etwa 20 cm lang.

Gartenmagnolie *Magnolia × soulangiana*
Beliebte Vorgartenmagnolie. Bis 6 m hoher Strauch, der noch vor dem Laubaustrieb voll erblüht. Blütezeit April–Mai. Blüten glockig bis breit tulpenförmig, purpurn bis weißlich, duftend oder duftlos.
Zu den schönsten Zuchtformen der Gartenmagnolie zählt *Magnolia × soulangiana* 'Lennei' mit großen, dunkleren Blättern und großen, umgekehrt glockenförmigen Blüten, die innen weiß und außen purpurrosa sind.

Gurkenmagnolie *Magnolia acuminata*
Üppig wachsende Art, die vom Ontariosee bis Texas heimisch ist und bis 25 m hoch wird. Die Rinde hat engstehende Leisten, von denen sich kleine, rechteckige Plättchen abschuppen, unter denen es rotbraun hervorleuchtet. Blätter sommergrün, unterseits weich behaart. Blüten relativ unscheinbar, grünlich bis blaugrün. Früchte aufrecht, erst grün, dann purpurfarben.

Großblattmagnolie *Magnolia macrophylla*
Kleiner Baum aus Nordamerika mit relativ großen Blättern: Sie sind 60 cm lang, unterseits leicht silbrig und wachsen in kurzen Wirteln an den Zweigenden. Blüten cremeweiß, innen am Grund rot gefleckt, geöffnet haben sie einen Durchmesser von 30 cm. Blütezeit Juni–August.

Frasers Magnolie *Magnolia fraseri*
Diese Magnolie ähnelt stark der Großblattmagnolie, allerdings sind ihre Blätter nur gerade halb so lang, unterseits nicht graugrün bis silbern und unregelmäßig gerandet.

Virginia-Magnolie *Magnolia virginiana*
Aus Nordamerika stammende Art, baum- oder strauchförmig wachsend, bis 10 cm hoch. Blätter stumpf-elliptisch, sommergrün, unterseits silbrig-blau leuchtend. Blüten klein, spitz, weiß und wohlriechend. Blütezeit Juni. Bei uns nur in Weinbaugebieten winterhart!

Veitchs Magnolie *Magnolia × veitchii*
Diese Form wurde 1907 von der gleichnamigen Firma aus Exeter mit dem Ziel gezüchtet, eine Pflanze zu bekommen, die wie die Campbell-Magnolie blüht, aber winterfester als diese sein und in weniger als 25 Jahren Blüten haben sollte. Das Ergebnis wurde ein wuchsstarker, bis 24 m hoher Baum, der ab dem 10. Jahr blüht.

Weidenblättrige Magnolie *Magnolia salicifolia*
Die aus Japan stammende, bis 5 m hoch werdende Weidenblättrige Magnolie mit ihrer zierlichen, schlank-kuppelförmigen Krone ist gegen Ende April bis Mai übersät mit schneeweißen, duftenden Blüten. Verletzte Teile verströmen einen süßlichen Limonen-oder Anisgeruch. Diese Art ist auch bei uns winterhart.

Japanische Magnolie *Magnolia kobus*
Großer Strauch, der in seiner Heimat zu einem 10 m hohen Baum heranwächst. Bis zur ersten Blüte dauert es bei ihm über 30 Jahre, und dann kann diese entweder sehr üppig oder ziemlich spärlich ausfallen. Die weißen, glockigen Blüten zählen mit 10 cm in geöffnetem Zustand zu den kleinsten Magnolienblüten.

Campbells Magnolie *Magnolia campbellii*
Diese Art wird von manchen als die Königin dieser Familie angesehen. Im Himalaja, wo sie eine Höhe von 45 m erreicht und von oben bis unten mit dunkelrosafarbenen Blüten übersät ist, muß sie ein atemberaubender Anblick sein. Aber auch in unseren Gärten stellt sie als breiter und über 18 m hoher Baum eine Attraktion dar. In normalen Jahren öffnen sich die Blüten zwischen Mitte Februar und Ende März. Blüten erst ab dem 25. Jahr.

Weidenblättrige Magnolie   Japanische Magnolie   Veitchs Magnolie   Campbells Magnolie

Wilson-Magnolie

Immergrüne Magnolie

Magnolia delavayi

Großblättrige Magnolie

Gartenmagnolie

'Lennei'

'Lennei'

Gurkenmagnolie

Großblattmagnolie

Gartenmagnolie

Virginia-Magnolie

Fraser Magnolie

Familie Rosengewächse (Rosaceae)

Weißdorn (*Crataegus*)

Sommergrüne, einhäusige, zweigeschlechtliche Bäume oder Sträucher mit oder ohne Dornen. Blätter nie ganzrandig. Blüten weiß, in doldigen Rispen. »Apfelfrüchte«, elliptisch bis kugelig, orangefarben bis rot. Über 1000 Arten, meist in der nördlichen, gemäßigten Zone; in Europa und Asien nur ca. 90, die restlichen in Nordamerika. Oft als Zier- und Parkbäume verwendet. Bevorzugen lehm- und kalkhaltigen Boden und einen sonnigen Standort. Anzucht aus Samen.

Gemeiner Weißdorn, Eingriffeliger Weißdorn
Crataegus monogyna
Strauch oder kleiner Baum bis 18 m Höhe. Unregelmäßige Krone, Äste aufsteigend, mit langen, geraden Dornen. Zweige kahl. Rinde grau, in rechteckige Platten aufspringend, darunter orangefarben oder rötlichbraun. Blätter oval mit 3–5 zugespitzten Lappen. Blüten einfach und weiß in zusammengesetzten Doldentrauben. Blütezeit April – Juni.
Frucht fast kugelig, rot, meist mit einem Stein. Fruchtreife September/ Oktober. Problemlos aus Stecklingen zu ziehen und leicht zu niedrigen »Naturzäunen« zu trimmen. Das sehr harte Holz ist ein ausgezeichnetes Kaminholz. Es brennt langsam mit violetter Flamme und erzeugt eine große Hitze.

Crataegus monogyna 'Fastigiata'
Diese Zuchtform ist sehr schlankwüchsig und eignet sich für »dünne« Hecken oder beengte Verhältnisse.

Zweigriffeliger Weißdorn *Crataegus laevigata*
Großer Strauch oder Baum bis etwa 10 m Höhe. Rinde grau und in rechteckige Platten aufgelöst, darunter rostbraun. Dornen bis 4 cm lang.

Hahnendorn *Crataegus crus-galli*
Strauch oder kleinerer Baum bis 10 m Höhe mit breiter, niedriger Krone, die sich schirmartig ausbreitet. Rinde grau oder braun, nur an jungen Bäumen glatt, sonst fein zerrissen und in kleine Schuppen aufgelöst. Blüten weiß, bis 1,5 cm breit. Blätter glänzend dunkelgrün, länglich-oval, von der Mitte bis zur Spitze fein gesägt. Die Früchte sind annähernd kugelrund, haben eine tiefrote Färbung und bleiben den Winter über häufig an den Ästen haften.

Breitblättriger Weißdorn *Crataegus × prunifolia*
Diese nordamerikanische Art wird häufig mit der vorangegangenen verwechselt, wenngleich sie viel weniger Dornen und breitere, elliptisch geformte und scharfgesägte Blätter besitzt. Früchte erbsengroß und scharlachrot. Die Pflanze nimmt im Herbst eine sehr schöne Färbung an, die von Gold über Kupfer bis Orange und Scharlachrot reicht.

Lavalles Weißdorn *Crataegus × lavallei*
Bis 7 m hoch werdende Hahnendorn-Hybride, die häufig als Straßenbaum anzutreffen ist. Zweige mit bis zu 5 cm langen Dornen. Blätter elliptisch, ungleich gesägt, auf der Oberseite stark glänzend, die Unterseite ist unbehaart; sie sind bis in den November hinein leuchtend dunkelgrün und erhalten erst kurz vor dem Blattfall eine dunkelrote Färbung. Die länglichen Früchte sind etwa 1,5 cm dick und orangefarben. Im Winter ist diese Pflanze mit ihrer grauen, in senkrechte Blöcke unterteilten Rinde sowie den flach ausladenden Ästen von anderen Arten leicht zu unterscheiden.

Chinesischer Weißdorn *Crataegus liciniata* (*C. orientalis*)
Robuster, winterharter Strauch oder kleinerer Baum bis 5 m Höhe mit kräftigen Seitenzweigen, die in einem Dorn von etwa 1 cm Länge enden. Häufige Pionierart auf Schlägen, an Wald- und Gebüschrändern. Rinde graubraun, felderig zerrissen, unter der Oberfläche rötlichbraun. Blätter bis 5 cm lang, oval bis dreieckig, tief gelappt. Die 3–7 Lappen sind schmal, länglich-spitz, fast linealisch und beiderseits filzig behaart. Früchte orangerot, behaart und meist breiter als lang.

Mittelmeerdorn *Crataegus azarolus*
Diese aus Südeuropa und Nordafrika stammende, bis 8 m Höhe erreichende Pflanze ähnelt der vorherigen Art, besitzt aber dickere, 3- bis 5lappige Blätter und eßbare, orangefarbene bis gelblichrote Früchte. Besonders auf kalkhaltigen Böden im östlichen Mittelmeergebiet beheimatet; wegen des apfelartigen Geschmacks der Früchte seit der Römerzeit in Italien und Südfrankreich kultiviert und dort regional eingebürgert.

Crataegus tanacetifolia
Strauch oder kleiner Baum, ähnlich dem Chinesischen Weißdorn, aber mit aufrechterem Wuchs und kleineren, beiderseits zottig behaarten Blättern. Die Früchte sind bis zu 2,5 cm dick und haben eine gelbe Färbung.

Crataegus phaenopyrum
Kleinwüchsiger Strauch oder Baum mit maximal 7 cm langen Dornen und 3- bis 5lappigen, scharfgesägten Blättern. Die kleinen, 1 cm großen Blüten reifen zu scharlachrot leuchtenden Früchtetrauben heran, die den Winter über oft an den Zweigen hängenbleiben.

Lavalles Weißdorn   Breitblättriger Weißdorn   'Fastigiata'   Paul's Scarlet

Lavalles Weißdorn

Breitblättriger Weißdorn

Weißdorn

Frucht mit einem Kern

Frucht mit zwei Kernen

Hahnendorn

Crataegus phaenopyrum

Zweigriffeliger Weißdorn

Chinesischer Weißdorn

Mittelmeerdorn

Crataegus tanacetifolia

eißdorn

Hahnendorn

Weißdorn

Familie Platanengewächse (Platanaceae)

Platanen (*Platanus*)

Große, langlebige, sommergrüne Bäume, deren Rinde sich sehr typisch großflächig in Platten abschuppt. Blätter wechselständig, ahornblattähnlich, mit dickem Blattstiel. Blüten einhäusig, unscheinbar, in kugeligen Köpfchen. Früchte wieder typisch: kugelige, stachelige Fruchtstände, zu mehreren vereint, an langem Stiel, hängend. 7 Arten in Nordamerika und Südeuropa (bis Indien).

Platanen eignen sich hervorragend als Straßen- und Stadtbäume, da sie zum einen überall recht gut gedeihen, zum anderen sehr resistent gegen Luftverschmutzung sind und Beschädigungen der Rinde relativ rasch und gut verheilen.

Gewöhnliche Platane *Platanus × hybrida*
Bastard aus Morgenländischer Platane (*P. orientalis*) und Amerikanischer Platane (*P. occidentalis*). Stattlicher Baum bis 35 m Höhe mit gerade durchgehendem Stamm. Krone breit-pyramidenförmig. Rinde dunkelgrau oder braun, in großen Platten abschilfernd, darunter hellgelb. Junge Zweige grün und weißlich behaart, ältere Zweige orangefarben, dunkelgrau oder braun. Blätter meist 5lappig, einzelne Lappen spitz gezähnt, glänzend grün, unterseits blasser. Männliche Blüten in 2–6 gelblichen, kugeligen Köpfen, weibliche Blüten in 1–2 karminroten, kugeligen Köpfen. Blütezeit Mai. Fruchtstände braune, stachelige, kugelige Köpfchen, zu 2 an langen Stielen hängend und oft tief in den Winter hinein noch am Baum. Raschwüchsiger Baum, der selbst noch mitten in der Großstadt gut gedeiht. Anzucht aus Stecklingen leicht.
Von diesem Bastard gibt es noch allerlei Zuchtformen, z. B.:

Platanus × hybrida 'Pyramidalis'
Häufige Varietät mit rauher Rinde, kleinen, dreigelappten, leuchtend hellgrünen Blättern und nur 1–2 großen, kugeligen Fruchtständen.

Platanus × hybrida 'Augustine Henry'
Zuchtform, die man gelegentlich in Parks und Gärten findet. Die Rinde des geraden, astfreien unteren Stammteils zeigt viel Weiß, der Baum selbst hat nur wenige Äste, die sich geradwüchsig in den Himmel recken. Die großen, dunklen Blätter sind nicht sehr zahlreich und zeigen leicht verhüllt nach unten.

Planatus × hybrida 'Suttneri'
Bei dieser Form sind die Blätter kräftig weiß-grün gescheckt, die inneren manchmal sogar ganz weiß. Diese Form ist jedoch nicht gerade schnellwüchsig.

Morgenländische Platane *Platanus orientalis*
Bis 30 cm hoher Baum mit breiter, kugelig gewölbter Krone. Die unteren Äste dieser Art neigen zu enormem Längenwachstum und liegen oft 10 m und weiter vom Stamm entfernt auf dem Boden – aus diesem Grund ist die Morgenländische Platane als Straßenbepflanzung eher ungeeignet. Früchte kugelig, zu 2–6 an einem oft verzweigten Stiel hängend.
Die auf Zypern und Kreta beheimatete Varietät **'Insularis'** ist eine eher unbedeutende Unterart, dagegen ist **'Digitata'** mit ihren tief gelappten, fingerförmigen Blättern sehr attraktiv, aber leider auch selten.

Amerikanische Platane *Platanus occidentalis*
Die Amerikanische Platane stammt aus dem südlichen Nordamerika. In ihrer Heimat werden diese Bäume bis zu 40 m hoch, wobei der Stamm nicht wie bei der Morgenländischen Platane bis zur Spitze durchgeht und die Äste eher aufwärts gerichtet als waagerecht abstehend sind. Die Borke löst sich in kleineren Platten als die der morgenländischen Verwandten ab. Die Blätter sind 3–5lappig, die einzelnen Lappen breiter als lang und breit-dreieckig in ihrer Form. Die kugeligen, stacheligen Früchte hängen meist einzeln an einem langen Stiel. Die Amerikanische Platane wächst vor allem an Teichen und Flußufern und ist wohl der höchste Laubbaum, der in amerikanischen Parkanlagen und Gärten vorkommt. Bei uns ist diese Art leider nur selten anzutreffen.

Morgenländische Platane

Gewöhnliche Platane

'Pyramidalis'

'Digitata'

weibliche Blüten

'Suttneri'

Morgenländische
Platane

Gewöhnliche Platane

Familie Rosengewächse (Rosaceae)

Apfelbäume (*Malus*)

Etwa 30 Arten sommergrüner, einhäusiger Bäume und Sträucher, die hauptsächlich in der nördlichen gemäßigten Zone vertreten sind. Blüten zwittrig. Die Gattung bildet den Ausgangspunkt für zahlreiche Kulturvarietäten und Hybriden, die als Obst- und Zierbäume verwendet werden.

Das Augenmerk der folgenden Zusammenstellung ist auf einige wichtige wildwachsende, kleinfrüchtige Arten und Zuchtformen gerichtet, die nur der Blüten oder Herbstfarben wegen gezüchtet werden. Anzucht durch Veredelung auf Apfelunterlagen, meist auf Sämling; reine Wildarten können auch aus Saat erzielt werden.

Gemeiner Wildapfel, Holzapfel *Malus sylvestris*
In Europa weit verbreiteter, bis in 1300 m Höhe vorkommender kleiner Baum oder Strauch buschigen Charakters, der selten eine Wuchshöhe von 7 m übertrifft. Die dunkelbraune und rissige Rinde bricht in kleine Schuppen auf. Die ovalen bis elliptischen, am Grunde breitkeilförmigen, gekerbten oder gesägten Blätter sind oberseits dunkelgrün und kahl, unterseits graugrün und filzig behaart. Blütezeit im Mai. Die bis 3 cm großen rundlichen bis eirundlichen Früchte weisen eine gelb-grüne Färbung auf; zur Reifezeit mitunter leicht rötlich überhaucht. Ihr Geschmack ist herb bis essigsauer. Der Wildapfel ist der Stammvater unseres heutigen Kulturapfels.
Wichtige Zierformen des Holzapfels sind:

'Golden Hornet' mit ockergelben, länglich-kugeligen Früchten.

'John Downie', eine wahre Augenweide, wenn sich Unmengen rosaroter Knospen leuchtend weiß öffnen oder die entsprechend gefärbten Früchte ihm ein unverwechselbares Aussehen verleihen.

Prachtapfel, Chinesischer Apfel *Malus spectabilis*
Der Prachtapfel stammt aus Nordchina und ist nur als Kulturform bekannt, kommt also nicht als Wildwuchs vor. Der Baum besitzt länglich-ovale, glänzend dunkelgrüne Blätter und bis 5,5 cm große, gefüllte, lebhaft rosa gefärbte Blüten.

Beerenapfel, Sibirischer Waldapfel *Malus baccata*
Der Beerenapfel sieht wie eine kleine Ausgabe des Tee-Apfels aus, hat ähnliche Blätter und Früchte, aber kleinere Blüten.
Häufiger begegnet man jedoch einer der Beerenapfel-Hybriden, z.B. dem **Roten Beerenapfel** (*Malus* × *robusta*). Dieser Baum trägt wesentlich größere, dunkelrote, runde Äpfel, die in Mengen den Winter über am Baum hängenbleiben.

Tee-Apfel *Malus hupehensis*
Der im Jahre 1900 in Westchina entdeckte Tee-Apfel wächst ungemein schnell und ausladend – zwei Jahre nach der Freilandpflanzung

sollten die Setzlinge Triebe von über 1 m Länge haben – und kann mit 40 Jahren bei einem Stammdurchmesser von 70 cm die Höhe von 12 m erreichen. Der blühende Baum strahlt eine beispiellose Eleganz aus. Die hellrosa Knospen öffnen sich zu bis 6 cm groß werdenden, schneeweißen und in ihrer Mitte golden anmutenden Blüten, die dann den ganzen Baum überdecken, so daß kaum noch ein Blatt auszumachen ist.

Magdeburg-Wildapfel *Malus* × *magdeburgiensis*
Im Stammbaum dieses Wildapfels ist möglicherweise ein Kulturapfel enthalten. Er ähnelt dem Prachtapfel, besitzt aber breitere, unterseits behaarte Blätter. Dieser Baum gehört zu den am frühesten blühenden Apfelsorten und hat mit 12 Petalen die vollste gefüllte Blüte der hier aufgeführten Arten. Blüten rosa.

Vielblütiger Apfel, Japanischer Wildapfel *Malus floribunda*
Niedriger, recht breitkroniger Baum oder Strauch, 4–10 m hoch. Äste meist übergeneigt bis weit abstehend. Die Pflanze schlägt bemerkenswert früh – noch vor Ende März – aus. Blätter aus spitzem Grunde länglich oder elliptisch bis lanzettlich, 4–8 cm lang mit schmalen und sehr spitzen Sägezähnen. Die anfangs rötlichen, dann rosa und zuletzt weißlichen Blüten öffnen sich zwischen den schon entfalteten Blättern. Anfang Mai schäumt der Baum regelrecht über vor roten Knospen und rosafarbenen bzw. weißen Blüten. Äpfel bis 1 cm breit und gelblich.

Halls Wildapfel *Malus halliana*
Aus China und Japan stammender, 1862 von Hall in Nordamerika eingeführter Baum mit einfachen, schmal-länglichen, kerbig gesägten Blättern und hübschen rosafarbenen Blüten.

Purpur-Wildapfel *Malus* × *purpurea*
Ein durch kräftigen Wuchs, sehr lange Zweige und schwarzrote Rinde ausgezeichneter Baum, der mehrere Unterformen aufweist, z.B.:

'Lemoinei' wird größer, hat viele gelappte Blätter und trägt tief purpurrosafarbene Blüten.

Der Blütenstar unter den Unterformen ist zweifellos **'Profusion'** mit seinen zahlreichen dunkelweinroten Blüten und dem tiefpurpurnen Laub. Früchte dunkelrot, abgeflacht und langlebig.

Malus tschonoskii
Seltener, sehr schöner, in Japan beheimateter, pyramidal wachsender Baum mit weißfilzigen Zweigen und karminroten Winterknospen. Blätter eiförmig-elliptisch, unregelmäßig gesägt oder leicht gelappt, dunkelgrün, im Herbst tief orange- und scharlachfarben. Die Früchte sind kugelig, gelbgrün mit purpurner Backe und 2–3 cm dick. Dieser Wildapfel ist wie geschaffen für Straßenbepflanzungen und enge Standortverhältnisse. Er begnügt sich mit kargen, schlechtbelüfteten Böden und kann selbst noch bei einer Wuchshöhe von 4–5 m gut verpflanzt werden.

Beerenapfel

Tee-Apfel

Malus tschonoskii

Wildapfel

Frucht

Blüten

'John Downie'

'Golden Hornet'

Prachtapfel

Roter Beerenapfel

Halls Wildapfel

Früchte

Kulturapfel

Rinde

'Profusion'

Magdeburg-Wildapfel

Japanischer
Wildapfel

Blüten

Frucht

Wildapfel

Japanischer Wildapfel

Purpur-Wildapfel 'Profusion'

Vogelbeere, Elsbeere (*Sorbus*)

Die Gattung *Sorbus* ist mit über 80 Arten auf der nördlichen Halbkugel vertreten. Alle sind winterharte, sommergrüne, einhäusige Bäume oder Sträucher mit wechselständigen, entweder ungeteilten oder unpaarig gefiederten Blättern. Blüten in Schirmrispen, meist weiß, mit 15–25 Staubblättern und 25 Fruchtblättern. Die Früchte werden mit Vorliebe von Vögeln genommen. Anzucht aus Samen für alle Arten gut möglich. Da Mehlbeere und Elsbeere häufig bastardisieren, können die einzelnen *Sorbus*-Arten mitunter nur schwer zu bestimmen sein und in ihren Merkmalen häufig von den beschriebenen Arteigenheiten abweichen.

Elsbeere *Sorbus torminalis*
Mittelgroßer Baum mit breiter oder gewölbter Krone, der eine Höhe von 15 m erreichen kann, auf Felsen mitunter jedoch nur strauchig anzutreffen ist. Die Pflanze ist in weiten Teilen Europas verbreitet; sie bevorzugt kreide- und kalkhaltige Standorte. Blätter mit 3–5 Paar dreieckig-länglicher Lappen. Blüten weiß in Doldentrauben. Früchte länglich-rund, bräunlich und mit zahlreichen Korkwarzen gepunktet.

Speierling *Sorbus domestica*
Der Speierling stellt trotz der vogelbeerähnlichen Blätter eine völlig eigenständige, isolierte Art dar, die sich mit keiner anderen kreuzt. Der Baum erreicht eine Höhe von 20 m. Blätter unpaarig gefiedert mit 11–21 schmallänglichen Blättchen. Früchte gelbgrün mit roter Backe, 2–3 cm lang, entweder apfel-oder birnenförmig. In vielen Gegenden werden die Früchte gerne zur Mostbereitung verwendet.

Vogelbeere, Eberesche *Sorbus aucuparia*
Kleiner bis mittelgroßer Baum, etwa 15–20 m hoch, mit ovaler bis rundlicher Krone und glatter, feinrissiger, grauer oder silbriger Rinde. Laubknospen schmal-eiförmig, grau behaart. Blätter unpaarig gefiedert, Fiederblättchen in 5–8 Paaren, länglich, scharf gezähnt, anfangs behaart, später glatt, oberseits frisch grün, im Herbst unauffällig braun. Die weißen, 1 cm breiten Blüten stehen in bis zu 15 cm breiten Doldentrauben. Im Hochsommer färben sich die grünen Früchte innerhalb weniger Tage gelb, bevor sie dann, nach 1–2 weiteren Tagen, plötzlich einen scharlachroten Farbton erhalten und gern von Singvögeln gefressen werden.

Sorbus aucuparia 'Fastigiata'
Im Jugendstadium sind Vogelbeeren senkrecht und schlankwüchsig. Diese Merkmale treffen auf 'Fastigiata' in ausgeprägtem Maße zu. Ihre Herkunft ist unbekannt; möglicherweise ist sie eine Kreuzung mit einer amerikanischen Vogelbeere, denn sie hat größere Früchte und weist zahlreiche kleine Unterschiede bei den Blättern auf.

Beissners Vogelbeere *Sorbus aucuparia* 'Beissneri'
Die Rinde dieser Art ist von einem dünnen, bläulichen Wachsfilm überzogen, der bei Nässe durchsichtig wird. Treffen Sonnenstrahlen nach einem Regenschauer auf den Stamm, funkelt dieser wie lauter Edelsteine. Die anmutig geformten Blätter färben sich im Herbst blaßgolden bis bernsteinfarben.

Chinesische Scharlach-Vogelbeere *Sorbus* 'Embley'
Die Chinesische Scharlach-Vogelbeere erreicht im Herbst ein feuriges Scharlachrot, das sich seltsamerweise erst dann einstellt, nachdem die äußeren Blätter ein intensives Purpurrot angenommen haben. Leicht erkennbar an dem farnartigen Laub, den schlanken, gebogenen Zweigen und den scharlachroten Knospen. Früchte pfefferkorngroß.

Sargents Eberesche *Sorbus sargentiana*
Aus Westchina stammender, 6–9 m Wuchshöhe erreichender, kleiner, buschiger Baum mit bräunlichen Zweigen und langen, roten Knospen, die im Unterschied zur vorhergehenden Art ein klares Harz absondern. Auch die Sargent-Eberesche färbt sich scharlachrot, das Laub besitzt jedoch einen höheren Gelbanteil.

Chinesische Eberesche *Sorbus hupehensis*
Die unpaarig gefiederten Blätter dieser Art haben einen leichten Grauschimmer und sind unterseits hellgraugrün gefärbt. Früchte kugelig, trübweiß oder rosa überhaucht, bis in den Februar an den Zweigen haftend; sie werden nicht von Vögeln genommen.

Kaschmirs Vogelbeere *Sorbus cashmiriana*
Diese Art besitzt viel größere und weißere Beeren als die Chinesische Vogelbeere und unpaarig gefiederte Blätter, die im Herbst eine strohgelbe Färbung annehmen und früh im Jahr fallen.

Vilmorin-Eberesche *Sorbus vilmoriniana*
Blätter dunkelgrün, im Herbst dunkel violettrot, mit 9–12 Paar Fiederblättchen. Früchte gut erbsengroß, zuerst dunkelrot, dann blaßrosa. Heimat Westchina, gelegentlich in großen Gärten anzutreffen.

Sorbus vilmoriniana 'Joseph Rock'
Ebenfalls aus Westchina stammende Vogelbeerenart, die wegen der Farbenvielfalt ihres Laubes berühmt ist: Noch bevor die Pflanze ihre schöne Herbstfärbung annimmt, bildet das Laub vereinzelt scharlachrote Blättchen aus, die zusammen mit den rötlichen Blattstielen einen herrlichen Kontrast zu den hellgelben bis dunkelgrünen Farbtönen der Blätter bewirken.

Japanische Vogelbeere *Sorbus commixta*
Blätter oberseits glänzend dunkelgrün, unterseits bläulich-grün, im Herbst nach Dunkelpurpurn umfärbend. Blütezeit im Mai. Früchte rötlich-orange. Gelegentlich als Straßenbaum gepflanzt, sonst nur in Parks und Gärten.

Chinesische Eberesche   'Joseph Rock'   Vilmorins Eberesche   Kaschmir-Vogelbeere   Vogelbeere

Vogelbeere

Elsbeere

Japanische
Vogelbeere

apfelförmige Frucht   birnenförmige Frucht

'Embley'

Beissners Vogelbeere

Sargents Eberesche

'Fastigiata'

Vogelbeere

Erlenblättrige Mehlbeere

Speierling

Birnbäume (*Pyrus*)

Birnen sind mit etwa 20 Arten in den gemäßigten Zonen der Alten Welt vertreten. Sie sind sommergrüne, mitunter dornige Bäume oder Sträucher mit weißen, in Doldentrauben stehenden Blüten, die sich noch vor Laubausbruch öffnen, und wechselständigen, gesägten oder ganzrandigen Blättern. Die Früchte weisen Steinzellnester auf, was dem Fruchtfleisch einen grießig-körnigen Charakter verleiht. Alle Arten bevorzugen nährstoffreiche Böden und warme, geschützte Lagen. Vermehrung am besten durch Samen. Birnen geben ein sehr gutes Brennholz ab, das langsam mit großer Hitzeentwicklung brennt und angenehm riecht.

Gemeiner Birnbaum *Pyrus communis*

Die Gemeine Birne ist vermutlich eine Kreuzung zwischen Zuchtsorten und Wildarten. Die echte Wildform ist die **Herzblättrige Birne** (*Pyrus cordata*) mit kleinen, 3 cm langen Blättern, ausgeprägt herzförmigem Blattgrund und runden, braunen, weißgetüpfelten Früchten. In Europa und Westasien beheimatet, kommt die Gemeine Birne als Wildwuchs gelegentlich in Hecken oder am Waldrand vor. Sie wird bis zu 20 m hoch und besitzt eine breit-pyramidale Wuchsform. Die anfangs behaarten, später glänzend braunen Äste tragen Ansammlungen kurzer Dornen. Blätter 6–8 cm lang, meist oval bis elliptisch, fein gezähnt, glänzend grün. Weiße Blüten und zottig behaarte oder kahle Doldentrauben. Frucht 4–12 cm lang, gelblichbraun oder grünlich. Das sehr dichte, harte, solide Holz läßt sich gut polieren und eignet sich hervorragend für Drechselarbeiten.

Weidenblättrige Birne *Pyrus salicifolia*

Die kleinen, reinweißen Blüten dieser Art stehen dicht gedrängt in kleinen Büscheln. Blütezeit im April. Die nur 2,5 cm langen, grünen Früchte sind nicht sehr schmackhaft. Gebogene, »trauernde« Äste, lange, rutenförmige, überhängende, silberweiße Triebe und weidenartige, silbrige Blätter charakterisieren diese Pflanze.

Die weitaus häufigere Form Pyrus salicifolia 'Pendula' wird nur bis etwa 6 m hoch. Blütezeit im April. Am attraktivsten wirkt der Baum in der Nähe eines Teiches.

Schnee-Birne *Pyrus nivalis*

Dieser seltene, aus Südosteuropa stammende, 8–20 m Höhe erreichende Strauch oder Baum hat normalerweise dornenlose, aufsteigende Äste mit anfangs dicht wollig behaarten, später kahlen und dunkel gefärbten Zweigen. Die 5–9 cm langen, verkehrt-eiförmigen, ganzrandigen oder schwach gezähnten Blätter sind oberseits nur spärlich behaart, unterseits jedoch ausgeprägt wollig. Blüten weiß, bis 1,5 cm breit. Früchte schmackhaft und sehr süß.

Ussuri-Birne *Pyrus ussuriensis*

In China, Korea und der Mongolei heimische Birnenart, die leicht aus Samen großzuziehen ist und bereits nach kurzer Zeit über 1 m lange Sprossen mit dunkelpurpurnen, weiß gesprenkelten Zweigen und langen, schlanken, vorn oft dornig zugespitzten Seitentrieben zeigt. Die dunkel gelblichgrünen, glänzenden Blätter haben einen Stich ins Dunkelrote; im Spätherbst färben sie sich blaß orange.

Mandelblättrige Birne *Pyrus amygdaliformis*

Vor allem im Mittelmeergebiet heimischer, gelegentlich als Zierpflanze in anderen Teilen Europas angebauter, dornig beasteter, dicht buschiger Strauch oder kleiner Baum, der eine Höhe von 6 m erreicht und sehr variable, meist lanzettliche bis verkehrt-eiförmige, tiefgrüne Blätter besitzt. Die mehr kugeligen als birnenförmigen, im Durchschnitt 2,5 cm breiten, anfangs grünen Früchte reifen im Oktober gelblich-braun.

'Chanticleer'-Birne *Pyrus calleryana* 'Chanticleer'

'Chanticleer', die vielerorts als die schönste aller Birnenarten gilt, ist von schlank säulenförmigem Habitus, überaus widerstandsfähig, robust und wuchsstark. Sie zählt zu den Frühblühern. Noch bevor die Blüten verwelken, entfaltet sich das silbrige Laub, das im Sommer zart graugrün und glänzend wird. Außerordentlich farbenprächtig ist das Blattwerk dieser Birnenart dann im Herbst. Überall stellen sich gelbe, orangene, rote und karminrote Farbtöne ein.

Felsenbirne (*Amelanchier*)

Sommergrüne Sträucher oder kleine Bäume mit einfachen, ganzrandigen oder scharfgesägten, wechselständigen Blättern. Blüten weiß, in endständigen Trauben. Früchte kugelig und eßbar. Wegen ihrer frühzeitigen und reichen Blüte wie auch wegen der schönen gelbroten Laubfärbung im Herbst beliebte Ziersträucher für Gehölzgruppen.

Kahle Felsenbirne *Amelanchier laevis*

Ursprungsland östliches Nordamerika und Kanada. Ein- oder mehrstämmiger Busch bzw. vielzwieseliger, knorriger Halbbaum, der eine Höhe von bis zu 12 m erreichen kann. Blüten zart weiß und duftend. Blütezeit April bis Mai. Blätter fein gezahnt, bei Entfaltung im April kupfrig-rötlich-grün, im Sommer gelblich-dunkelgrün, Herbstfärbung leuchtend bis scharlachrot. Die 0,5 cm langen Früchte reifen im Juli/August und haben zuerst eine rote, dann eine dunkelviolettpurpurne Färbung. Die Felsenbirne liebt einen kalkhaltigen, durchlässigen Boden, nimmt aber auch mit trockenen Stellen vorlieb. Anzucht aus Samen.

Weidenblättrige Birne

Schneebirne

'Chanticleer'-Birne

'Bradford'-Birne

Felsenbirne

Ussuri-Birne

Weidenblättrige Birne

Frucht

Herzblättrige Birne

Gemeiner Birnbaum

Frucht

Mandelblättrige Birne

Frühling

Winter

Stamm

Mehlbeere (*Sorbus*)

Mehlbeere *Sorbus aria*
Bis 20 m hoch werdender Baum oder baumartiger Strauch mit gewölbter Krone und silbergrauer, manchmal feinrissiger Rinde, die sich besonders bei freistehenden Bäumen im Laufe der Zeit in ein Purpurgrau verfärbt und in schuppigen Blöckchen aufspaltet. Die Mehlbeere liebt kreidehaltige Böden; sie gedeiht mancherorts jedoch auch auf Lehm oder sauren Sandböden, vor allem dann, wenn der Samen nach der Reise durch einen Vogelmagen dort gelandet ist. Auffallend sind die länglich-ovalen, randlich gelappten bis doppelt gezähnten Blätter, die unterseits eine weißlich-filzige Behaarung aufweisen. Die 1,5 cm breiten weißen Blüten stehen in verzweigten Doldentrauben. Blütezeit Mai–Juni. Die eiförmigen, mit zahlreichen Lentizellen versehenen Früchte sind anfangs rotorange, später mehr rotbraun gefärbt.
Häufiger als die Mehlbeere selbst sind in Gärten ihre Zierformen anzutreffen, so:

'Lutescens', eine starkwüchsige Art, deren positiven Merkmale ihre hübsche, wohlproportionierte Krone, die dichte Belaubung sowie die dunkel-purpurroten Zweige sind, an denen sich die aufgehenden, silbrigweißen Blattknospen vorteilhaft ausnehmen.
Hervorstehende Kennzeichen der Art **'Majestica'** oder **'Decaisneana'** sind ihre großen, bis 15 cm Länge erreichenden Blätter, die oberseits leuchtend grün, unterseits schneeweiß gefärbt sind.

Himalaja-Mehlbeere *Sorbus cuspidata*
Anmutige und im Sommer herrlich belaubte Pflanze, die sich aufgrund der schlankkegeligen Wuchsform, die in eine ausgeprägte Spitze mündet, großer Beliebtheit erfreut. Die Blüten duften intensiv nach Weißdorn. Früchte kugelig, dunkelrotbraun.

Fox-Mehlbeere *Sorbus aria* × *Sorbus cuspidata*
Die Fox-Mehlbeere ist vermutlich eine Kreuzung zwischen der Himalaja- und der gewöhnlichen Mehlbeere. Blätter auf der Oberseite dunkelgrün, unterseits silbriggrau. Blüten weiß; Früchte kugelig und bräunlich. Verpflanzung selbst im fortgeschrittenen Wuchsstadium mit guten Aussichten auf Erfolg möglich.

Sorbus thibetica 'John Mitchell'
Zuchtform mit noch größeren, rundlich-eiförmigen Blättern und rundovalen, dunkelroten Früchten.

Chinesische Mehlbeere *Sorbus folgneri*
In Mittelchina beheimateter, bei uns meist nur hoher, zierlich wachsender Strauch mit oben dunkelgrünen, auf der Unterseite metallisch silbern glänzenden, spitz-elliptischen Blättern, die sich im Herbst prächtig blutrot färben.

Schwedische Mehlbeere *Sorbus intermedia*
Sehr robuster und winterharter Strauch oder Baum bis etwa 10 m Höhe. Durch das Fehlen von Fiederblättchen zuverlässig von der oft mit ihr verwechselten Finnischen Mehlbeere zu unterscheiden.

Finnische Mehlbeere *Sorbus fennica*
Diese Art besitzt länglich-elliptische, bis 15 cm lange, am Grunde gefiederte, dunkelgrüne Blätter. Die Früchte sind gut 1 cm dick, rundlich und rot.

Erlenblättrige Mehlbeere *Sorbus alnifolia*
Ein in seiner Heimat – Mittelchina bis Korea und Japan – hoher Baum mit aufrechtem Wuchs und dichter, rundlicher Krone. Im Herbst wegen des schön gelb gefärbten Laubkleides und der daraus hervorstechenden riesigen Menge leuchtend orangeroter Früchte besonders auffallend (Abb. S. 71).

Breitblättrige Mehlbeere *Sorbus latifolia*
Kreuzung zwischen Mehl- und Elsbeere, die in Westeuropa eine weite Verbreitung gefunden hat und gelegentlich als Zierbaum gepflanzt wird. Blätter ähnlich denen der Schwedischen Mehlbeere, aber größer und an der Basis meist stärker abgerundet. Blütezeit Mai.

Mispel (*Mespilus*)

Baumartiger, unbewehrter, sehr selten dorniger Zier- und Fruchtstrauch, der einen sonnigen bis halbschattigen Standort auf lehmhaltigen Böden bevorzugt. Vermehrung durch Pfropfen auf Weißdorn.

Mispel *Mespilus germanica*
Von altersher in Kultur befindlich und vor allem in den Mittelmeerländern heimisch, wird die Mispel in erster Linie der genießbaren Früchte wegen gepflanzt und ist zum Teil eingebürgert bzw. verwildert. Dennoch findet man sie in Gärten nur selten. (Mit hoher Wahrscheinlichkeit kann sie jedoch auf alten Grundstücken angetroffen werden, die einer Kirche, einem Kloster oder sonstigen vor langer Zeit gegründeten Einrichtungen angehören.) Sie erreicht eine Höhe von max. 6 m. Die bis 15 cm lang werdenden Blätter sind breit-lanzettlich, ganzrandig oder sehr fein gezähnt, runzelig, oberseits gelblichgrün, unterseits filzig. Große weiße Blüten, meist einzeln, mitunter jedoch auch gepaart auf kurzen Stielen. Die 2–3 cm langen, von 5 blattartigen Kelchblättern gekrönten, kugeligen bis krugförmigen braunen Früchte werden erst nach längerem Lagern oder nach Einwirkung des Frostes genießbar.

Mispel
Blüte
Rinde
Frucht
Himalaja-Mehlbeere

Fox-Mehlbeere

'Majestica'

Himalaja-Mehlbeere

'Lutescens'

Rinde

Mehlbeere

'John Mitchell'

Früchte

Chinesische Mehlbeere

Finnische Mehlbeere

Schwedische Mehlbeere

Früchte

Mehlbeere

Mehlbeere

Breitblättrige Mehlbeere

Mandelbäume, Kirschen, Schwarzdorn (*Prunus*)

Sommergrüne, seltener immergrüne Sträucher oder Bäume mit wechselständigen, gesägten, selten ganzrandigen Blättern und rosafarbenen und weißen Blüten, die in bis zu 100 Einzelblüten umfassenden Büscheln, Rispen oder Trauben stehen können. Die Früchte sind meist einsamige Steinfrüchte. In der Mehrzahl bevorzugen die Arten einen nährstoffreichen, kalkhaltigen Gartenboden in offener Lage. Etwa 200 Arten in den gemäßigten Breiten, von denen viele als Obst- und Zierbäume gepflanzt werden.

Mandel *Prunus dulcis*
Kleiner laubwerfender, im fortgeschrittenen Alter relativ buschiger Baum bis etwa 8 m Höhe mit aufrechten, geraden Ästen und einer schwärzlichen, tief gerissenen, in rechteckige Platten gefelderten Rinde. Blätter der Mandel länglich-lanzettlich, bis 12 cm lang, sägezähnig und lichtgrün. Die ausgesprochen kurzstieligen Blüten blühen bereits vor dem Laubaustrieb weiß oder (meist) kräftig rosa auf. Eiförmige, 3,5–6 cm lange, samtig behaarte, grüngraue Frucht; Stein dunkelbraun, glatt, grubig mit breitem Saum.
Gewöhnlich ist die in Gärten und Parks weitverbreitete Form nicht jene weißblühende Art, die der Früchte wegen angebaut wird, sondern eine alte Zuchtform bzw. Kreuzung aus Mandel und Pfirsich, nämlich 'Pollardii' (*Prunus × amygdalo-persica*). Mandelbäume beanspruchen eine warme, sonnige Lage in nur mäßig feuchtem Boden. Anpflanzung außerhalb der Weinzone nur an sehr warmen, geschützten Südhängen lohnend.

Aprikose *Prunus armeniaca*
Bis 10 m hoch werdender Strauch oder Baum mit breit-eiförmigen, kahlen Blättern und einzelnen weißen, schwach duftenden Blüten. Blütezeit März – April. Die gelben, rotwangigen Früchte sind samtig behaart und wohlschmeckend.

Pfirsich *Prunus persica*
Auch der Pfirsich stammt ursprünglich aus China, obwohl der wissenschaftliche Name das Ursprungsland Persien nahelegt. Der Pfirsich, ein buschiger Baum mit niedriger Krone bis 6 m Höhe, weist lanzettliche bis schmal-elliptische Blätter mit kleinen randlichen Zähnen auf. Sie werden oft von einem Pilz befallen, der die gefürchtete Kräuselkrankheit verursacht. Hübsche, meist tiefrosa Blüten. Früchte 4–8 cm breit, kugelig, gelb mit rötlichem Anflug und tiefgefurchtem Steinkern.
Der Pfirsich ist die Stammart zahlreicher Zierformen, von denen an dieser Stelle der ausgesprochen schönen, tiefrosafarbenen, in dichten Büscheln die Triebe schmückenden Blüten wegen die Art 'Klara Mayer' hervorgehoben sein soll.

Traubenkirsche *Prunus padus*
In Europa in feuchten Wäldern und entlang von Flußläufen weit verbreitet. 15 m hoch werdender sommergrüner Baum oder (seltener) Strauch mit aufrechten, schlanken Ästen und glatter, dunkel graubrauner bis schwärzlicher Rinde, die beim Zerreiben einen unangenehmen Duft absondert. Früchte meist kegelig, glänzend schwarz und von bitterem Geschmack. Im Herbst aufgrund des zartgelben und bernsteinfarbenen Laubes sehr attraktiv. Häufiger als die Traubenkirsche trifft man die als Straßenbepflanzung außerordentlich beliebte Form 'Watereri', die sich durch raschen und wuchtigen Wuchs auszeichnet und nicht selten die 18-m-Marke erreicht.
Die rosafarbenen Blüten verleihen 'Colorata' im Frühling ein sehr ansprechendes Äußeres, was die Beliebtheit dieser Form als Garten- und Zierbaum erklärt.
Im Gegensatz dazu ist die in Europa heimische **'Steinweichsel'** (*Prunus mahaleb*) ein eher selten anzutreffender Baum. Zu Unrecht, denn zur Blütezeit, im April/Mai, liefert er ein herrliches Erscheinungsbild. Der Duft der weißen Blüten ist dann weithin wahrnehmbar. Blätter breit-oval bis rundlich; Früchte 0,5–1 cm lang, kugelig und schwarz.

Spätblühende Traubenkirsche *Prunus serotina*
Aus Nordamerika stammender, laubwerfender Baum, der in seiner Heimat eine Wuchshöhe von 35 m erlangt, bei uns jedoch selten höher als 20 m wird. Gilt in forstwirtschaftlicher Hinsicht als biologisch günstige Mischbaumart, verwildert jedoch leicht und kann zum lästigen Forstunkraut werden. Die 1 cm dicken schwarzen Früchte werden gern von Vögeln genommen und eignen sich hervorragend zum Aromatisieren von Weinbrand und Rum; das Holz ist in der Möbelherstellung sehr beliebt.

Mandschurische Kirsche *Prunus maackii*
Heimat dieses sommergrünen Baumes sind Mandschurei, Korea und das angrenzende Rußland. 1910 in Westeuropa eingeführt, gehört diese Art zu der Gruppe von Traubenkirschen, deren Erkennungszeichen kleine, duftende weiße Blüten auf dichten, 5–8 cm langen Blütenähren sind. Das hervorstechende Merkmal dieser Pflanze ist die schöne glatte, seidig-honigbraune Rinde des jungen Baumes, die sich in papierdünnen Streifen vom Stamm ablöst. Mit zunehmendem Alter bekommt die Rinde dann immer größer werdende graue Risse, wodurch der Baum viel an Attraktivität einbüßt.

Schlehe, Schwarzdorn *Prunus spinosa*
Sommergrüner, schößlingtreibender Dornbusch, der aber auch zu einem Bäumchen getrimmt werden kann und dann in so manchem Garten zu finden ist. Höhe bis 5 m als Busch, bis 6 m als Baum. Die rotblättrige Form 'Purpurea' weist eher baumtypische Merkmale auf und wird bis zu 8 m hoch. Die reinweißen, 1,2 cm breiten und meist einzelnen Blüten des Wildstrauches blühen noch vor Laubausbruch. Blätter klein, breit-lanzettlich oder elliptisch. Zweige mit harten, spitzen Dornen. Die 1–1,5 cm langen, länglich-kugeligen, blauschwarzen oder bläulich bereiften Früchte haben ein sehr saures Fruchtfleisch von herb zusammenziehendem Geschmack und werden gelegentlich für alkoholische Getränke verwendet. Schlehen sind insbesondere als Bienenweiden und Vogelschutzgehölze wertvoll.

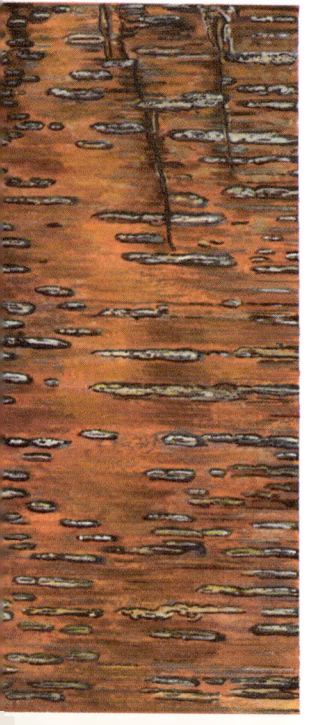

Mandschurische Kirsche

Spätblühende Traubenkirsche

Mandel

Aprikose

Watereri'

Steinweichsel

'Klara Mayer'

Pfirsich

'Purpurea'

andel Rinde

Traubenkirsche Rinde

Schwarzdorn

'Pollardii'

Traubenkirsche 'Colorata'

Vogelkirsche *Prunus avium*

In Europa und Westasien beheimateter, laubwerfender Baum bis etwa 30 m Höhe mit breiter, gewölbter Krone und dickem, oft ansehnlichem Stamm. Elter für die meisten kultivierten Kirschensorten Europas, obwohl die Frucht wegen ihres bitteren Geschmacks kaum eßbar ist. Die rotgraue bis rotbraune, unregelmäßig längsrissige Rinde weist waagrechte Reihen von Lentizellen auf und löst sich in dünnen Streifen ab.

Im August färben sich die beerenartigen, 2–2,5 cm dicken Kirschen rot und werden dann gern von Vögeln gefressen. Die 6–15 cm großen Blätter bieten im Herbst ein langanhaltendes Schauspiel aus gelben, orangefarbenen und dunkelroten Tönen.

Das schön gemaserte Holz der Vogelkirsche wird in der Möbelindustrie sehr geschätzt und gern für den Bau von Musikinstrumenten verwendet; deshalb ist die Anzucht von Bäumen dieser Art eine ganz spezielle Seite der Forstwirtschaft. Die enorme Wuchskraft macht die Pflanze zum idealen Wurzelstock für die Pfropfreiser der Japanischen 'Sato'-Kirschen.

Kirschpflaume *Prunus cerasifera*

Kirschpflaumen sind wegen ihrer schönen, glänzenden und sehr frühzeitig erscheinenden Belaubung, hübschen Blüten und Früchte als kleine Bäume oder höhere Gruppengehölze zu empfehlen. Sie gedeihen leicht und sind raschwüchsig. Vermehrung durch Veredlung.

Die Kirschpflaume besitzt elliptische, feingekerbte, dunkelgrün glänzende Blätter mit etwa 1 cm langen Stielen. Im April ist sie dicht mit kleinen, reinweißen Blüten bedeckt, zwischen denen die frischgrünen, gerade austreibenden Blätter vereinzelt herausragen.

Zwei Gartenformen dieser Art mit dunkelroten Blättern, die häufig in Gärten oder Parks angepflanzt werden, sind:

Rotblättrige Kirschpflaume *Prunus cerasifera* 'Pissardii'

Die sehr frühen, schneeweißen, aus rosafarbenen Knospen sprießenden Blüten dieser Art sehen so lange hübsch aus, bis sich die jungen, gelblichbraunen Blätter dazwischendrängen und jene so ihrer Wirkung berauben. Danach sorgen die sich tief dunkelrotbraun ausfärbenden Blätter eher für düstere, schmutzigpurpurne Farbakzente, die eine Straße oder einen Park für den Rest des Sommers verunstalten können.

Die Form 'Nigra' öffnet ihre tief rosaroten Blüten erst eine Woche später als 'Pissardii'. Blätter ausgesprochen dunkelrot und glänzend.

Gefüllte Kirschpflaume *Prunus × blireana*

Niedriger, breiter Strauch mit überhängenden Zweigen, eirunden, im Austrieb roten, später rotbraunen Blättern und 3 cm breiten, halbgefüllten, leuchtend rosafarbenen Blüten.

Sargents Kirsche *Prunus sargentii*

Die aus Japan stammende Sargent-Kirsche trifft man häufig in Städten an. Aufgepfropft auf den Wurzelstock einer Vogelkirsche, gabelt sich der Stamm 2 m über dem Boden in viele kräftige, rotbraune, leicht nach außen gebogene Äste, deren Rinde von Lentizellenreihen gebändert ist und kurze Dornen trägt. Blütezeit April. Die 3–4 cm großen, rosafarbenen Blüten stehen zu 2–4 in kurzstieligen Dolden. Die dunklen, scharfgezähnten und grannig zugespitzten Blätter zeigen im Herbst einen lebhaften Farbwechsel: Bereits Ende September stellt sich ein auffallendes Orange ein, auf das ein tiefes Rot folgt.

Prunus sargentii 'Spire'

Hübscher, wohlgeformter kleiner Baum mit einfachen rosafarbenen Blüten, die zeitig im Jahr aufgehen und dann fast zu Weiß verblassen. Frucht klein und schwarz glänzend.

Prunus sargentii 'Accolade'

Lockerkroniger, zierlicher kleiner Baum. An den unteren, inneren Zweigen öffnen sich Anfang Februar die ersten der halbgefüllten zartrosa Blüten. Die volle, von Jahr zu Jahr üppiger werdende Blüte dieser Pflanze findet bereits im März statt.

Yoshino-Kirsche *Prunus × yedoensis*

Gartenhybride umstrittener Herkunft, der in Japan schon lange in Kultur ist. Anfang April öffnen sich an den noch kahlen Trieben Unmengen großer, einfacher Blüten, die zunächst blaßrosa und später schneeweiß sind.

Winterblühende Kirsche *Prunus subhirtella* 'Autumnalis'

Gartenform des Typs *'Prunus subhirtella'*. Kleiner, bis 6 m hoch werdender Baum oder großer Strauch, dessen weiße Blüten sich inmitten des gelben Herbstlaubes entfalten (!). Während des gesamten Winters treibt diese Kirsche neue, später kräftiger rosarote, halbgefüllte Blüten, die zwischen den einzelnen Frostperioden, in deren Verlauf sie absterben, stets wieder nachwachsen, bis dann im April das Blütenfinale zusammen mit den jungen Blättern stattfindet.

Prunus subhirtella 'Pendula rubra'

Besonders reich blühende, sehr schöne Hängekirsche mit schirmartig ausgebreiteter, fadenartig dünner Bezweigung und verwaschen rosa gefärbten Blüten, die sich im April öffnen.

Tibetanische Kirsche *Prunus serrula*

Sommergrüner, bis 15 m hoch werdender Baum, der im westlichen China heimisch ist und bei uns wegen seiner ausgesprochen dekorativen Rinde in Gärten und Parks angepflanzt wird. Die Rinde ist glänzend mahagonibraun, immer mit waagrechten Lentizellenbändern versehen und sieht wie poliert aus; sie schält in dünnen Streifen ab. Pflanzt man diese Art an einem vielbegangenen Weg, weiß diese Art immer wieder die ihr gebührende Aufmerksamkeit zu erheischen.

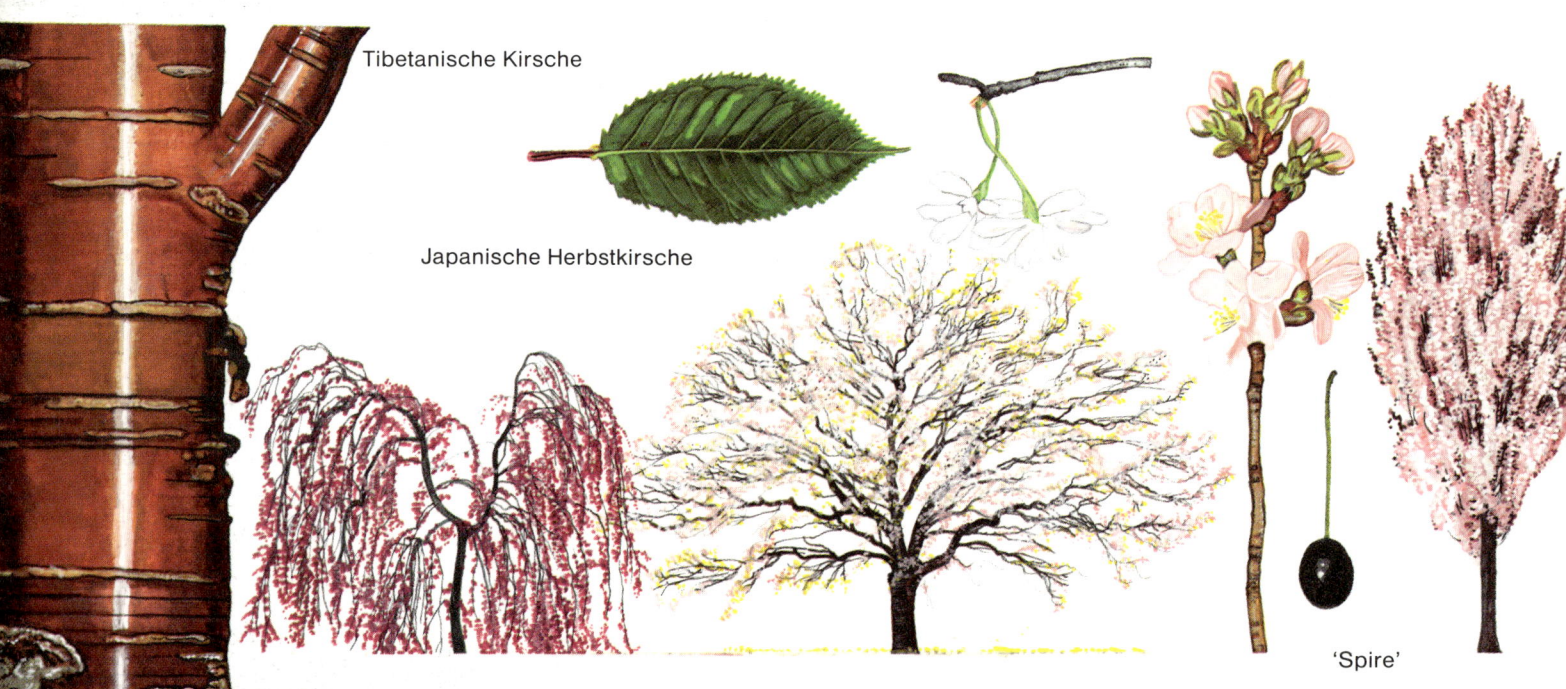

Tibetanische Kirsche

Japanische Herbstkirsche

'Spire'

Vogelkirsche

Kirschpflaume

Sargent-Kirsche

Rotblättrige
Kirschpflaume

'Accolade'

Gefüllte
Kirschpflaume

Rotblättrige
Kirschpflaume
'Nigra'

Tibetanische Kirsche

Rotblättrige
Kirschpflaume
'Nigra'

Yoshino-Kirsche

Sargent-Kirsche

Vogelkirsche

Zierkirschen (*Prunus*)

Die farbenprächtigen Japanischen Kirschen sind Zuchtformen alter japanischer Kreuzungen, die dort unter dem Namen 'Sato'- oder Zierkirschen bekannt sind und von den Eßkirschen unterschieden werden müssen. Da sich ihr jeweiliger Ursprung nicht mehr genau rekonstruieren läßt, hat man darauf verzichtet, sie irgendeiner Art zuzuschreiben, und ist dazu übergegangen, ihnen nur den Zuchtnamen zu geben. Früher wurden sie als Varietäten der **Japanischen Kirsche** (*Prunus serrulata*) aufgefaßt. Ausnahmslos besitzen sie eine glatte, dunkelbraune Rinde und sehr spitz zulaufende Blätter mit scharfen, behaarten Zähnen. In jungen Jahren setzt die Blüte Anfang April ein. Der exakte Zeitpunkt kann zwar um einige Wochen variieren, doch die Reihenfolge, in der sie zu blühen beginnen, ändert sich fast nie. Über 60 Kulturformen. Die wichtigsten sind:

Prunus serrulata 'Shirotae'
Breit ausladender Baum mit 5–6 cm großen, schneeweißen Blüten an langstieligen Büscheln. Blüten an jungen Pflanzen einfach, im Laufe der Jahre zunehmend halb gefüllt und in der Mitte rosa überhaucht.

Prunus serrulata 'Cheal's Weeping'
Diese Art ist durch eine spinnenartig ausgeprägte Krone aus gebogenen Ästen und herabhängenden Zweigen gekennzeichnet.

Prunus serrulata 'Tai-Haku'
Mit bis zu 7 cm Durchmesser besitzt 'Tai-Haku' die größten aller Kirschblüten. Sie sind einfach und öffnen sich schneeweiß aus runden, rosafarbenen Knospen. Blattaustrieb grünlich-bronzefarben.

Prunus serrulata 'Ukon'
Starkwüchsige, anfangs ziemlich aufrechte, später mehr breite Wuchsform. Die Blüten sind halb gefüllt, ausgesprochen primelgelb und werden bis 6 cm breit.

Prunus serrulata 'Hokusai'
Hübscher Baum mit schönen, großen Büscheln pinkfarbener, halbgefüllter, kurzstieliger, 4–5 cm breiter Blüten, die im Verlauf der Blütezeit etwas heller werden und ein schwarzes Zentrum erhalten.

Prunus serrulata 'Kanzan'
Sie gilt als die universelle japanische Kirsche schlechthin. Ihre Beliebtheit verdankt sie dem kräftigen Jugendwachstum sowie dem Blütenreichtum, unter dessen Last sich die Zweige biegen. Hinsichtlich der Blütenschönheit divergieren die Meinungen: Die großblumigen, dunkelrosa gefärbten, später beinahe dunkelbraun aufblühenden Knospen finden nicht immer ungeteilte Zustimmung.

'Pink Perfection', Hybridform zwischen 'Kanzan' und 'Shimidsu' und einzige nichtjapanische Sato-Kirsche, weist dagegen wohlgefälligere Farbnuancierungen auf. Ihre großen, runden, roten Knospen hängen in üppigen Büscheln zwischen dem bronzefarbenen Laub.

Prunus serrulata 'Shimidsu'
Bei 'Shimidsu', dem anderen Elter von 'Pink Perfection', beginnt die Blüte mit rosagetönten Knospen, die von violett-behaarten Blättern eingefaßt sind. Aufgeblüht präsentieren sich die reinweißen, halbgefüllten, 5–6 cm breiten Blüten in hängenden Doldentrauben, die vom frischen Grün des Laubes umrahmt werden.

Prunus serrulata 'Amanogawa'
Beliebte, allgemein in Gärten verbreitete Pflanze bis 6 m Höhe, deren Kennzeichen die straff schlanksäulenförmige Wuchsform ist. Im Alter büßen Wuchs und Blütenpracht an Attraktivität ein.

Prunus serrulata 'Ichiyo'
Seltener, relativ raschwüchsiger, 7 m hoch werdender Baum mit ausladend abstehenden Ästen und ziemlich kreisrunder Blütenkrone aus in Doldentrauben hängenden, großen, halbgefüllten blaßrosa Blüten.

Prunus serrulata 'Shirofugen'
'Shirofugen' blüht als letzte der hier vorgestellten Kulturformen und stellt gewissermaßen den krönenden Abschluß dar: Anfangs noch von prächtig tiefroten Blättern überdeckt, öffnen sich die runden, zartrosa Knospen zu großen, gefüllten und leicht gekräuselten Blüten, die zuerst hellrosa und später blendendweiß sind. Stehen die tief gesägten Blätter in sattem Grün, verfärben sich die Blüten vor dem Abfallen erneut rosa.

Prunus serrulata 'Pandora'
Keine Sato-, sondern eine frühblühende Kreuzung zwischen der Yoshino- und der Japanischen Frühlingskirsche. Die Blüte setzt etwas später ein als bei der Rotblättrigen Kirschpflaume, deren Blüten sie deutlich übertrifft; von den roten Knospen verblassen sie zu einem hellen Pink und wenig später zu Weiß.

Prunus serrulata 'Okame'
'Okame' treibt ab der Pfropfstelle in 2 m Höhe kräftige, verdreht wachsende Äste und überhäuft diese regelrecht bis zum Ansatz mit kleinen Büscheln aus winzigen tiefrosafarbenen Blüten.

Prunus serrulata 'Kursar'
Eine relativ junge Kreuzungsform derselben Herkunft wie 'Okame' ist 'Kursar', die etwa eine Woche später blüht. Die Blüten besitzen breite Petalen, weshalb sie wie leuchtendrosa Schüsselchen aussehen. Der Baum hinterläßt mit seinem intensiven Pink einen bezaubernden Eindruck.

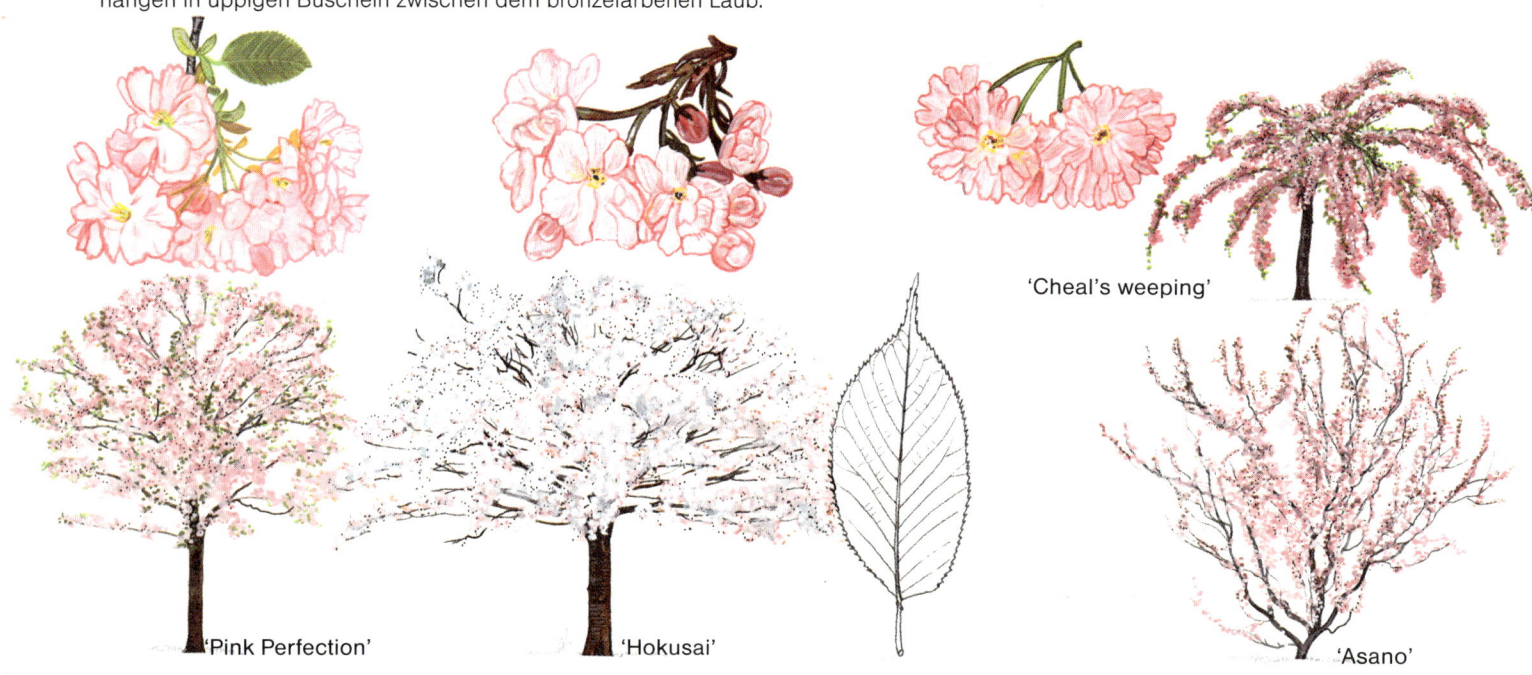

'Cheal's weeping'

'Pink Perfection'   'Hokusai'   'Asano'

'Shirotae'

'Tai-Haku'

'Ukon'

'Shimidsu'

'Shirofugen'

'Pandora'

'Okame'

'Kursar'

'Kanzan'

'Ichiyo'

'Amanogawa'

Lorbeerkirsche *Prunus laurocerasus*

In Südosteuropa und Kleinasien beheimateter Strauch oder Baum, der, obwohl eine Traubenkirsche, fast stets fälschlich als »Kirschlorbeer« bezeichnet wird. Die immergrünen, bis 15 cm lang werdenden Blätter sind oberseits glänzend dunkelgrün, unterseits blaßgrün und völlig kahl. Sehr giftig. Zerrieben verströmen sie einen süßen Mandelduft und setzen winzige Mengen Blausäuregas frei – in einer für Insekten beispielsweise tödlichen, für Menschen im Freien jedoch völlig ungefährlichen Konzentration (deshalb von Entomologen früher gern in Tötungsgläsern verwendet). Blütenstand traubig mit etwa 30 duftenden weißen Blüten. Blütezeit April.

Portugiesische Lorbeerkirsche *Prunus lusitanica*

Der Iberischen Halbinsel entstammender, dort bis 20 m Höhe erreichender, bei uns selbst in milden Gegenden jedoch nur als Heckengewächs anzutreffender, immergrüner Strauch oder Baum. Blätter ledrig, kaum merklich gezahnt, oben glänzend dunkelgrün, unten gelbgrün, mit roten Stielen. Stark süßlich duftende, bis zu 100 Einzelblüten umfassende weiße Blütentrauben. Blütezeit April. Kleine, kegelige bis rundliche, purpur-schwärzliche Früchte mit Steinen.

Familie Hülsenfrüchtler (Leguminosae)

Goldregen (*Laburnum*)

Sommergrüne, unbedornte Bäume oder Sträucher mit dreizähligen, wechselständigen Blättern, gelben Blüten in meist hängenden Trauben und flachen, linealisch geformten Hülsen. Die Gattung Laburnum umfaßt drei in Südeuropa und Westasien vorkommende Arten. Alle sind raschwüchsige, überreich blühende Pflanzen, die jeden Garten oder Park als Ziersträucher beleben. Doch ist Vorsicht geboten: Die Anpflanzung in der Nähe von Kinderspielplätzen sollte unterbleiben, da alle Pflanzenteile, insbesondere jedoch die Samen, stark giftige Alkaloide enthalten. Tödliche Vergiftungen, vor allem von Kindern, sind nicht selten.

Gemeiner Goldregen *Laburnum anagyroides*

Aus Südosteuropa stammender, die 6-m-Marke nur selten überschreitender baumartiger Strauch oder auch Baum, der zu den beliebtesten Ziergehölzen in den Gärten zählt. Besticht vor allem durch seine 20–30 cm langen, goldgelben Blütentrauben. (In Großbritannien Verwechslungsmöglichkeit mit den Blüten des **'Mount-Etna'-Ginsters**, dieser aber anhand der sehr kleinen, schmallänglichen Blättchen leicht vom Goldregen zu unterscheiden.) Blütezeit Mai–Juni. Die 3–8 cm großen, elliptischen Fiederblättchen sind graugrün und auf der Unterseite seidig behaart. Hülsen 4–6 cm lang, reif dunkelbraun.

Alpengoldregen *Laburnum alpinum*

Wuchsstärker und mit größeren Blättern ausgestattet als der Gemeine Goldregen. Auch seine Blüten, die sich 2–3 Wochen später öffnen, sitzen in größeren, oft bis zu 40 cm langen Blütentrauben.

Voss' Goldregen *Laburnum × watereri 'Vossii'*

Erfährt in der Garten- und Parkplanung dank der 50 cm langen, prächtig dichten Blütentrauben eine immer stärkere Berücksichtigung.

Adams Goldregen *Laburnocytisus adami*

1825 in der Baumschule J. L. Adams in Vitry/Paris zufällig gebildete, sogenannte »Pfropf-Chimäre«; entstanden aus einer Pfropfung des Purpur-Geißklees auf den Gemeinen Goldklee.

Judasbaum (*Cercis*)

Judasbaum *Cercis siliquastrum*

Aus Südeuropa und dem Orient stammend, erreicht der Judasbaum in klimatisch besonders begünstigten Gebieten eine Höhe von 10 m, übersteigt bei uns jedoch selten die 6-m-Marke. Die kahlen, nierenförmigen, ganzrandigen Blätter sind oberseits gelblich oder dunkelgrün, unterseits heller bläulich gefärbt und sitzen an roten Stielen. Ein typisches Merkmal der Judasbäume besteht darin, daß die Blütenbüschel meist noch vor dem Blattaustrieb überall an jüngeren und älteren Zweigen, ja selbst aus dem Hauptstamm herausbrechen. Die kleinen, 2 cm großen Schmetterlingsblüten sind rein rosarot.

Akazie, Mimose (*Acacia*)

Große, weltweit verbreitete Gattung mit 800 Arten, die jedoch hauptsächlich in den tropischen und subtropischen Gegenden beider Weltteile, vor allem jedoch in Australien und Südafrika zu finden sind. Bewehrte oder unbewehrte Bäume oder Sträucher mit doppelt gefiederten Blättern und meist gelben Blüten.

Mimose *Acacia dealbata*

Bis 15 m hoch werdender Baum oder Strauch mit zart grauweiß-filzigen Zweigen, bläulich-graugrünen Blättern und tiefgelben Blüten. Die Pflanze besitzt eine enorme Wuchsgeschwindigkeit: 2–3 m pro Jahr sind keine Seltenheit. Heimat Südostaustralien und Tasmanien.

Judasbaum

Lorbeerkirsche

Portugiesische
Lorbeerkirsche

Mimose

Gemeiner Goldregen

Mount-Etna-Ginster

Alpengoldregen

Voss'-
Goldregen

orbeerkirsche

Adams Goldregen

Mimose

Voss' Goldregen

Robinien (*Robinia*)

Häufig fälschlicherweise als Akazien bezeichnet. Sommergrüne Bäume oder Sträucher mit wechselständigen, unpaarig gefiederten Blättern und bedornten Nebenblättern. Blüten weiß bis purpurrot, in hängenden Trauben. Hülse linealisch, flach, zweilappig aufspringend, mit 3–10 Samen. Die Gattung umfaßt etwa 20 Arten, deren natürliche Heimat Nordamerika und Mexiko ist. Alte Robinien sind prachtvolle Charakterbäume mit tiefgefurchter Borke und imposanter, malerischer Krone. Anzucht aus Samen.

Robinie, Scheinakazie *Robinia pseudoacacia*

Dieser aus den östlichen und mittelwestlichen Staaten der USA stammende Baum wurde 1635 nach England eingeführt und fand als Zierbaum wegen seines eindrucksvollen Erscheinungsbildes rasche Verbreitung in Parkanlagen. Allerdings kann er hier lästig werden, da seine Wuchskraft nicht nur auf den Stamm beschränkt ist, sondern sich auch in den Schößlingen offenbart, die – oft weit vom Stamm entfernt – binnen eines Jahres zu 2 m hohen, schlaksigen Ablegern gedeihen können. Die Wurzelausschläge eignen sich gut zur Bodenbefestigung. Da sie darüber hinaus eine Lebensgemeinschaft mit stickstoffbindenden Knöllchenbakterien eingehen, vermögen sie Böden zu verbessern.

Die Robinie erreicht eine Wuchshöhe von 25 m und entwickelt als alter Baum eine rissige, mattgraue Rinde mit einem Netzwerk dichter breiter Leisten. Junge Zweige und Äste sind stark bewehrt, olivgrün bis dunkelrot. Die wechselständigen, 15–20 cm langen Blätter besitzen 3–10 Paar gegenständiger, elliptisch geformter Fiederblättchen, die oberseits gelblich-grün und unten graugrün gefärbt sind. In günstigen Jahren ist der ganze Baum von oben bis unten mit Unmengen stark duftender, weißer Blütentrauben übersät. Er gibt eine hervorragende Bienenweide ab. Blütezeit Juni. Nach einer fruchtbaren Saison hängen den ganzen Winter über wenig ansehnliche dunkelbraune Schoten am Baum. Zum Typ gibt es eine große Zahl teils sehr wertvoller Gartenformen, von denen hier die wichtigsten vorgestellt seien:

Robinia pseudoacacia 'Umbraculifera'

Kleine, 3–4 m hoch werdende, dornenlose Zierform mit runder, halbkugeliger Krone, deren dünne Triebe man jährlich vielerorts bis zum Stamm zurückzuschneiden pflegt.

Robinia pseudoacacia 'Frisia'

Holländische Gartenform, deren Blätter in normalen, kühlen Sommern bis zum Beginn der orangenen Herbstfärbung buttergelb bleiben.

Robinia pseudoacacia 'Pyramidalis'

Pflanze mit schlankwüchsiger, säulenartiger Form und ausnahmslos aufrechten, unbewehrten oder nahezu unbewehrten Zweigen. Sie wird oft über 15 m hoch.

Robinia pseudoacacla 'Unifolia'

Diese »einblättrige« Robinie ist eine Kuriosität, die man gelegentlich in Vorgärten oder Parks antrifft: Ihre Blätter sind einfach, das heißt, sie bestehen nur aus einem einzigen großen Fiederblättchen, unterhalb dessen jedoch meist noch zwei weitere kleine Blättchen wachsen.

Robinia pseudoacacia 'Rozynskiana'

Gartenform mit waagrecht abstehenden oder überhängenden Ästen. Die senkrecht nach unten weisenden Blätter werden bis zu 50 cm lang und besitzen schmale, wellenrandige Fiederblättchen.

Robinia × ambigua 'Decaisneana'

Diese Art kann von der Gemeinen Robinie nur anhand der hellrosa gefärbten Blüten und der klebrigen, mit kleinen Dornen versehenen Jungtriebe unterschieden werden. Recht häufig, erreicht sie etwa die gleiche Wuchshöhe.

Borstige Robinie *Robinia hispida*

Dem südöstlichen Nordamerika entstammende, meist strauchartige, normalerweise nur 1–2 m hoch werdende, gelegentlich aber auch hochstämmig veredelte Pflanze mit intensiv rosaroten, 3 cm großen Blüten. Die Triebe und Blattstiele, aber auch die Blütenkelche sind mit purpurnen, dornigen Borsten versehen.

Pagodenbäume (*Sophora*)

20 Arten umfassende Gattung natürlich in Asien und Nordamerika vorkommender sommergrüner (selten immergrüner) Bäume oder auch Sträucher mit wechselständigen, unpaarig gefiederten Blättern. Blüten in Trauben oder Rispen.

Pagodenbaum, Schnurbaum *Sophora japonica*

25 m hoch werdend, ähnelt dieser Baum der Scheinakazie, hat im Gegensatz zu dieser aber eine schöne braune Rinde, eiförmig-lanzettlich geformte Blättchen und bläulich-grüne, dornenlose Triebe. Blüten weiß, in weitverzweigten Rispen; sie erscheinen – nur in warmen Sommern – erst an mindestens 30 Jahre alten Bäumen(!). Blütezeit August – September.

Sophora japonica 'Pendula'

Häufig anzutreffende Hängeform des Pagodenbaumes unbekannten Ursprungs. Langsamwüchsiger, recht niedriger Baum, dessen Krone aus einer Vielzahl spiralig verdrehter Äste und schirmartig überhängender Zweige besteht.

Pagodenbaum   'Pendula'   'Rozynskiana'   'Umbraculiferà'

Borstige Robinie

'Unifolia'

'Decaisneana'

Pagodenbaum

'Frisia'

'Fastigiata'

Robinie

Familie Bittereschengewächse (Simaroubaceae)

Götterbaum (*Ailanthus*)

Etwa 15 Arten in Ostindien, Ostasien und Nordaustralien. Sommergrüne Bäume mit großen, wechselständigen, gefiederten, sehr unangenehm riechenden Blättern. Blüten klein und vieleckig, in großen, meist endständigen, verzweigten Rispen.

Götterbaum *Ailanthus altissima*
Der Götterbaum straft seinen wissenschaftlichen Namen Lügen. Ailanthus, die Latinisierung des molukkischen »ailanto«, bedeutet soviel wie »Baum des Himmels« (vgl. auch die englische Bezeichnung: »Tree of Heaven«). Zusammen mit der Artbezeichnung »altissima« – »der höchste« – vermittelt der botanische Namen die Vorstellung eines wahrhaft riesenwüchsigen Baumes. Die Realität sieht anders aus. Seine Maximalhöhe beläuft sich auf 25 m. Dennoch ist *Ailanthus altissima* ein eindrucksvoller Baum, der sich als Solitärbaum hervorragend für Parkanlagen eignet. In kürzester Zeit entwickelt er einen schönen astfreien, zinngrauen Stamm mit silbrigen und lederbraunen Längsrissen. Die attraktiv geformten Blätter treiben erst spät im Frühjahr aus; sie entfalten sich bronzefarben, färben sich aber rasch dunkelgrün.
Blattspindel rot. Die Blätter von Trieben zurückgestutzter Bäume können über 100 cm lang werden und 43 Fiederblättchen besitzen. Der Götterbaum ist zweihäusig, weibliche Bäume tragen im Spätsommer große Mengen orangeroter Fruchtbüschel, die, zuletzt tief dunkelbraun, bis in den Winter hinein an den Zweigen hängen. Empfehlenswerte Pflanze für Industriegebiete, die sogar das Klima smogträchtiger Ballungszentren toleriert.

Behaarter Götterbaum *Ailanthus vilmoriniana*
1897 von Westchina nach Frankreich gelangt, erfreut sich die Pflanze einer stetig wachsenden Zahl von Liebhabern. Den Namen verdankt der Baum den auf der Unterseite der Blätter und an den hellroten Blattspindeln befindlichen Härchen.

Gelbholz (*Cladastris*)

Gelbholz *Cladastris lutea*
Das Gelbholz stammt aus den USA und ist in hügeligem Gelände von North Carolina bis Arkansas heimisch. Aber selbst dort bringt es die Pflanze nur zu einem zerfledderten Gewächs mit zersplittertem Hauptstamm. Selten höher als 10 m werdend. Das auffälligste Merkmal sind die markanten wechselständigen Blättchen. Auf die im Sommer einsetzende Blüte folgt schon recht bald die leuchtendgelbe Herbstfärbung.

Gleditschie (*Gleditsia*)

Zwölf Arten in Nord- und Südamerika, in Mittel- und Ostasien sowie im tropischen Afrika. Alle sind hohe, laubwerfende Bäume, deren Stämme, Äste und Zweige mit stark verästelten Dornen bewehrt sind. (Ausnahme: 'Inermis').

Amerikanische Gleditschie *Gleditsia triacanthos*
Den natürlichen Lebensraum dieser Art bilden die feuchten und fruchtbaren Wälder des Mississippi-Tales in Nordamerika, wo sie die Wuchshöhe von nahezu 40 m erreicht. Baum von ansprechendem Habitus, meist freistehend mit langem Stamm und schön unregelmäßig verteilten Ästen. Sowohl der Stamm als auch die Äste und Zweige sind mit riesigen, bis 25 cm langen, verzweigten Dornen oder Dornenbüscheln besetzt. Blätter entweder einfach oder doppelt gefiedert. Blütenstand eine etwa 12 cm lange achselständige Traube; Blüten grünlich-weiß. Aus ihnen entwickeln sich bei uns hier in Mitteleuropa nur etwa 25 cm lange, in heißen Gegenden jedoch 40 cm lange, sichelig gekrümmte, gelblich-grüne, zuletzt braune Früchte. Zwei Zierformen bedürfen der besonderen Erwähnung:

Gleditsia triacanthos 'Inermis'
Bei dieser Gartenform fehlen die Dornen am Stamm, weshalb sie in der Regel auch als Straßenbaum geschätzt wird. Eigenartig ist ihre seltsam tief gefurchte Rinde.

Gleditsia triacanthos 'Sunburst'
Gekennzeichnet durch die breit-pyramidale Wuchsform, den goldgelben Austrieb und die sich später ausgeprägt gelblich-grün einfärbenden Blätter.

Geweihbaum (*Gymnocladus*)

Geweihbaum *Gymnocladus dioicus*
Wichtigstes Merkmal dieses aus dem östlichen Nordamerika stammenden Baumes sind die sehr großen, 30–80, mitunter 115 cm langen, doppelt gefiederten Blätter, die sich aus sehr kleinen, flach gewölbten und vor dem Austrieb rosa gefärbten Knospen entwickeln. Im Herbst färben sich die eiförmig-elliptischen, oben hellgrünen, unten weißlichen Fiederblättchen gelb. Nach dem Blattfall verbleiben die Blattspindeln noch lange Zeit am Baum. Im Winter ist die Art leicht an ihren schönen, blauweiß bereiften Trieben zu erkennen. Der Geweihbaum bevorzugt einen frischen, kräftigen Boden, wächst im allgemeinen aber nur langsam. Anzucht am besten aus Samen.

Geweihbaum

Gelbholz

Götterbaum

Amerikanische Gleditschie

Behaarter Götterbaum

Götterbaum

'Inermis'

'Sunburst'

Götterbaum

Amerikanische Gleditschie

Stechpalme (*Ilex*)

Immergrüne oder sommergrüne, meist zweihäusige Sträucher oder Bäume mit wechselständigen, gestielten, ganzrandigen oder gesägten, oft mit dornigen Zähnen versehenen Blättern. Frucht eine beerenartige Steinfrucht.

Gemeine Stechpalme *Ilex aquifolium*

Bis 15 m hoch werdende Pflanze mit spitzkegeliger Wuchsform und silbergrauer Rinde, die oft mit großen Warzen versehen ist. Die wohlbekannten, stark verknitterten und dornigen Blätter werden bei alten Bäumen im oberen Kronenbereich meist durch elliptische, ungezähnte Blätter ersetzt. Blüten weiß, duftend, in kleinen, gestielten Büscheln am alten Holz.

Die ausgeprägt welligen, ja verkrumpelten Blätter unterscheiden diese Stechpalme und einige ihrer Zierformen von den weiter unten erwähnten Stechpalmenhybriden:

'Laurifolia' treibt von Anfang an elliptische, flache, ungezähnte Blätter und entwickelt eine schlanke, bis zu 20 m hohe Krone. **'Ferox'** hat verknitterte, dornige Blätter mit vielen Reihen kurzer Dornen auf der Oberseite. Weitverbreitete, reich fruchtende Form. **'Handsworth New Silver'** weist kleine, sehr stark gezähnte Blätter auf, die allerdings weiß gerändert und fast flach sind. Mit ihren purpurnen Trieben sieht sie sehr attraktiv aus.

'Pyramidalis' besitzt teils ganzrandige, teils nur mit wenigen Zähnen ausgestaltete dicke, hellgrüne Blätter. **'Pendula'** ist weiblich und entwickelt stark verknitterte Blätter, die regelmäßig wechselständig an den bogenförmig herabhängenden Zweigen stehen. Eine weibliche Form ist auch **'Perrys Stechpalme'**, die einen Turm aus weißgeränderten, cremegefleckten Blättern bildet. **'Madame Briot'** hat purpurne Triebe und sowohl breit goldgelb gerandete als auch gänzlich gelbe Blätter.

Mit **'Golden Milkmaid'** werden inzwischen verallgemeinernd mehrere schöne Formen mit innen auffällig golden gefleckten, aber unterschiedlich gezähnten Blättern bezeichnet. **'Bacciflava'** hat normales, dunkelgrün gefärbtes Laub, zu dem die zitronengelben Früchte einen prachtvollen Kontrast bilden.

Großblättrige Stechpalme *Ilex × altaclarensis*

Kreuzung zwischen *Ilex aquifolium* und *Ilex perado*. Von der Gemeinen Stechpalme durch stärkeren Wuchs, breitere und ebene Blätter sowie ausgeprägt nach vorn gerichtete Dornen abweichend. Zahlreiche Gartenformen, von denen die wichtigsten sind:

'Hodginsii', eine robuste Form, die selbst in Industriestädten oder – was nur wenige Bäume aushalten –, dem salzigen Meerwind ausgesetzt, direkt an der Küste wachsen. Die unteren Blätter sind mit vielen Zähnen, die höheren im Laubwerk nur mit 1–3 asymmetrischen Zäh-

nen ausgestattet. Sie ist eine männliche Form, an deren Stamm die Blütenknospen in auffälligen purpurroten Büscheln wachsen.

Das weibliche Pendant, **'Hendersonii',** hat große Beeren, die aber weder besonders zahlreich noch auffallend rot sind. Die Blätter haben eine sehr trübe dunkelgrüne Farbe.

Leider war dieser Baum ein Elter der dekorativen Form **'Lawsoniana'**, die nur allzuoft zurückschlägt und daher der Beobachtung bedarf. 'Hendersonii' brachte auch **'Golden King'** hervor, die sich von den goldrandigen Zierformen der Gemeinen Stechpalme durch die festen, beinahe ungezähnten Blätter unterscheidet. **'Wilsonii'** hat von allen die hübschesten, glänzendsten und am eindrucksvollsten gezackten Blätter, wenngleich einige im oberen Kronenbereich fast glattrandig sind. **'Camellifolia'**, ein schlanker, kegelförmiger Baum von bis zu 15 m Höhe besitzt horizontal in Wirteln wachsende Zweige. Mit ihren großen, glänzenden Blättern ist sie ein wahres Schmuckstück.

Pernys Stechpalme *Ilex pernyi*

Straff aufrecht wachsender Strauch oder kleiner Baum, der die Maximalhöhe von 9 m nur selten übersteigt. Blätter gehäuft, rhombisch bis fast 4eckig, anfangs hellbraun, später glänzend dunkelgrün.

Himalaja-Stechpalme *Ilex dipyrena*

Robuster Baum mit einer bis zu 15 m hohen Krone und länglich-lanzettlichen, mitunter nur schwach gesägten dunkelgrünen Blättern.

Buchsbaum (*Buxus*)

Immergrüne, bei uns nur sehr niedrige, kahle Sträucher mit wechselständigen, ganzrandigen, lederartigen Blättern. Ideale, dekorative Hecken- und Einfassungspflanze, die zu allen möglichen Figuren und Motiven zurechtgeschnitten werden kann. Etwa 30 Arten.

Buchsbaum *Buxus sempervirens*

Schöner, schlanker, oft mehrstämmiger, bis 6 m hoch werdender Baum mit kegelförmiger Wuchsform. Blätter eilänglich bis rundlich, 2–3 cm lang. Recht ungewöhnlich sind die sich im März öffnenden Blüten. Um eine zentrale weibliche Blüte gruppieren sich 5–6 männliche Blüten. Frucht eine 3klappige, hellbraune Kapsel.

Stechpalmenhybriden

'Camellifolia'

'Wilsonii'

'Golden King'

'Lawsoniana'

'Hendersonii'

'Ferox'

'Golden Milkmaid'

'Laurifolia'

'Handsworth New Silver'

Gemeine Stechpalme

'Bacciflava'

'Madame Briot'

'Hodginsii'

Pernys Stechpalme

Himalaja-Stechpalme

Buchsbaum

'Pyramidalis'

Gemeine Stechpalme

Buchsbaum

'Pendula'

'Perry's Weeping'

Familie Ahorngewächse (Aceraceae)

Ahorn (*Acer*)

Umfangreiche, bedeutende Gattung, die etwa 115 Arten in Europa, Asien, Nordafrika und Nordamerika umfaßt. Sommergrüne oder immergrüne, laubwerfende Bäume und (seltener) Sträucher mit gegenständigen, meist einfachen und gelappten, mitunter aber auch gefiederten Blättern sowie eingeschlechtlichen, zwittrigen oder polygamen Blüten. Die meisten Arten sind völlig winterhart und beleben mit ihrer prächtigen Herbstfärbung jede Garten- und Parklandschaft. Von wenigen Ausnahmen abgesehen, bevorzugen die Ahorn-Arten kalkhaltige, warme, unter Umständen sogar steinige Böden. Anzucht aus Samen.

Spitzahorn *Acer platanoides*
In ganz Europa bis zum Kaukasus weitverbreitete Pflanze mit einer bis zu 30 m hohen dichten, eirundlichen Krone und schön hellgrauer, glatter, feinfaltiger oder flach netzförmig gefurchter Rinde. Blätter mit 5 zugespitzten, 10–18 cm breiten, entfernt gezähnten Lappen; oben lebhaft grün und etwas glänzend, unten blasser und mit Haarbüscheln in den Achseln der Blattnerven. Blüten gelblich-grün in vielblütigen, aufrechten Doldentrauben. Früchte 3–5 cm lang, gelbgrün, mit fast waagrechten Flügeln. Die Blüte vollzieht sich in allen nur denkbaren Anordnungsvarianten der Geschlechter: Einige Bäume sind entweder rein männlich oder weiblich; andere wiederum besitzen einzelne Zweige, die das gegenteilige Geschlecht aufweisen. Das gleiche gilt für die Blütenstände und sogar Blüten, von denen manche beide Geschlechter an sich vereinen. Im Herbst verfärbt sich das Laub leider nur bei wenigen Bäumen orange oder rot.
Von den zahllosen Gartenformen seien nur die wichtigsten aufgeführt:

Acer platanoides 'Drummondii'
Englische Zierform mit hellgrünen, regelmäßig breit weiß gerandeten, ziemlich kleinen und dünnen Blättern. Bedarf der gezielten Beobachtung, da die Pflanze auf Kosten der schönen, buntgescheckten Krone hin und wieder sich stark ausbreitende, rein grünblättrige Triebe entwickelt.

Acer platanoides 'Cucullatum'
Streng senkrecht wachsende, ziemlich schmal anmutende Spielart mit im Umriß rundlichen, kleinlappigen Blättern. Gelegentlich in Parks.

Acer platanoides 'Dissectum'
Kleiner, breitkroniger Baum mit spitzgelappten, dunklen Blättern, der gerne in kleinen Gruppen angepflanzt wird.

Acer platanoides 'Schwedleri'
In Gärten und Parks mitunter 25 m hoch werdende Zierform mit blutrotem Austrieb, später dunkelroten Blättern und Blüten. Dieser Farbton überschwemmt im Sommer förmlich das ganze Laub, das sich zeitig im Herbst karminrot und orange einfärbt.

Acer platanoides 'Crimson King'
1946 in Orleans erstmals gezüchtet, besitzt diese Zierform dunkelrote Blätter, die, scheint die Sonne durch sie hindurch, eine tief rubinrote Färbung annehmen. Der echte Crimson King ist eine Rarität; sein Name wird gelegentlich jedoch auch für die weniger anspruchsvoll gefärbte Form

Acer platanoides 'Goldsworth Purple'
benutzt, einen Abkömmling von Schwedleri, der größere, bis zu 15 × 20 cm große, unterseits trübgrüne Blätter mit dunkelroten Adern besitzt; die sogenannte »Purpur«-Oberseite sorgt in neueren Pflanzungen für eigenwillige Farbakzente.

Lobels Ahorn *Acer lobelii*
Aus Italien stammende, schlank säulenförmige Wildart, die während der ersten 20 Jahre nur sehr wenige lange, nahezu senkrechte Äste mit Dornen entwickelt und in diesem Zeitraum eine Höhe von 15 m erreicht. Wenn der Baum dann die 25-m-Marke anpeilt, öffnet sich die Krone ein wenig. Man erkennt die Art an den blauweiß bereiften Trieben und den waagrecht ausgerichteten Blättern mit den spitz zulaufenden, gezwirbelten Lappenspitzen.

Zuckerahorn *Acer saccharum*
Bis 35 m hoher Ahorn, den man am ehesten an seiner dunkelgrauen Rinde erkennt, die 2–3 breite Risse aufweist und oft struppig wirkt. Die Blätter sind tief gelappt, und in der Regel verläuft bei jedem Blattpaar ein dunkelpurpurner Ring um den Zweig (Kanada führt ein Zuckerahorn-Blatt in seiner Flagge). Die sich im September feurig orangerot verfärbenden Bäume prägen über weite Gebiete hinweg die Herbstlandschaft Nordamerikas. Der Saft aus einem abgeknickten Blattstiel ist durchsichtig (während er beim Spitzahorn milchig ist).

Griechischer Ahorn *Acer heldreichii*
Diese Art ist in den Balkanländern heimisch und sieht wie ein Bergahorn mit tiefeingeschnittenen Blättern aus, unterscheidet sich von diesem jedoch durch seine dunkelbraunen Knospen sowie senkrechte Blütendolden.

Lobels Ahorn   Zuckerahorn   Griechischer Ahorn   Spitzahorn

Zucker-Ahorn

Griechischer Ahorn

Spitzahorn

'Drummondii'

'Aureum'

Lobels Ahorn

'Dissectum'

Kolchischer Ahorn

'Cucullatum'

'Crimson King'

'Schwedleri'

'Goldsworth Purple'

Spitzahorn

'Aureum'

'Goldsworth Purple'

Kolchischer Ahorn *Acer cappadocicum*
Der Türkei, dem Kaukasus, Himalaja und China entstammender, 25 m hoher Ahorn mit breiter, dichtgewölbter Krone. Blätter mit 5 ganzrandigen, eiförmig zugespitzten, lang ausgezogenen Lappen; 8 × 12 cm groß. Ab Mitte Oktober ist die schöne Kuppelkrone mit zahllosen buttergelben Blättern übersät.
Die Zierform **'Aureum'** (*Acer cappadocicum* 'Aureum') ist ein ausgesprochen schmucker Baum, der sich dadurch auszeichnet, daß inmitten des hellgrünen Junglaubes auch leuchtend goldene Blätter stehen. Alte Bäume präsentieren sich den Sommer über in einem trüben, aber gefälligen Hellgelb. Immer beliebter werdende Gartenform.

Bergahorn *Acer pseudoplatanus*
Eindrucksvoller, stattlicher Baum, der nicht selten 40 m hoch wird und in Mitteleuropa weit verbreitet ist. Er besitzt eine imposante gewölbte Krone, die sich über dem relativ kurzen Stamm kuppelförmig ausbreitet. Rinde dunkelgrau, schon früh felderartig zerbrechend; an alten Bäumen rosabraun und dann grob abschuppend. Trieb grünlich graubraun mit eiförmigen grünen Knospen.
Der Bergahorn ist ein widerstandsfähiger Baum, der in Industriestädten der Luftverschmutzung ebenso trotzt wie an Küsten dem salzigen Seewind. Das weiße und sehr harte Holz eignet sich hervorragend zum Eßgeschirr; es kann geschrubbt werden und wird auch nicht fleckig. Darüber hinaus läßt es sich gut sägen und auf Hochglanz polieren. Wegen der hübschen Maserung nimmt man es gerne für Saiteninstrumente.
Interessante Zierformen, die häufiger in Parks angetroffen werden, sind:

'Variegatum', eine alte, langsamwüchsige Form mit rötlichem Austrieb und weiß-buntgescheckten, großen Blättern. **'Purpureum'** ist ein ganz passabler, für Parklandschaften geeigneter Baum mit stark breitkroniger Wuchsform.
Die attraktiv gefärbte Spielart **'Worleei'** besitzt im Austrieb bronzefarbene, später schön goldgelbe Blätter, die erst im Sommer allmählich vergrünen. Blattstiele rot. **'Leopoldii'** stammt ursprünglich aus Belgien und wird häufig gepflanzt. Die Blätter weisen eine dichte hellgelbe und weiße Punktierung oder Fleckung auf. **'Brillantissimum'** wird oft in 1,5 m Höhe auf einen gewöhnlichen Bergahorn gepfropft. Nachdem sich die jungen Blätter hellrot entfaltet haben, bieten sie ein bemerkenswertes, 2 Monate währendes Farbspektakel, in dessen Verlauf sie alle Farbtöne von Korallenrot, Orangerosa, Blaßorange, Kräftiggelb und Weiß durchlaufen, bis sich dann sehr rasch ein trübes Grün einstellt.

Hornfrucht-Ahorn *Acer diabolicum*
Diese Art besitzt ihren Namen von den beiden Griffeln, die zwischen den geflügelten Früchten wachsen. Blüten gelb, in Büscheln oder Trauben. Auffallendstes Merkmal der Zierform **'Purpurascens'** sind die fallschirmartigen Blüten. Die purpurroten weiblichen Blüten haben große Petalen und sind beachtenswert.

Samt-Ahorn *Acer velutinum* var. *vanvolxemii*
Der Samt-Ahorn stammt aus dem Kaukasus und sieht auf den ersten Blick wie ein glattrindiger Bergahorn mit übergroßen Blättern aus. Diese können 15 × 18 cm messen und auf einem bis zu 27 cm langen, robusten Blattstiel sitzen. An den spitzen, dunkelbraunen Knospen und den senkrechten Blütenrispen erkennt man jedoch seine Zugehörigkeit zu einer anderen Ahornart.

Balkan-Ahorn *Acer hyrcanum*
Eine Rarität, die nur selten in Sammlungen anzutreffen ist. Die langen, schlanken, rosagefärbten Blattstiele und die drei ausgeprägt parallelseitigen Hauptlappen sind bei der Bestimmung hilfreiche Merkmale.

Kaukasischer Ahorn *Acer trautvetteri*
Im Sommer, wenn sie viele Früchte trägt, sieht diese Art aus einiger Entfernung wie eine rosablühende Kirsche in voller Blüte aus. Der deutsche Name spezifiziert ihr ursprüngliches Verbreitungsgebiet.

Amur-Ahorn *Acer ginnala*
Meist nur 5–6 m hoch werdender, mehrstämmiger Strauch, der in China, der Mandschurei und in Japan beheimatet ist. Blätter tief dreilappig und glänzend dunkelgrün. Blüten gelblichweiß in 4 cm breiten, aufrechten Rispen.

Tatarischer Ahorn *Acer tataricum*
Aus Südosteuropa stammender, bis 6 m Höhe erreichender, buschiger Strauch oder (seltener) kleiner Baum mit breit eiförmigen, ungelappten, frischgrünen Blättern und Früchten mit parallelen, braunroten Flügeln.

Hainbuchen-Ahorn *Acer carpinifolium*
Breiter, lichter Buschbaum, der nicht nur seiner leuchtendgrünen, im Herbst goldgelben, ungelappten, lanzettlich-länglichen Blätter, sondern auch seines zur Blütezeit reizvollen Aussehens wegen geschätzt wird: Er hängt dann voller schlanker Kätzchen, die wiederum Sternenblütchen tragen.

Französischer Ahorn *Acer monspessulanum*
Seltener, langsam wachsender Baum mit dreilappigen, 4 × 7 cm breiten, dunkelgrünen Blättern.

Kreta-Ahorn *Acer sempervirens*
Fast ausschließlich in botanischen Gärten anzutreffender Ahorn mit immergrünen, harten, glänzend dunkelgrünen Blättern, die ganz ungelappt, unregelmäßig gelappt oder auch dreilappig sein können.

Acer buergeranum
Die Heimat dieser Art ist China. Sie besitzt eine flockige, blaß orangefarbene Rinde und auffallend dreiadrige, unterseits variabel blaugrau gefärbte Blätter, die sich im Schutz blaß orangefarbener Härchen entfalten. Einige Bäume haben Blätter mit nur einem, andere solche mit keinem Lappen. Die Blüten bilden gelbe Dolden.

Amur-Ahorn

Hainbuchen-Ahorn

Französischer Ahorn

Tatarischer Ahorn

Acer buergeranum

Kreta-Ahorn

'Fastigiata'

'Purpurascens'

Hornfrucht-Ahorn

Samt-Ahorn

Bergahorn

'Leopoldii'

Balkanahorn

Kaukasischer Ahorn

'Worleei'

'Purpureum'

'Variegatum'

Bergahorn

'Brilliantissimum'

Feldahorn *Acer campestre*

In ganz Europa heimischer, kalk- und kreidehaltige Böden bevorzugender Strauch oder Baum, der nur ausnahmsweise über 20 m hoch wird. Seine Rinde ist graubraun, gefeldert und vor allem bei älteren Exemplaren mit orangebraunen Furchen versehen. Oft trifft man ihn gestutzt in Hecken an; große Teile seiner Triebe sind dann merkwürdig dick korkig geflügelt oder mit regelrechten Korkleisten versehen.

Hat er als Heckenbaum genügend Platz, so entwickelt er eine Kuppelkrone aus geschwungenen Ästen und geraden Trieben von 15 m Länge und darüber. Derartige Heckenbäume erreichen natürlich nur eine bestimmte Wuchshöhe, erfreuen uns aber mit den schönsten Herbstfarben von Dunkelrot bis Purpur, wohingegen sich die freistehenden, großen Exemplare zunächst gelb und dann rostbraun verfärben. Ihre 3- bis 5lappigen, 4–12 cm langen, mit gerundeten Spitzen ausgestalteten, dunkelgrünen Blätter entfalten sich im Mai blaßrosa; ein zweiter Blattschub im Juli präsentiert sich hellrot. Flügelfrucht bis 5 cm lang, horizontal ausgebreitet. Der Feldahorn ist ein zäher Baum, der Stadtluft gut verträgt, als einzelner Baum jedoch nur gelegentlich in Stadtparks gepflanzt wird.

Die Gartenform 'Postelense', eine Seltenheit, ist nicht so wuchsstark wie der Feldahorn; im Frühjahr und Sommer bekommt sie leuchtendgelbe Blätter, die sich später dunkelgrün färben.

Großblättriger Ahorn *Acer macrophyllum*

Von Alaska bis Kalifornien natürlich verbreiteter, bis 22 m hoher, hübscher Baum, der sich überall und auf den meisten Böden wohl fühlt, jedoch erst seit kurzem in größerem Umfang gepflanzt wird. Kein anderer Ahorn besitzt so große Blätter wie dieser: Sie messen 28×30 cm und haben einen 30 cm langen Stiel. Das gleiche gilt für die ebenfalls 30 cm langen, dicken, grünlichgelben Blütenrispen, die an die Griffe von Glockenseilen erinnern. Die Nüßchen in den Früchten sind mit festen, weißen Borstenhaaren überzogen. In Europa erreicht die Herbstfärbung des Laubes mit ihren Brauntönen nicht annähernd die Faszination jener tief orangefarbenen Schattierungen, wie man sie in den Wäldern Nordamerikas findet.

Italienischer Ahorn *Acer opalus*

Aus Südeuropa stammender, bei uns nur selten anzutreffender Baum, der eine Höhe von 20 m erreicht und im Winter mit seiner grobschuppigen, orangebraunen Rinde einem Bergahorn ähnelt, sich im Frühjahr, Sommer und Herbst jedoch eindeutig von diesem unterscheiden läßt: Kein Bergahorn besitzt solche zartgelben Hängeblüten mit derart großen Petalen und ein Herbstlaub, das vergleichbare tief orangefarbene, gelbe und braune Töne annimmt. Blätter dunkelgrün, mit drei breiten stumpfen Lappen, die grob und unregelmäßig gezähnt sind.

Miyabes Ahorn *Acer miyabei*

Aus Japan stammender, ziemlich seltener Baum, dessen 5lappige, 20 × 28 cm messende Blätter ausgeprägt dicke, an der Basis bis 1 cm breit werdende und dort den Trieb umfassende Blattstiele besitzen. Die gelben Blüten hängen in schlanken Trauben herab. Im Herbst färben sich die Blätter hellgelb, die Stiele dagegen rot.

Cissusblättriger Ahorn *Acer cissifolium*

Seltene Ahornart mit einer breiten, niedrigen, abgeflachten Krone auf einem 1,5 m hohen Stamm. Rinde hellgrau, im Alter mit weißen Flecken versehen. Blätter mit je drei 8–10 cm großen, eiförmigen, grob und ungleich scharf gesägten Blättchen.

Dreiblütiger Ahorn *Acer triflorum*

Der englische Name dieser Art – Rauhrindiger Ahorn – akzentuiert besser als der deutsche das auffälligste Unterscheidungsmerkmal zum ansonsten sehr ähnlichen Nikko-Ahorn: die tiefgraue, grob rissig strukturierte Rinde. Desgleichen sind auch die in der Regel mit einem kurzen, breiten Zahn versehenen Blätter kleiner als die des Nikko-Ahorns.

Eschen-Ahorn *Acer negundo*

Das natürliche Verbreitungsgebiet des Eschen-Ahorns erstreckt sich – bemerkenswerterweise – von der Ostküste der USA über die Rocky Mountains hinweg zur Westküste und hinunter bis nach Südmexiko. Auf dieser langen Strecke hat er geographische Varietäten ausgebildet: So besitzt er beispielsweise in Arizona kleine Blätter mit drei Blättchen, in Kalifornien weichbehaarte Triebe, die dann wiederum in Mexiko fast pelzig sind. In Mitteleuropa entwickelt der zweihäusige Baum 20×17 cm große, lichtgrüne Blätter mit 3–7 eilänglich zugespitzten Fiederblättchen. Weibliche Blüten gelb, in dünnen, hängenden Büscheln; männliche Blüten in Trauben. Früchte gelbgrün mit einwärts gekrümmten Flügeln.

Hierzu zahlreiche, vor allem buntblättrige Gartenformen, von denen die wichtigsten sind:

'Variegatum', ein weiblicher Klon mit auffällig weißgescheckten oder unregelmäßig weiß gerandeten, in der Mitte unterschiedlich breit grün ausgefärbten Blättern. Selbst die geflügelten Früchte sind größtenteils weiß mit rosa oder blaßpurpurnen Flecken.

'Auratum' schlägt prächtig golden aus und stellt für viele Farbpflanzungen, Stadtparks und Gärten eine echte Bereicherung dar.

Eschen-Ahorn

'Auratum'

Dreiblütiger Ahorn

'Variegatum'

'Variegatum'

Miyabes Ahorn

Großblättriger Ahorn

Feldahorn

Cissusblättriger Ahorn

Italienischer Ahorn

Rinde mit Korkleisten

Zweig mit korkiger Rinde
im Querschnitt

Feldahorn

'Postelens'

Italienischer Ahorn

Silber-Ahorn *Acer saccharinum*

Der Silber-Ahorn kommt natürlich in fast allen östlichen Staaten der USA sowie im Süden der kanadischen Provinzen Quebec und Ontario vor. Er ist ein einhäusiger Baum bis etwa 30 m Höhe mit ausgebreiteter oder hochgewölbter Krone und einer grauen, glatten, später bei älteren Bäumen etwas gefurchten und in kleineren Platten abschuppenden, häufig mit Wasserreisern ausgestatteten Rinde. Äste zahlreich, schlank, bogig aufsteigend. Zwei Monate nach Ende der Blütezeit im März entfalten sich die jungen Blätter glänzend rotbraun; später sind sie oberseits grünlichgelb, unterseits silbrig gefärbt. Früchte mit sichelförmigen, 3–5 cm langen Flügeln; einzeln abfallend.

Die Zuchtform **'Wieri'** (*Acer saccharinum* 'Laciniatum'/'Wieri'), eine starkwüchsige Pflanze, hat elegantere, schöner hängende Zweige mit hellbraunen Trieben und symmetrische, tief eingeschnittene, tieflappige Blätter. Sehr charakteristischer, herrlicher Parkbaum, der sich hervorragend für eine Einzelstellung eignet.

Fächer-Ahorn *Acer palmatum*

Vertreter der sogenannten Zierahornarten, die ihrer hübschen Blätter, der prachtvollen Herbstfärbung und eleganten Wuchsform wegen mehr und mehr Liebhaber verzeichnen können. Das Holz eignet sich gut für Drechselarbeiten.

Der Fächer-Ahorn ist ein Busch oder an zusagenden Standorten auch Halbbaum bis 10 m Höhe mit einer breit gewölbten, niedrigen, fächerförmigen Krone und weit ausladenden, kaskadenartig abgestuften Ästen. Größe und Form der Blätter nicht einheitlich, doch meist 5- bis 7lappig, tief eingeschnitten und doppelt gesägt. Im Herbst färben sie sich entweder gelb, orange, orangerot oder dunkelrot. Die Rinde ist glatt und dunkelbraun mit einem lederfarbenen Streifenmuster.

Der Formenreichtum von *Acer palmatum* ist außerordentlich groß; besonders in Japan gibt es eine Unzahl im Alter meist völlig winterharter Gartenformen, die zu den schönsten und zierlichsten Sträuchern oder Bäumen in Gärten zählen.
Die bekanntesten sind:

'Atropurpureum', deren Blätter und Fruchtflügel tief purpurrot gefärbt sind. Unvergleichlich viel schöner ist **'Osakuzuki'** mit 7fach gelappten, 9×12 cm großen Blättern, die im Sommer, wenn die orangeroten Früchte in Büscheln an den Zweigen hängen, grün und im Oktober feuerrot sind.

Der **Korallenahorn** ('Senkaki' – jetzt meist 'Sangokaku') besitzt hübsche, tief eingeschnittene, kleine Blätter, die sich im Herbst in bernsteingelben, rosaroten und orangenen Farbtönen zeigen. Das bekannteste Merkmal, weswegen er auch hauptsächlich angebaut wird, sind die korallenroten Wintertriebe.

Der **Japanische Mond-** oder **Flaumahorn** (*Acer japonicum*) entwickelt sich zu einem kleinen Baum mit zahlreichen gebogenen, senkrechten, glatten und grauen Einzelstämmen und besitzt 1,5 cm große purpurne Blüten, die in wippenden Büscheln wachsen.

Die Gartenform **'Vitifolium'** ist eine größere, bis zu 14 m hohe Art mit größeren Blättern, welche 15, mitunter sogar über 20 cm lang werden. Ihre Herbstfarben sind prächtig und verwirrend zugleich: Wenn das Sonnenlicht auf sie fällt, leuchten die oberen Blätter hellrot, die darunterbefindlichen goldgelb, und einige sind grün, färben sich später aber violett oder orange. Die Zierform **'Aureum'** wächst sehr langsam und präsentiert sich nur in den ältesten Gärten als mehr als ein bloß niedriger, runder Busch.

Der **Koreanische Ahorn** (*Acer palmatum coreanum*) ist eine Form des Fächerahorns. Er wächst strauchartig am Boden und ist für seine langandauernde, tiefrot leuchtende Herbstfärbung bekannt.

Zoeschener Ahorn *Acer × zoeschense*

Schnellwüchsige, 1870 in Zoeschen (bei Merseburg) entstandene Hybride zwischen dem Feld- und Lobels Ahorn; von letzterem hat die Pflanze die Neigung zur Schößlingsbildung geerbt. Blätter 5lappig, die drei Hauptlappen wiederum kleiner gelappt, doch sonst ganzrandig; oben glänzend dunkelgrün, unten heller und kahl, aber mit weißen Achselbärten an den Nerven, im Herbst goldgelb.

Nikko-Ahorn *Acer nikoense*

Der Nikko-Ahorn hat die größten Blätter aller Ahornarten mit dreiteilten Blättern. Jedes Blättchen mißt etwa 10 × 4 cm. Unterseits sind sie mit dichten bläulichen Härchen bewachsen; die Stiele weisen eine rötlichbraune Behaarung auf. Die glatte Rinde ist dunkelgrau. Diese Art präsentiert sich als ein breitkroniger, robuster, aber langsamwüchsiger Baum, den man vorwiegend in botanischen Gärten und Parks antrifft, in denen er in erster Linie seiner leuchtendroten spätherbstlichen Färbung wegen gepflanzt wird.

Zimt-Ahorn *Acer griseum*

Sehr schöner, bis maximal 13 m hoch werdender Baum, der wegen seiner eindrucksvollen zimtbraunen, sich bei Berührung abfärbenden, seitlich abrollenden Rinde schon oft im Mittelpunkt des öffentlichen Interesses gestanden hat. Einige Jahre nach dem Einpflanzen kann er einen Schuß von 40 cm machen, verfällt jedoch bedauernswerterweise bald in eine Wachstumslethargie – ein 12 m hohes Exemplar ist bereits eine Rarität.

'Osakazuki'

'Vitifolium'

'Aureum'

Zimt-Ahorn

Fächer-Ahorn

Fächer-Ahorn

Blattvariante

'Atropurpureum'

Koreanischer Ahorn

Silber-Ahorn

Korallen-Ahorn

'Osakazuki'

'Vitifolium'

Zoeschener Ahorn

'Wieri'

Nikko-Ahorn

Silber-Ahorn

'Atropurpureum'

Rot-Ahorn *Acer rubrum*

Heimisch und auf frischen Standorten weit verbreitet im Osten Nordamerikas, angepflanzt in Gärten, Parks und in Forsten. Baumhöhe auf zusagenden Böden bis 40 m, auf trockenen Böden jedoch meist geringere Wuchshöhe und dann auch relativ kurzlebig. Der Rot-Ahorn besitzt eine lockere Krone mit peitschenförmig gebogenen Trieben. Rinde hellgrau und glatt bis ins Alter, dann dunkler und in lange, etwas ablösende Platten zerbrechend. Nicht die auffallende scharlachrote und goldgelbe Herbstfärbung, sondern die rötlichen Blüten standen Pate bei der Namensgebung dieses Baumes. Diese öffnen sich vor Laubausbruch Ende März oder Anfang April in Büscheln; während der vierwöchigen Blüte scheint der Baum ein- oder zweimal das Geschlecht zu wechseln, denn bei einigen Bäumen oder einzelnen Ästen sind die aufeinanderfolgenden Blütenschübe abwechselnd männlich oder weiblich. Blätter 3- bis 5lappig, 6–10 cm lang. Lappen dreieckig eiförmig, ungleich kerbig gesägt, dunkelgrün. Früchte hochrot mit spitzwinklig gespreizten Flügeln. Von den Zuchtformen sei hier nur erwähnt:

'Fastigiata', Baum mit ausgeprägt schlank säulenartiger Wuchsform, der sich gut zur Straßenbepflanzung eignet.

Davids-Ahorn *Acer davidii*

Typischer Vertreter der Schlangenhautahornarten, die eine äußerst attraktive Rinde besitzen und, mit einer Ausnahme (dem aus dem Osten der USA stammenden »Pennsylvanischen Ahorn«), alle in Japan und China beheimatet sind. Der Davids-Ahorn ist eine sehr variable Art mit verschiedenen Formen, die oft falsch bestimmt und mit anderen Schlangenhautahornarten verwechselt werden. Die Art selbst entwickelt sich bei uns wohl nur zu einem ca. 10 m hohen, mehrstämmigen Strauch, dessen Rinde olivgrün gefärbt und mit weiß-grünen Streifen versehen ist. Blätter eilänglich, 8–15 cm lang, zugespitzt, stets ganz ungeteilt und ohne Basallappen. Knospen 1 cm, rot. Die beiden bekanntesten der in Kultur befindlichen Gartenformen sind:

'George Forrest', ein schmaler, offenkroniger, bis 14 m hoher Baum mit violetten bis dunkelroten Trieben und breit eiförmigen, 15×10 cm messenden, glänzend dunkelgrünen Blättern.

'Ernest Wilson' weicht im Aussehen von der vorherigen Form durch seine niedrige, breite Wuchsform stark ab; Blätter lang zugespitzt, klein gelappt, unterseits bläulich. Darüber hinaus gibt es noch eine dritte, »kleinblättrige« Form mit winzigen Blättern, die nur der Vollständigkeit halber erwähnt sei.

Roter Schlangenhaut-Ahorn *Acer capillipes*

Die Art besitzt rote Zweige und orangerote Blattstiele. Ihre Blätter unterscheiden sich von denen anderer Schlangenhautahornarten durch einen größeren Mittellappen, zahlreiche kräftige, parallel verlaufende Blattadern und oberseits dunkelgrün glänzende Blätter, die auf der Unterseite in den Nervenachseln kleine rote Stiftchen aufweisen. Mit letzterem Merkmal ist ansonsten nur noch der Davids-Ahorn versehen. Die Rinde dieses Ahorns zählt zu den hellsten überhaupt; Blätter im Herbst kräftig orange bis orangerot. Leider neigt der Baum zur Wurzelfäule, so daß er oftmals bereits nach 50 Jahren eingeht.

Pennsylvanischer Ahorn *Acer pensylvanicum*

Obwohl nicht so elegant wie die asiatischen Schlangenhautahorne, ist er ein eindrucksvoller Baum, den man schon von weitem an seinem offenbar blau-weißen Stamm und dem überaus dichten, prächtig grünen Laub erkennt.

Hers' Ahorn *Acer hersii*

Er hat von allen Bäumen dieser Gruppe die grünste Rinde. Sie ist mit feinen, bläulichweißen Linien, die auffällige Streifen bilden, überzogen. Auch die Knospen sind grün, wie darüber hinaus fast alles andere an diesem Baum. Die großen Früchte haben breitere Flügel als die aller übrigen Arten, reifen aber im gleichen Überfluß. Im Herbst allerdings werden die Blätter leuchtend orange und karminrot. In neueren Pflanzungen ist dies vermutlich der häufigste Schlangenhautahorn.

Rostnerviger Ahorn *Acer rufinerve*

Dieser Baum unterscheidet sich von den anderen Arten durch bläulichweiße Knospen und die vorwiegend graue Rinde, die rötliche Risse aufweisen kann; außerdem sind die Blätter breiter als lang und unterseits in den Nervenachseln mit leicht rostbraunen Härchen bewachsen.

Weißdornblättriger Ahorn *Acer crataegifolium*

Aus Japan stammender, dünnstämmiger, kleiner Baum mit zierlichen Ästen, auf denen oberseits kleine, dornige Triebe dicht gedrängt wachsen. Die Blätter weisen einen Stich ins Rötliche auf und besitzen rote Adern. Der Stamm ist dunkelrot und grau mit engen weißen Streifen; er wird nicht groß genug, um eine richtige Schlangenhautrinde zu bekommen.

Forrests Ahorn *Acer forrestii*

Seltener, nicht allzu wuchsfreudiger Baum aus China mit sattgrün glänzenden Blättern und einer weißen Schlangenhautrinde. Die dunklen, länglich-zugespitzten Blätter haben orangerote Stiele und hängen an langen, kaum verästelten Zweigen, die sich leicht nach unten biegen und kaskadenartig angeordnet sind.

Birkenblättriger Ahorn *Acer tetramerum*

Sein natürlicher Lebensraum erstreckt sich von China bis Burma und Tibet. Das Laub und mitunter auch die Rinde erinnern an einen Schlangenahorn; er gehört aber zu einer anderen Abteilung dieser Gattung. Dieser Baum ist recht merkwürdig: Er entwickelt 5–6 wuchsstarke, gertenschlanke Stämme und scheint soweit ganz gesund zu sein, kommt aber offenbar nie über die 15-m-Marke hinaus.

Lindenblättriger Ahorn *Acer distylum*

Aus Japan stammender Baum, der senkrechte Blütenähren und harte, feste Blätter besitzt. Er wird nur in wenigen Arboreten angepflanzt.

Davids-Ahorn   Roter Schlangenhaut-Ahorn   Pennsylvanischer Ahorn   Hers' Ahorn   Rostnerviger Ahorn

Schlangenhautahornarten

'Ernest Wilson'

Pennsylvanischer Ahorn

Roter Schlangenhaut-Ahorn

'George Forrest'

Davids-Ahorn

Birkenblättriger Ahorn

Rostnerviger Ahorn

Rot-Ahorn

Lindenblättriger Ahorn

Forrests Ahorn

Weißdornblättriger Ahorn

Hers' Ahorn

Rot-Ahorn

Rot-Ahorn

'Fastigiata'

Davids-Ahorn

Familie Roßkastaniengewächse (Hippocastanaceae)

Roßkastanie (*Aesculus*)

Etwa 25 Arten umfassende Gattung zumeist in Nordamerika, aber auch in Südeuropa, dem Himalaja, China und Japan natürlich verbreiteter, sommergrüner Bäume oder Sträucher mit gegenständigen, handförmig gefingerten, langgestielten Blättern (in der Regel 5–9 Fiederblättchen). Blüten zu vielen in aufrechten, endständigen Rispen. Alle Arten sind schöne, winterharte Bäume, die sich vor allem als Solitärpflanzen hervorragend für Parks und größere Gärten eignen. Sie lieben einen tiefgründigen, genügend frischen Boden und sind recht raschwüchsig. Anzucht aus Samen.

Gemeine Roßkastanie *Aesculus hippocastanum*
Vom Balkan stammender, bis 36 m hoch werdender stattlicher Baum mit länglich-runder, bisweilen hochgewölbter, dichtverzweigter Krone und dunkelgraubrauner, in große, schmale Platten zerbrechender Rinde. Die Blätter aus den stark harzigen Knospen sind handförmig gefiedert, mit 5–7 keilförmigen, 10–25 cm langen, doppelt und stumpf gesägten Blattfiedern. Blüten weiß in 15–30 cm großen, aufrechtstehenden Rispen oder »Kerzen«. Erst kürzlich wurde entdeckt, daß sich die gelben Flecken der frisch aufgegangenen Blüten nach der Bestäubung karminrot färben – gewöhnlich noch am selben oder erst am darauffolgenden Tag. Der Zeitpunkt, zu dem die Blätter und Blütenstände im Frühjahr sprießen, kann stark divergieren: In vielen Gegenden finden sich Exemplare, die bereits vor Ende März nahezu in vollem Laub stehen und blühen, während andere die Knospen bis Ende April geschlossen halten und ihre Blüten erst Mitte Mai aufbrechen. Im Herbst färben sich die dunkelgrünen Blätter gelb bis orange, und die großen, rotbraunen Samen (Kastanien) werden aus den kugeligen, igelartig stacheligen, bis 6 cm dicken Früchten entlassen. Vielerorts können dann die Roßkastanien wegen des herabfallenden »Segens« zu einer Gefahrenquelle werden.
Das Holz eignet sich ganz hervorragend für Prothesen und Kinderspielzeug; leicht und nicht splitternd, ist es einfach zu bearbeiten und bekommt keine scharfen, gefährlichen Bruchkanten. Seine Labilität begünstigt andererseits eine gefährliche Eigenart des Baumes. Ein plötzlicher, das Laub beschwerender Regenschauer reicht oft aus, um mitunter sogar schwere Äste abbrechen zu lassen.

Rotblühende Kastanie *Aesculus × carnea*
Um 1818 in Deutschland entstandene Hybride zwischen der Gemeinen Roßkastanie und der Roten Stielroßkastanie. Als schattenspendender Baum weit verbreitet in Alleen, Parks und Gärten; je nach Standort kann er eine Höhe von 10–25 m erreichen. Zur Zeit der Blüte in der zweiten Maihälfte ist der Baum übersät mit trüb hellroten, 12–20 cm langen, aufrechtstehenden Blütenständen. Blätter meist mit 5 elliptischen, oben runzeligen, 8–15 cm langen, am Rand breit kerbig gesägten Blättchen; Früchte kugelig, 3–4 cm breit, mitunter stachellos, mit 2–3 mattbraunen Samen. Im Herbst färbt sich bei manchen Bäumen das Laub schmutzigbraun. Nicht selten sind ältere Exemplare durch starke Fäulnisspuren verunstaltet und gehen über kurz oder lang ein.
Hierzu folgende Formen:
'Briotii' mit schönen roten Blüten und glänzenderen Blättern als die Rotblühende Kastanie. Wuchskräftiger und gesünder wird sie dieser immer häufiger vorgezogen. **'Plantierensis'** ist eine Rückkreuzung zwischen der Rotblühenden und der Gemeinen Roßkastanie, die im Hinblick auf Wuchsform und Gesundheit viel von letzterer geerbt hat; der Einfluß des anderen Elter erschöpft sich in dem zartrosa Schimmer der weißen Blüten.

Japanische Roßkastanie *Aesculus turbinata*
Bei uns nur selten anzutreffende Art, deren Verbreitung beinahe ausschließlich den größten Botanischen Gärten und Baumsammlungen vorbehalten bleibt. Ihre Blätter unterscheiden sich von denen der Gemeinen Roßkastanie nicht nur durch ihre enorme Größe (bei Jungbäumen messen sie unter Umständen 40 × 65 cm), sondern auch durch die sich allmählich verjüngenden Blattspitzen. Im Herbst färben sie sich herrlich orangebraun, während die Hauptadern weiß bleiben. Die glatte, rötlich-graue Rinde ist bei jungen Bäumen hellgrau und mit kreideweißen Streifen überzogen. Die Kastanien sind dunkel und klein.

Aesculus neglecta 'Erythroblastos'
Baum mit breiter, niedriger Kuppel, dessen Blätter nach dem schön karminrosa gefärbten Austrieb allmählich gelb und danach grün werden. Seltene, bis 8 m hoch werdende Pflanze, die kaum außerhalb Botanischer Gärten angetroffen wird.

Japanische Roßkastanie

'Erythroblastos

'Briotii'

Rotblühende
Roßkastanie

'Plantierensis'

Gemeine Roßkastanie

Gemeine Roßkastanie

Rotblühende Roßkastanie

Indische Roßkastanie *Aesculus indica*

Im nordwestlichen Himalaja beheimateter, bis in 3000 m Höhe steigender Baum, dessen Wuchshöhe die 30-m-Marke nur selten übersteigt und der gern als Zierbaum in Gärten und Parks gepflanzt wird. Stamm meist kurz und dick; die Borke löst sich in langen Streifen ab. Die meist 7 Fiederblättchen dieser Art besitzen lange, kräftige Stiele, die wie die Blattstiele selbst rosa oder rot gefärbt sind; sie können eine Länge von 32 cm erreichen. Oft erscheinen sie dunkel und knittrig, was den Charakter der Art noch unterstreicht. Im ausklingenden Frühjahr entfalten sich die Blätter leuchtend orange; danach färben sie sich staubbraun und schließlich grün. Erst Anfang Juli öffnen sich die in 20–30 cm großen Rispen stehenden Blüten; aus mittlerer Entfernung muten sie ganz rosarot an. Kastanien entweder tief dunkelmahagonibraun oder richtig schwarz; sie fallen später als bei den weitverbreiteten Arten und überdauern am Boden in gutem Zustand bis zum nächsten Januar.

Bleibt der Baum sich selbst überlassen, entwickelt er nur zu oft auf Kosten eines guten Hauptstammes massige untere Äste oder mehrere Einzelstämme und sollte daher ständig bis zu einer Mindesthöhe von 2 m ausgelichtet werden.

Die aus Keimlingen selektierte Zuchtform dieser Art, *Aesculus indica* 'Sidney Pearce', besitzt große, grüngestielte Blätter ohne Silberfärbung auf der Unterseite. Ihre aus dunkelrosa Knospen sprießenden, sehr frei tragenden Blütenrispen werden bis zu 30 cm lang.

Gelbe Pavie *Aesculus flava*

Im Südosten Nordamerikas an Flußufern und Berghängen natürlich vorkommender, bis 27 m hoch werdender Baum mit schmaler Krone, geradem Stamm und glatter, grauer oder rotbrauner, im Alter sich schuppig ablösender Rinde. Die 5- bis 7fingerigen Blätter sind dank der schlanken, langstieligen, fein und gleichmäßig gezähnten, leuchtendgrün glänzenden Blättchen von ausgesprochener Eleganz und Schönheit; im Herbst verfärben sie sich gelb und orange. Blüten gewöhnlich gelb (selten rötlich-rosa), in schmalen, 10–15 cm langen, samtig behaarten Rispen. Blütezeit Mai – Juni. Die kugeligen und glatten, ca. 5–6 cm dicken Früchte enthalten üblicherweise 2 Samen.

Die Gelbe Pavie läßt sich relativ einfach auf die Gemeine Roßkastanie pfropfen (fast alle in Großbritannien vorkommenden Exemplare sind eindeutig Transplantate). Der Übergang der Rinde an der Verbindungsstelle, die etwa 1 m über dem Boden liegen sollte, ist deutlich erkennbar: Unvermittelt wächst aus der schuppigen, rötlich-braunen Rinde des Wurzelstocks die rotbraune, glatte, mit Lentizellenreihen gebänderte Rinde des Transplantats.

Das Holz der Gelben Pavie wird gerne für die Herstellung von Papier und Prothesen genommen.

Roßkastanien-Hybride *Aesculus × hybrida*

Unter dieser Bezeichnung sind alle Wild- und Gartenkreuzungen zwischen der Gelben Pavie und der Roten Stielroßkastanie zusammengefaßt. Die Form, der man zuweilen in Gärten begegnet, ist eine derbblättrige, rotblütige Gelbe Pavie, die sich in den gleichen Herbstfarben wie jene präsentiert.

Rote Stielroßkastanie *Aesculus pavia*

Im Südosten der USA beheimateter, bis 6 m Höhe erreichender Strauch oder kleiner Baum mit kurzen, zwirbelig wachsenden Ästen und hängenden Zweigen. Blätter mit 5 kurzstieligen, schmal-elliptischen, 8–14 cm langen, unregelmäßig bis doppelt gesägten, unterseits kahl oder schwach behaarten, dunkelgrünen Blättern. Blüten hellrot, in lockeren, 10–16 cm langen Rispen. Die Herbstfärbung der Blätter ist dunkel orangerot.

Aesculus pavia 'Atrosanguinea'

Zuchtform mit tief dunkelroten Blüten.

Aesculus pavia 'Humilis'

Strauchförmige Zuchtform mit gelblichroten Blüten, die einen tiefroten Kelch besitzen. Blätter zur Blütezeit auf der Unterseite graufilzig.

Strauchroßkastanie *Aesculus parviflora*

Schößlingtreibender Strauch, der aus den südöstlichen USA stammt und selten höher als 4 m wird. Wird sehr häufig in Gärten angepflanzt, sieht aber bis zum Beginn der Blüte im August recht unscheinbar aus. Blüten weiß, 1 cm lang, in 20–30 cm langen Rispen über den Blättern stehend. Im Spätherbst nimmt das Laub die verschiedensten Rotschattierungen an. Die Strauchroßkastanie ist eine prachtvolle Art, die sich insbesondere auf Rasenflächen zur Einzelstellung eignet.

Aesculus glabra

Aus Nordamerika stammende Art, die bis 10 m hoch werden kann. Blätter aus 5 Einzelblättchen zusammengesetzt. Einzelblättchen elliptisch bis verkehrt-eiförmig, fein gesägt, hellgrün; zuerst auf der Unterseite noch behaart, später kahl werdend. Blüht im Mai; Blüten blaß-gelblich-grün, in bis zu 15 cm langen Rispen stehend. Frucht kugelförmig, kurz bestachelt, giftig! Triebe unangenehm riechend (Kennzeichen dieser Art).

Aesculus glabra 'Leucodermis'

Zuchtform, die vor allem wegen ihrer weißen oder weiß gestreiften Rinde gerne angepflanzt wird.

Roßkastanien-Hybride

Strauchroßkastanie

Herbstfärbung

Rote Stielroßkastanie

Indische Roßkastanie

Frucht

Rote Stielroßkastanie

Gelbe Pavie

'Sydney Pearce'

Kastanie

Knospe

Frucht

Kastanien

Indische Roßkastanie

Gelbe Pavie

Indische Roßkastanie

Familie Lindengewächse (Tiliaceae)

Linde (*Tilia*)

Gattung mit etwa 30 einhäusigen, laubwerfenden Arten in der temperierten nördlichen Halbkugel, deren gemeinsame Merkmale die faserhaltige Rinde, die wechselständigen, langgestielten, meist herzförmigen und gesägten Blätter sowie die gelblichen oder weißen, in kleinen, hängenden Trugdolden stehenden Blüten sind. Die Blütenstände sind fast ausnahmslos mit einem sogenannten Vorblatt verwachsen, das später dem Fruchtstand als Flugorgan dient.
Linden gedeihen in jedem Boden gut und geben – dies trifft vor allem auf die Winterlinde zu – eine hervorragende Bienenweide ab. Leider werden viele Bäume in den letzten Jahren mehr und mehr von der Roten Spinne (Milbenart) befallen, deren Bekämpfung zwar möglich, jedoch umständlich und kostspielig ist.

Holländische Linde *Tilia × europaea*
Obwohl die Holländische Linde zu den weitverbreitetsten und größten Bäumen zählt, liegt ihre Frühgeschichte im dunkeln. Völlig unbekannt, wann und wo diese Hybride entstanden ist, deuten sowohl Größe, Anzahl und Öffnungszeitpunkt der Blüten als auch Merkmale der Belaubung darauf hin, daß sie eine natürliche Kreuzung zwischen der Sommer- und der Winterlinde ist. Die ersten urkundlich erwähnten Pflanzungen datieren von kurz nach 1600, jedoch ermangeln diese alten Berichte oft der Unterscheidung zwischen den drei Arten.
Die Holländische Linde, ein stattlicher Baum bis 46 m Höhe und einem Alter von bis zu 500, ja sogar 1000 Jahren, besitzt eine hochgewölbte, pyramidale Krone mit ansteigenden, dann bogigen, oft riesigen unteren Ästen und eine mattgraue, zuerst glatte, später durch ein Netzwerk feiner, flacher Leisten fein gefurchte Rinde, die an der Basis oft mit Maserknollen versehen ist. Blätter breit eiförmig, 6–10 cm lang, scharf gekerbt, oben mattgrün, unten heller und etwas glänzend. Blüten gelblichweiß, zu 4–10 in Trugdolden, stark duftend; Vorblatt gelblichgrün. Früchte 6–8 mm groß, hart, fein gerippt und behaart.
Zum Straßenbaum wegen ihrer imposanten Wuchsform und des hohen Alters gut geeignet und deshalb auch gern als solcher angepflanzt, relativieren doch einige wichtige Negativaspekte diese Verwendung: Zum einen treibt sie an der Stammbasis dermaßen kräftig aus, daß sie jährlich zurückgeschnitten werden muß, soll die Straße nicht unpassierbar werden, zum anderen meldet sie enormen Platzbedarf an, und ihre Wurzeln drücken vielerorts Gehwegbeläge hoch. Darüber hinaus leidet sie unter starkem Blattlausbefall. Oft „regnet" regelrecht Honigtau auf alles im Umkreis des Baumes herab. Dennoch: Als Zierbaum in Parks und Gärten steht sie beinahe konkurrenzlos da.

Die Gartenform **Tilia × euchlora 'Wratislaviensis'** wird mittlerweile wegen der in frischem Gelb leuchtenden jungen Blätter, die sich bis zum Hochsommer grün färben, gerne gepflanzt. Diese Form entstand vor etwa 100 Jahren in Breslau.

Krim-Linde *Tilia × euchlora*
In Deutschland sehr häufig sowohl als Straßen- wie auch als Parkbaum angepflanzt. Die Art ist vermutlich eine Hybride zwischen *Tilia cordata und Tilia dasystala*. Kleinwüchsiger und hübscher als die Holländische Linde, weist diese Art eine schön ausgeformte Kuppelkrone auf. Das üppige, glänzend »lindgrüne« Laub sowie die erst Ende Juli aufbrechenden Blüten sind weitere zu verzeichnende Pluspunkte. Im Unterschied zur Holländischen Linie bleibt bei dieser Art der Stamm in der Regel bis in 2 m Höhe glatt und frei von Ästen oder Seitentrieben.

Silber-Linde *Tilia tomentosa*
In Kleinasien und den Balkanländern beheimateter Baum bis 30 m Höhe mit steil aufsteigenden Ästen und breitgewölbter Krone. Robuste Art, deren harte, pergamentartige, rundlich-herzförmige, scharf gesägte, dunkelgrüne Blätter waagerecht abstehen und keinen Blattlausbefall kennen – vermutlich deshalb, weil sowohl die Blattunterseiten als auch die Jungtriebe mit einer dichten, wollig-weißen Behaarung versehen sind. Während der ersten 50 Jahre besitzt die Kuppelkrone eine außergewöhnlich attraktive Form, die im Winter ebenso attraktiv ist wie voll belaubt im Sommer. Die in großer Zahl wachsenden, aromatisch duftenden hellgelben Blüten öffnen sich erst Ende Juli.

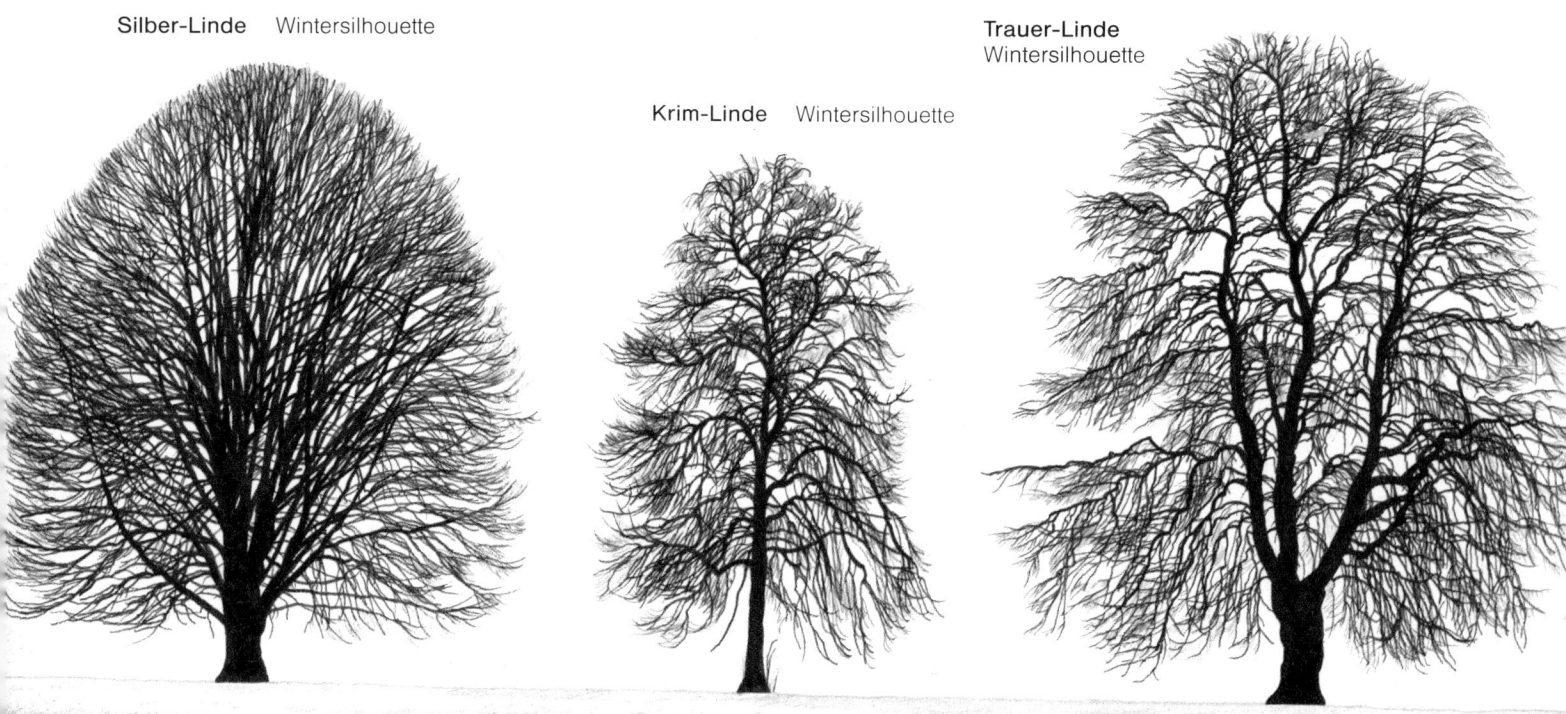

Silber-Linde Wintersilhouette

Krim-Linde Wintersilhouette

Trauer-Linde
Wintersilhouette

Silber-Linde

Tilia mongolica

Trauerlinde

Unterseite

Blüten

'Wratislaviensis'

Holländische Linde

Holländische Linde

Stamm

Trauer-Linde *Tilia petiolaris*
In der Wildnis nicht vorkommender Baum, der möglicherweise eine Zuchtform der Silber-Linde ist. Junge Bäume besitzen eine eirunde Krone, die sich später schmal und hoch auswölbt; Zweige überhängend. Gewöhnlich trifft man nur Pfropfbäume an, die in 2 m Höhe auf den Stamm einer Sommerlinde gepflanzt werden und 2–3 gebogene, steilaufragende Stämme entwickeln.

Tilia mongolica
Wegen ihrer eleganten, ungewöhnlichen Belaubung immer häufiger angepflanzte Art. Blätter unregelmäßig tief gesägt, leuchtend hellgrün.

Sommerlinde *Tilia platyphyllos*
In Mittel- und Südeuropa selten, nur vereinzelt auf Kalkböden natürlich vorkommender, sonst aber häufig in Gärten und Parks anzutreffender Baum bis 33 m Höhe mit dunkelgrauer, feinrissiger, manchmal griefter Rinde. Die kugelige Jugendkrone büßt später an Symmetrie ein, verbleibt aber weiterhin schön kuppelförmig und ist im Unterschied zur Holländischen Linde ganz frei von Austrieben. Bis auf wenige Ausnahmen sprießen weder am Stamm noch an den Wurzeln Schößlinge, was diese Art als Universal-Wurzelstock für beinahe alle Lindenzuchtformen empfiehlt, die gepfropft werden müssen. Blätter rundlich-herzförmig, plötzlich zugespitzt, scharf-kerbig gesägt, bis 12 cm lang, oben lebhaft grün, unten heller und weich behaart mit geraden, abstehenden weißen Härchen. Die gelblichweißen Blüten öffnen sich von allen Lindenarten als erste; sie duften wie die der Holländischen Linde. Die filzig behaarten, mit 5 Rippen ausgestatteten Früchte haften noch nach dem Blattfall bis zum Beginn des Winters an den Zweigen.
Von den Zierformen erwähnenswert sind:

'Rubra', seit einiger Zeit häufig gepflanzte Form, von der allerdings nur selten größere Exemplare zu finden sind. Ihre Blätter weisen eine hellere, mehr gelblichgrüne Färbung auf. In voller Blüte ist **'Laciniata'** ein prachtvoller Anblick, wenn das Laub fast völlig versteckt ist hinter unzähligen Reihen großer Deckblätter und gelben Blüten, die die Bienen der näheren Umgebung anlocken. Aus einiger Entfernung sieht sie wie ein gelbgescheckter Baum aus.

Winterlinde *Tilia cordata*
Einheimischer, bis 30 m Höhe erreichender, sehr dekorativer, reizvoller Baum mit hoher, gestreckter bis ausladender Krone, starken, abwärtsgebogenen Ästen und einem mit Maserknollen und Wasserreisern versehenen Stamm. Rinde dunkelgrau oder braun, in flache Platten zerfeldert.
Die Winterlinde ist ein sehr langlebiger Baum, aber durch Schößlingsvermehrung erreicht sie ein beinahe biblisch anmutendes Alter: Auf rund 1000 Jahre schätzt man manche derart regenierten Bäume. Häufig entlang von Landstraßen und in Gärten gepflanzt, ist sie leicht an den Blüten zu erkennen, die büschelweise in allen nur erdenklichen Winkelstellungen (sogar senkrecht) als leuchtendgelbe Sterne wachsen.

Die auffallend kleinen, zarten, kurz zugespitzten, fein und scharf gesägten, oberseits sattgrünen, unterseits blaugrün und rotbraun gebärteten, 3–6 cm langen Blätter nehmen sich ausgesprochen hübsch aus.

Olivers Linde *Tilia oliveri*
In Mittelchina beheimateter, seltener Baum, der wohl nur in einigen großen Gärten und Sammlungen angetroffen werden kann. Kennzeichen dieser Art ist die glatte und graue, einige braune Haarstreifen aufweisende Rinde, deren Astnarben mit dunklen Farben versehen sind. Die großen, flachen, mattgrünen, ganz fein gezähnten Blätter sind unterseits silbrig behaart und wachsen waagrecht an hängenden, 6 cm langen Stielen. Blüten klein, zu 3–20 in hängenden Trugdolden. Blütezeit im Juni.

Amerikanische Linde *Tilia americana*
Im mittleren und östlichen Nordamerika natürlich vorkommende, bei uns gelegentlich als Park- oder Straßenbaum verbreitete, bis 40 m Höhe erreichende Art, die eine hohe, offene, breit-rundliche Krone mit wenigen aufwärts gebogenen, starken Ästen besitzt. Rinde dunkelbraun, ausgeprägt längsfurchig. Die großen, 20×18 cm messenden, schief herzförmigen Blätter sind beiderseits dunkel- bis mittelgrün und faltig. Jungtriebe glänzend rot, im 2. Jahr olivenrot bis grau. Wichtiger Honigbaum!

Moltke-Linde *Tilia × 'Moltkei'*
In Deutschland vor 1880 entstandene Hybride zwischen der Amerikanischen und der Trauerlinde. Als Jungbaum vermag sie recht wuchskräftig zu sein, entwickelt sie doch bis 2 m lange Triebe. Die kreisrunden bis eiförmigen, im Jugendstadium 25×15 cm großen, dunkelgrünen Blätter besitzen auf der Unterseite feine, weiche, weiße Härchen. Ältere Bäume, die übrigens sehr selten sind, haben kleinere Blätter.

Tilia amurensis
Geschätzter Garten- und Parkbaum mit oberseits glänzend dunkelgrünen, unterseits hell gelblichgrünen, feingezähnten, spitz zulaufenden Blättern. Während der Blütezeit im Juli intensiv süßlich duftender Baum.

Olivers Linde

Amerikanische Linde

'Rubra'

Moltke-Linde

Sommerlinde

Winterlinde

Tilia amurensis

Unterseite

Früchte

'Laciniata'

Keimling

Winterlinde

Jungbaum

Sommerlinde

Familie Tupelobaumgewächse (Nyssaceae)

Wald-Tupelobaum *Nyssa sylvatica*
Standortvager, aus dem östlichen Nordamerika stammender, bis 30 m hoher, zweihäusiger Baum, der im Habitus recht unterschiedlich ausfallen kann, meist jedoch eine breitkegelige Krone besitzt. Rinde dunkelgrau, in grobe, senkrechte Furchen und Leisten zerrissen. Blätter eiförmig-elliptisch, glänzend dunkelgrün, 5–12 cm lang, ganzrandig. Männliche Blüten gelbgrün, weibliche Blüten hellgelb mit roter Narbe. Früchte zuerst grün, später blauschwarz. Herbstfärbung der Blätter in vielen Rotschattierungen vom kräftigen Orangerot bis zum intensiven Dunkelrot; in allen Verfärbungsphasen strahlt der Baum eine sonderbare Eleganz aus. Einer von sechs Vertretern der Gattung Tupelobaum.

Taubenbaum *Davidia involucrata*
Einzige Art der Gattung Taubenbaum. Maximal 20 m (bei uns nur ca. 6 m) Höhe erreichender, laubwerfender Baum mit einer kegelförmigen Krone und strahlenförmig stehenden Ästen. Die beinahe lindenartigen, tief herzförmigen, zugespitzten Blätter messen 8×15 cm und sind auf der Oberseite glänzend frischgrün, unterseits dicht behaart und weiß. Blüten klein, erst unscheinbar grünrot in 6 mm dicken Köpfchen, dann aufgeblüht 2 cm breit und gelb, jetzt von zwei charakteristischen, gegenständigen, ungleich großen, bis 22×11 cm messenden, dünnen, weißen Hochblättern umgeben, die sehr auffallend sind. Männliche und weibliche Blüten in getrennten Blütenständen; sie erscheinen erst, wenn der Baum etwa 20 Jahre alt ist. Früchte walnußgroß, leicht gefleckt, dunkelgrün, reif lederbraun.
Die Zierform *Davidia involucrata* 'Vilmoriniana' besitzt unterseits vollkommen kahle und glänzend hellgrüne Blätter und nur 3 cm große Früchte.

Familie Eucryphiagewächse (Eucryphiaceae)

Nymans Eucryphia *Eucryphia × nymansensis* 'Nymansay'
Der Gattung Eucryphia angehörige Selektion aus Keimlingen einer Kreuzung zwischen zwei chilenischen Eucryphia-Arten, *Eucryphia glutinosa* und *Eucryphia cordifolia*. Hybride mit immergrünen, grobgezähnten, unregelmäßig geteilten Blättern und weißen Blüten, die 4–5 meist eiförmige, 4 cm lange Petalen besitzen. Prachtvoller Spätblüher (August bis Oktober).

Familie Teegewächse (Theaceae)

Japanische Scheinkamelie *Stewartia pseudocamellia*
Langsamwachsende Rarität mit roter, später grauroter und abschuppender Rinde; darunter schön orange. Blätter ei-lanzettlich, entfernt gekerbt, 3–8 cm groß, oben mattgrün, unten glänzend.

Chinesische Scheinkamelie *Stewartia sinensis*
Hübscher, winterharter Baum mit 5 cm großen weißen, becherförmigen, angenehm duftenden Blüten und einer braunen, restlos abblätternden Rinde.

Familie Flacourtiengewächse (Flacourtiaceae)

Orangenkirsche *Idesia polycarpa*
Mittelhoher Baum von regelmäßigem Habitus. Blätter herzförmig, zugespitzt, entfernt kerbig gesägt, 10–15 cm lang, oben glänzend gelbgrün, unten bläulich; Stiel rot.

Familie Klebsamengewächse (Pittosporaceae)

Schmalblättrige Klebsame *Pittosporum tenuifolium*
Dichtbelaubter, symmetrisch wachsender, hoher Strauch, der mitunter für hohe Schutzhecken angepflanzt wird. Blätter wechselständig, immergrün, länglich-elliptisch mit welligem und runzeligem, zerknittertem Rand. Winterhärteste Art der Gattung Klebsame.

Familie Seifenbaumgewächse (Sapindaceae)

Blasenesche *Koelreuteria paniculata*
5–8 m hoch werdender, schöner, für die Einzelstellung im Park geeigneter Baum mit bis zu 45 cm langen, gefiederten Blättern, die sich Ende Mai dunkelrot entfalten, dann blaßgelb und schließlich dunkelgrün färben. Die Blüten öffnen sich Mitte August und wandeln sich rasch zu den auffälligen, 4–5 cm langen, blasenartigen Früchten um. Eine von vier Arten der Gattung Blasenbaum.

Blasenesche

Blüten

Früchte

Früchte

Schmalblättrige Klebsame

Wald-
Tupelobaum

Japanische
Scheinkamelie

Chinesische
Scheinkamelie

Nymans Eucryphia

Früchte

Taubenbaum

Orangenkirsche

Frucht

Früchte

Samen

Keimling

'Vilmoriniana'

Taubenbaum

Wald-Tupelobaum

Wald-Tupelobaum

Familie Myrtengewächse (Myrtaceae)

Myrte (*Myrtus*)

Große Gattung immergrüner, einhäusiger Pflanzen mit meist strauchartigem Habitus und gedrängtstehenden, gegenständigen, ledrigen Blättern. Blüten einzeln oder in kurzen Trauben. Etwa 100, vor allem im außertropischen Südamerika, aber auch in Australien und Neuseeland beheimatete Arten; in Südeuropa gelegentlich regional verbreitet. Anzucht aus Samen.

Luma-Myrte *Myrtus apiculata*
Bis zu 12 m hoher, strauchiger Baum mit ansprechender, orange abblätternder Rinde, die darunter grünlichweiß schimmert. Alte Bäume mit 2–3 m langen weißen Streifen. Krone locker kegelförmig; Blätter immergrün, eiförmig, hellgrün, zerrieben aromatisch-würzig duftend. Im August öffnen sich in Massen die weißen Blüten. Heimatländer der Luma-Myrte sind Argentinien und Chile; vor allem in Irland häufig in Parks angepflanzt.

Eukalyptus (*Eucalyptus*)

Von wenigen Ausnahmen abgesehen vor allem in Australien beheimatete, immergrüne Bäume oder Sträucher, die zu den höchsten der Erde zählen und erstaunliche Wachstumsenergien manifestieren. In ihrer Heimat gehören sie zu den Charakterpflanzen der Landschaft und stellen den größten Teil der dortigen Waldbäume.
Von besonderer Bedeutung sind Eukalyptusbäume für die Trockenlegung großer, durch Malaria verseuchter Sumpfgebiete, die, mit ihnen bepflanzt, in kurzer Zeit austrocknen. Die Wurzeln saugen riesige Wassermassen auf, die durch die Blätter wieder an die Luft abgegeben werden. Die Wuchsform der einzelnen Arten ist so mannigfaltig, daß es nicht schwerfällt, solche mit malerischer Krone, schöner Belaubung, auffallender Blüte oder dekorativer Rinde für Gärten und Anlagen auszuwählen.
Gattung mit mehr als 500 Arten. Jungblätter meist abgerundet, gegenständig und sehr verschieden von den lanzettlichen, wechselständigen Folgeblättern. Blüten weiß oder gelblich, selten rot.

Blaugummibaum *Eucalyptus globulus*
Am häufigsten kultivierte Art der Gattung, die im ganzen Mittelmeergebiet forstlich angepflanzt und in Irland häufig als Parkbaum angetroffen wird. Enorm wuchskräftiger, bis 42 m (in seiner Heimat 70–80 m) hoher Baum mit zuerst kegelförmiger, später leicht gewölbter Krone und in graubraunen Streifen abfasernder Rinde. Jährliche Wachstumsschübe von 2–3 m sind nicht selten. Sämlinge und junge Schoße mit gegenständigen, waagrecht gestellten, herz- oder eiförmigen, blaugrünen, weißlich bereiften Blättern, ältere Pflanzen mit lanzettlich-sichelförmigen, 20–30 cm langen, hängenden grünen Blättern. Blüten einzeln, selten zu 2 oder 3, weiß. Früchte umgekehrt stumpf-kegelförmig, schwärzlich mit graublauem Reif.
Am schönsten wirkt diese Pflanze mit anderen Blattpflanzen zu einem tropischen Vegetationsbild vereinigt.

Gunns Eukalyptus *Eucalyptus gunnii*
Die 30-m-Marke selten überschreitender, in Tasmanien beheimateter Baum, dessen rosa-orangefarbene Rinde in langen Streifen abfasert und einen graublau überhauchten Stamm offenlegt. Blätter der Jugendform gegenständig, kreisförmig, bis 6 cm breit und bläulich, die der Altersform wechselständig, lanzettlich, ca. 10 cm lang und grün. Nach etwa 10 Jahren erscheinen in verschwenderischer Fülle die zu dritt in Dolden sitzenden weißen Blüten. Blütezeit Juni – September. Früchte etwa 6 mm dick und grünlich.

Schnee-Eukalyptus *Eucalyptus niphophila*
Extrem winterharte Art, deren markantestes Merkmal die schon früh leuchtenden, bläulich-weißen Stämme und Äste sind. Altersblätter bereits vom ersten Jahr an, länglich-lanzettlich, sichelförmig, 14×7 cm groß (mancherorts entfalten sie sich leuchtend orangebraun). Austrieb zunächst rot oder hellorange, später färben sich die Blätter bläulich-weiß. Die großen weißen Blüten wachsen in Büscheln. Das Wuchstempo dieses Baumes ist inkonstant, für einen Eukalyptus aber oft geradezu langsam.

Trichterfrucht-Eukalyptus *Eucalyptus coccifera*
Die kleinen, gebogenen, dornenartigen Blattspitzen sind neben den strahlendweißen, keulenförmigen Knospen und dem drehwüchsigen Stamm die charakteristischsten Merkmale dieser Art. Fruchtkapsel schmal trichterförmig, etwa 1 cm lang. 1840 aus Tasmanien eingeführt.

Urnen-Eukalyptus *Eucalyptus urnigera*
Natürlich in Tasmanien vorkommender, in Großbritannien mittlerweile weit verbreiteter, bis 32 m hoher Baum mit seltsam spiralig gedrehter, orange-grau und grünlich-rahmweiß gefärbter Rinde. Jugendblätter kreisrund oder herzförmig, 2–5 cm breit, intensiv blauweiß. Altersblätter eiförmig, 8–15 cm, dunkelgrün und glänzend. Früchte oben urnenförmig eingeschnürt, 5–6 mm lang.

Eucalyptus dalrympleana
Fast völlig winterharte, vom Laub her dem Blaugummibaum stark ähnelnde Art; Folgeblätter bis 20 cm lang. Jugendblätter herzförmig, klein, mit mehr oder minder stark und breit ausgeprägter, dunkelroter Randeinfassung. Die Pflanze besitzt kleine Blüten, die Dreierdolden bilden. Beinahe ständig befindet sich unter dem Baum eine dicke Schicht großer, bläulichweißer Fruchtkapseln.

Urnen-Eukalyptus

Gunns Eukalyptus

Eucalyptus dalrympleana

Schnee-Eukalyptus

Blaugummibaum

Eucalyptus dalrympleana

Folgeblatt

Jungtrieb

Folgeblätter

Schnee-Eukalyptus

Urnen-Eukalyptus

Frucht

Jugendblätter

Blaugummi-baum

Jugendblätter

Trichterfrucht-Eukalyptus

Folgeblätter

Jugendblätter

Frucht

Blüten

Folgeblätter

Gunns Eukalyptus

Früchte

Gunns Eukalyptus

Früchte

Luma-Myrte

Blaugummibaum

Schnee-Eukalyptus

Gunns Eukalyptus (Jungbaum)

Familie Hartriegelgewächse (Cornaceae)

Nuttalls Blüten-Hartriegel, Pazifischer Hartriegel *Cornus nuttallii*
In den küstennahen Sumpfwäldern der kanadischen Westprovinz British Columbia beheimateter, 25 m hoher Baum oder (bei uns eher) Strauch, dessen Verbreitungsgebiet sich bis zum Südzipfel Kaliforniens erstreckt. Stamm breit gerieft, Rinde glatt und dunkelpurpurn. Blätter ei- oder keilförmig, beiderseits kurz behaart, unten bläulich.
Die Blütenköpfe sind schon im Herbst ausgebildet und hängen den ganzen Winter über an den Zweigenden; sie besitzen kurze, breite Deckblätter von grüner Farbe – die echten, purpurnen Blüten ruhen noch in festen Knospen verborgen. Im Mai öffnen sich dann die Blüten, die meist 6 Deckblätter färben sich gelblichweiß.

Japanischer Hartriegel *Cornus controversa*
Bemerkenswert attraktiver Baum, der an der etagenförmigen, in waagrechten Lagen angeordneten Bezweigung leicht erkannt werden kann. Im Jugendalter besitzt seine Rinde glatte Falten, die sich später zu breiten, flachen Rippen auswachsen.
Im Winter leuchten an den Enden des merkwürdig flachen Astwerks rubinrot die Triebe. Um Mitte Juni blüht der Baum üppig: Die weißlichgelben Blütenköpfchen stehen oberhalb der hellgrünen Blätter Spalier und verschaffen dem Baum einen spektakulären Auftritt. Wenn im September die blauschwarzen Früchte reifen, bietet er erneut einen prachtvollen Anblick.

Erdbeer-Hartriegel *Cornus capitata*
Der einzige immergrüne bzw. in kälteren Gefilden halb immergrüne Hartriegel, der im Himalaja und in China heimisch ist und eine recht zarte Konstitution besitzt, deshalb in Europa nur an der Südküste Englands oder den oberitalienischen Seen angepflanzt wird.

Familie Araliengewächse (Araliaceae)

Baumkraftwurz *Kalopanax pictus*
Ausgesprochen winterharte, ziemlich selten angepflanzte Art, deren markantestes Merkmal ihre starke Bewehrung ist: Sowohl der Stamm als auch die Zweige und Triebe sind mit dickstacheligen, kräftigen Dornen ausgestattet. Die dunkelgraue Rinde ist mit voluminösen, purpurgrauen, ineinander verschlungenen Rippen versehen, die sich im Laufe der Zeit hellgrau färben und dann einen eigenwilligen Kontrast zu den breiten schwarzen Rissen bilden. Der sich Mitte Mai schön rot präsentierende Blattaustrieb entfaltet sich zu 10–25 cm breiten, meist 5lappigen, beinahe dreieckigen, schwach gesägten, tiefgrünen Blättern. Einzige Art der Gattung Kalopanax.

Die **Maximowicz-Varietät** (*Kalopanax pictus* var. *maximowiczii*) besitzt große, 20×20 cm messende, dicke und harte, ausgeprägt tief gelappte Blätter. Sie wird häufiger als die Standardform angetroffen.

Familie Storaxgewächse (Styracaceae)

Japanischer Storaxbaum *Styrax japonica*
Laubwerfender Baum oder Strauch bis 11 m Höhe mit ausladenden, zuerst sternfilziggrauen, später kahlen Zweigen und glatter, grauer Rinde, die mitunter orangefarbene Risse besitzt. Blätter rund-elliptisch bis elliptisch-länglich, 2–7 cm lang, entfernt gezähnelt. Die weißen, glockigen Blüten hängen meist zu dritt an 2–3 cm langen, kahlen Stielen. Der Baum ist gegen stärkere Kälte sehr empfindlich. Zur Gattung Storaxbaum gehörig.

Obassia-Storaxbaum *Styrax obassia*
Spärlich belaubte Art mit lockerer, lichter, aufrechter Krone und grauer Rinde. Die meist fast kreisrunden bis breit-eiförmigen, plötzlich zugespitzten, oberseits dunkelgrünen und unterseits dicht behaarten Blätter messen 15×15 cm. Blüten weiß. Früchte eiförmig, 2 cm lang, dicht braunwollig.

Hemsleys Storaxbaum *Styrax hemsleyana*
Chinesische Ausgabe des Obassia-Storaxbaumes. Seltene, spektakulär blühende Art, deren von den fallenden Blättern im Herbst entblößte Seitenknospen schön orangefarben leuchten.

Silberglocke *Halesia monticola*
Dekorativer Baum oder Strauch von straff aufrechtem Habitus, der in seinen Heimatwäldern in Nordamerika eine Höhe von 32 cm erreichen kann und zur Gattung *Halesia* gehört. Obwohl die Jungbäume recht wuchskräftig sind, benötigen sie für eine respektable Größe lange Zeit – bei uns findet man nur selten Exemplare, die höher als 15 m sind. Während der Blütezeit im Mai bietet er mit seinen weißen, zartrosa überhauchten Blüten einen herrlichen Anblick. Die mit 4 Flügeln versehenen Früchte muten recht ungewöhnlich an.

Blüten; eine Beere

Baumkraft-wurz

Maximowicz-Varietät

Japanischer Storaxbaum

Obassia-Storaxbaum

Japanischer
Storaxbaum

Hemsleys Storaxbaum

Silberglocke

Nuttalls Blüten-Hartriegel

Japanischer Hartriegel

Japanischer Hartriegel

Erdbeer-Hartriegel

Nuttalls Blüten-Hartriegel

Silberglocke

Erdbeerbaum (*Arbutus*)

Immergrüne, einhäusige Bäume oder Sträucher mit rötlich austreibenden Zweigen und wechselständigen, ganzrandigen oder gesägten Blättern. Frucht eine mehrsamige Beere mit mehligem Fleisch. Die Gattung umfaßt etwa 14, im Mittelmeergebiet, auf den Kanarischen Inseln sowie in Nord- und Mittelamerika natürlich vorkommende Arten.

Erdbeerbaum *Arbutus unedo*
Hauptsächlich in den Macchien des Mittelmeergebietes, gelegentlich entlang der Atlantikküste bis hinauf nach Irland verbreiteter, kleinerer Baum oder (meist) Strauch, für den, soll er sich einigermaßen entwickeln, ein geschützter Standort erforderlich ist. Oft ist er nur ein Busch mit aufsteigenden oder gebogenen Ästen, die sich von einem kurzen, beinahe parallel zum Boden gewachsenen Stamm emporrecken. Nur wenige Bäume übersteigen die 11-m-Marke, und da die Art ungewöhnlich langsam wächst und nicht sehr langlebig ist, besitzt der Erdbeerbaum auch nur selten respektable Stammdimensionen. Die anfangs rötlichgraue und glatte Rinde ist später gefeldert und mit herabhängenden Fetzen und Streifen bedeckt; sie erinnert an die einer Eiche. Blätter verkehrt eiförmig-lanzettlich, gesägt, 5–10 cm lang, glänzend grün. Am dekorativsten erscheint der Baum während der Blütezeit im Oktober und November, wenn sich zusätzlich zur weißen Blüte die vorjährigen grünen Früchte gelb und schließlich orangerot färben.
Auch die Zierform **'Rubra'** besitzt gesägte Blätter, hat aber im Unterschied zum Typ rote Blüten. Sie ist ein in Parks und Gärten gerne gepflanzter Baum.

Griechischer Erdbeerbaum *Arbutus andrachne*
Geduckter Habitus und langsamer Wuchs kennzeichnen diese leider nur schwer anzusiedelnde, rare Art. Ihre breiten, 5–10 cm langen, ganzrandigen Blätter sind oberseits glänzend dunkelgrün und kahl, unterseits bläulich gefärbt. Von beachtenswerter Schönheit ist die Rinde: Wenn die regelmäßige Schälprozedur vorüber ist, schimmern zwischen den alten, tiefroten Rindenstreifen neue, zitronengelbe Schichten hervor. Blütezeit im April.

Erdbeerbaum-Hybride *Arbutus × andrachnoides*
Naturhybride zwischen den beiden vorigen Arten, die gelegentlich als Wildwuchs in den Wäldern Griechenlands vorkommt und vom Griechischen Erdbeerbaum die auffallend gefärbte Rinde, vom Erdbeerbaum hingegen die gezähnten Blätter und rötlichen Blattstiele trägt. In punkto Wuchstempo und -höhe stellt sie beide Eltern in den Schatten. Meist gliedert sich ihr Stamm in mehrere kurze Einzelstämme auf.

Madrona *Arbutus menziesii*
Das natürliche Verbreitungsgebiet der Madrona erstreckt sich vom Süden British Columbias entlang der Pazifikküste bis Südkalifornien. Nach anfänglichen Schwierigkeiten legen die Jungbäume ein enormes Wuchstempo vor. Diese Art blüht in Kalifornien im März und in Mitteleuropa Anfang Mai. Die Früchte färben sich spätestens im August rot. Die ungezähnten Blätter erinnern an die des Griechischen Erdbeerbaums, sind aber größer und unterseits silbriggrau oder bläulich-weiß.

Sauerbaum (*Oxydendrum*)

Gattung mit nur einer, in Nordamerika natürlich verbreiteten Art, die weiße Blüten in endständigen Rispen besitzt.

Sauerbaum *Oxydendrum arboreum*
Der Sauerbaum gehört wie der Erdbeerbaum zur großen Familie der Heidekrautgewächse, verträgt im Gegensatz zu diesen aber keinen kalkhaltigen Boden; am besten gedeiht er auf sauren Sand- oder Lehmböden. Seine wechselständigen, elliptisch-länglichen Blätter sind fein gesägt, glänzend dunkelgrün gefärbt und ganz glatt.

Dattelpflaume (*Diospyros*)

Mit Ausnahme von Afrika in den Subtropen und Tropen vertretene, etwa 200 Arten umfassende Gattung ein- oder zweihäusiger, sommergrüner Pflanzen, die wechselständige (selten gegenständige), ganzrandige Blätter und Blüten in Trugdolden besitzen. Die meisten sind hübsche kleine Parkbäume, die allerdings in der Jugend auf Kälte sehr empfindlich reagieren.

Dattelpflaume *Diospyros lotus*
Außerhalb von Botanischen Gärten nur selten gepflanzte, bis 13 m hoch werdende Art mit rundlich-ovaler Krone und dunkelgrauer bis schwärzlicher, dick und klein gefelderter Rinde. Blätter sehr unterschiedlich, elliptisch bis länglich, ganzrandig, oben stark glänzend dunkelgrün, unten bläulich. Blüten zweihäusig. Die kugelige, kirschenähnliche, 1–2 cm dicke Frucht hat einen herben Geschmack. Von der Dattelpflaume geht ein sonderbarer, betörender Duft aus, besonders dann, wenn das Laub am Boden zu verrotten beginnt.

| Griechischer Erdbeerbaum | Erdbeerbaum-Hybride | Madrona | Erdbeerbaum |

'Rubra'

Sauerbaum

Dattelpflaume

Madrona

Griechischer
Erdbeerbaum

Weibliche Blüte

Erdbeerbaum-Hybride

Erdbeerbaum

Erdbeerbaum-Hybride

Dattelpflaume

Familie Ölbaumgewächse (Oleaceae)

Esche (*Fraxinus*)

Sommergrüne, ein- oder zweihäusige Bäume oder (seltener) nur Sträucher mit dicklichen, schwarzen, braunen, unter Umständen grauen, kurzfilzigen Winterknospen, gegenständigen, gefiederten und nur ausnahmsweise ungeteilten Blättern sowie in Rispen oder Trauben stehenden, meist wenig ansehnlichen Blüten. Gattung mit etwa 65 Arten, die fast alle auf der Nordhalbkugel vorkommen. Sie bevorzugen offene, sonnige Lagen und frische, nährstoffreiche Böden. Anzucht aus Samen.

Gemeine Esche *Fraxinus excelsior*
In Europa beheimatete, in geschützten Tallagen bis 40 m hoch werdende Bäume, deren Holz für die Herstellung von Sportgeräten von großer Bedeutung ist. Obwohl häufig als elegant und schönwüchsig beschrieben, ist die Esche in Wirklichkeit ein Baum von derbem Habitus, der keinerlei Anmut ausstrahlt, nur kurze Zeit belaubt ist, sehr blasse Herbstfarben produziert und im Winter recht hager wirkt. Die gegenständigen, 9–13 eilänglich-lanzettliche, gesägte Fiederblättchen aufweisenden Blätter fallen meist grün zu Boden.
Der späte Laubausbruch, die offene, lichte Krone sowie die Vorliebe für Kalkböden, auf denen der Efeu hervorragend gedeiht – all diese Aspekte bewirken, daß der Stamm und die Äste alter Eschen häufig von diesem Kletterstrauch regelrecht überwuchert sind. Die ohnehin nicht sehr hohe Lebenserwartung der Esche (ein Alter von 200 Jahren gilt als ungewöhnlich) beeinträchtigt dies jedoch kaum.
Blüten polygam, das heißt, manche Bäume sind rein männlich oder rein weiblich bzw. nur mit einzelnen Zweigen des anderen Geschlechtes oder gar mit zwittrigen Blüten versehen. Blütezeit vor dem Laubaustrieb Anfang April. Von den vielen Gartenformen seien folgende hervorgehoben:

'Pendula' (Hänge-Esche) wird meist auf eine Gemeine Esche gepfropft, damit ihre in weitem Bogen überhängenden Äste und Zweige schön zur Geltung kommen. Die Pfropfung sollte in ausreichendem Abstand zum Boden (mindestens in 4–5 m Höhe) vorgenommen werden, damit die Form eine ansprechende Krone entwickeln kann.

'Diversifolia' (Einblättrige Esche) ist ein nicht allzu häufiger, wunderbarer, hübsch belaubter Baum von hervorragender Wuchskraft mit einer wohlgeformten Krone, deren robuste Äste harmonische Abstände zueinander aufweisen. Besäße die Form nicht die schwarzen Knospen und die paarweise gegenständigen Blätter, würde man sie kaum mit einer Esche in Verbindung bringen.

'Jaspidea' (Gold-Esche) erkennt man im Winter sofort an den farbenprächtigen Jungtrieben, im Herbst dagegen an den sattgelben Blättern, wie sie die Standardform nie zuwege bringt. Es sind ein paar Exemplare von über 20 m × 80 cm bekannt, häufiger sind aber jüngere und kleinere Bäume anzutreffen.

Manna-Esche, Blumen-Esche *Fraxinus ornus*
Die Manna- oder Blumenesche gehört zu jener Gruppe von Eschenzüchtungen, deren Blüten stark duften und Petalen besitzen. Sie stammen, mit einer Ausnahme, alle aus Asien, die Manna-Esche dagegen ist in Südeuropa verbreitet. Schnellwüchsige Art, die jedoch relativ kurzlebig ist. Die meist 7, eiförmig-länglichen, unregelmäßig gesägten Fiederblättchen sind oberseits dunkelgrün, unterseits heller gefärbt.
Obwohl aus sehr frischen Samen Keimlinge wachsen, wird sie im allgemeinen auf eine Gemeine Esche gepfropft, und fast alle Exemplare, die man antrifft, sind auf diese Weise entstanden. Bei vielen sieht der Übergang an der 2 m hoch gelegenen Pfropfstelle ausgesprochen häßlich aus; bei denjenigen Bäumen, die in weniger als 30 cm Höhe behandelt wurden, treibt der Wurzelstock oftmals starke Seitentriebe an der Basis. Im Winter kann man diese Art daran erkennen, daß an der Nahtstelle die Rindenstruktur von kreuzweise gerippt zu glatt übergeht; weitere Merkmale sind ihre breite, kuppelförmige Krone und die braunen Knospen. Die weißlich-gelben Blüten öffnen sich um Mitte Juni herum. Ihr Duft ist süßlich; er erinnert an verstaubte Polstermöbel und ist nicht jedermanns Sache. Der Stamm scheidet einen süßen Saft, das sogenannte Manna, aus, das als mildes Abführmittel verwendet wird.

Chinesische Blüten-Esche *Fraxinus mariesii*
Möglicherweise die schönste aller Eschenarten, deren Heimat China ist. Diese meist nur kurzlebige Rarität ist ein Baum für Sammler und botanische Gärten. Die Stelle, an der die meist 3 Fiederblättchen am Hauptblattstiel ansitzen, weist eine purpurrote Färbung auf; die Blüten besitzen rosarote Staubbeutel. Über den ganzen Sommer hinweg sind die Früchte der Chinesischen Blütenesche purpurrot gefleckt.

Manna-Esche

Gemeine Esche

'Pendula'

Manna-Esche

Blüten

Chinesische Blüten-Esche

'Diversifolia'

Verschiedene
Blattformen

Gemeine Esche

'Jaspidea'

Schmalblättrige Esche *Fraxinus angustifolia*

In den küstennahen Zonen des westlichen Mittelmeerraumes natürlich vorkommender, bis 23 m hoch werdender Baum mit hoher, unregelmäßig aufgebauter Krone und dichtbelaubten, teils aufrechten, teils weit ausladenden Ästen. Bei uns wird die Art recht selten angepflanzt; gelegentlich trifft man sie in Arboreten oder alten Parks an. Beinahe alle größeren Bäume wurden auf die Gemeine Esche gepfropft, und man kann eindeutig erkennen, ob dies in Bodennähe oder in 2 m Höhe vorgenommen wurde: Die Nahtstelle ist oft dick geschwollen, was darauf zurückzuführen ist, daß das Transplantat schneller als der Wurzelstock wächst; die relativ glatte, hellgrau gefurchte Rinde geht an dieser Stelle in eine sehr rauhe, knorrige, mit einem dichten Netzwerk feiner Risse und Leisten ausgestattete, fast schwarze Rinde über. Sehr attraktiv macht sich vor dieser das hellgrüne, glatte Laub aus. Blätter schlanker als die der Gemeinen Esche, 15–20 cm lang, mit 7–13 lanzettlichen, entfernt und scharf gesägten, 3–8 cm großen Fiederblättchen. Die männlichen Blüten bilden dichte Büschel. Blütezeit Mai. Hierzu mehrere Gartenformen:

Fraxinus angustifolia 'Veltheimii'

Früher wurde sie eindeutig als die einblättrige Form der Schmalblättrigen Esche angesehen; da bei ihr mitunter jedoch die rauhe Rinde fehlen kann, bestehen hinsichtlich ihres Ursprungs mittlerweile einige Zweifel. Normalerweise weist sie eine dunkle, knorrige Rinde auf und unterscheidet sich von der einblättrigen Form der Gemeinen Esche durch braune Knospen und dichte Zweige, aber auch durch das völlige Fehlen einer unterseitigen Blattbehaarung – recht auffällige Merkmalsabweichungen, die bei der Bestimmung sommers wie winters hilfreich sind.

Kaukasus-Esche *Fraxinus angustifolia* var. *oxycarpa*

Seltene Zierform der Schmalblättrigen Esche, die im östlichen Mittelmeerraum und in Kleinasien beheimatet ist. Einmalig schöner Baum mit einer dichten Kugelkrone und hellgrünen, elegant geformten Blättern an hellgrau glänzenden Zweigen.

Fraxinus angustifolia 'Raywood'

1925 aus Australien importierte, mittlerweile häufig anzutreffende, raschwüchsige Form mit schlanker Krone und meist zu dritt in Wirteln stehenden Blättern. Im Sommer den anderen Gartenformen an Schönheit ebenbürtig, wird sie in erster Linie ihrer purpurnen Herbstfärbung wegen gepflanzt. Allerdings ist diese Färbung kein zuverlässiges Bestimmungsmerkmal, da der Farbton zuweilen in ein düsteres, an Blutbuchen erinnerndes Dunkelbraun umschlagen kann.

Weiß-Esche *Fraxinus americana*

Bis 26 m hoher Baum mit fein und tief rissiger, in sehr kleine, kurze, graue Leisten zerteilter Rinde, dessen natürliches Verbreitungsgebiet sich von Neuschottland bis nach Texas erstreckt. Die Pflanze liefert ein qualitativ hochrangiges Nutzholz und ist bodentoleranter als die einheimische Esche. Die weiße oder leicht silbrige Blattunterseite des Laubes variiert ebenso wie die Stärke der – unter Umständen auch fehlenden – Blättchenzähnung, doch sind die 1–1,5 cm langen Stielchen und die grannig zugespitzte Blättchenform gute Bestimmungshilfen. Blüten und Früchte sehr ähnlich denen der Gemeinen Esche. In Amerika zeigen die Blätter im Herbst eine hübsche Mischung aus hellem Orange und dunklem Purpur, eine Färbung, die bei uns nur selten erreicht wird.

Oregon-Esche *Fraxinus latifolia*

Wertvoller Nutzholzbaum, der von der kanadischen Grenze der Westseite der Rocky Mountains entlang bis nach Südkalifornien vorkommt. Die Triebe und Blätter dieser Art sind mit weichen, dichten Härchen bewachsen, die Blätter fast ungestielt.

Rot-Esche *Fraxinus pensylvanica*

In feuchten Wäldern des östlichen Nordamerika beheimateter, zweihäusiger, bis etwa 25 m hoch werdender Baum mit rundlich gewölbter Krone und gefurchter, rötlich-brauner Rinde. Zweige und Blattstiele behaart, Knospen rotbraun. Die 5–9 Fiederblättchen sind lanzettlich- bis länglich-elliptisch geformt, 8–14 cm lang, oberseits hell- und unterseits blaugrün. Die unter dem Namen

Grün-Esche *Fraxinus pensylvanica* var. *lanceolata*

bekannte Varietät besitzt dagegen kräftigere, glattere, hellgrüne Zweige und größere, dickere Blätter. Anfang Oktober zeigt sie eine kurze, aber sehr intensive Goldfärbung des Laubes. Sowohl Rot- als auch Grün-Esche sind entweder rein männlich oder rein weiblich.

Steinlinde (*Phillyrea*)

Immergrüne Bäume oder Sträucher mit gegenständigen, kurzgestielten, ganzrandigen oder gezähnten Blättern und kleinen, weißen Blüten. Vier Arten im Mittelmeerraum.

Breitblättrige Steinlinde *Phillyrea latifolia*

Im Mittelmeergebiet auf steinigen, sonnigen Hängen, an Felsen und in der Macchie häufig anzutreffender, bis 5 m hoher Strauch mit runder, dichter Krone, dunkelgrauer Rinde und eiförmig-elliptischen, 2–6 cm langen, oberseits stark dunkelgrün glänzenden, unterseits heller gefärbten Blättern.

Rinde

Oregon-Esche

Männliche Blüten

Weibliche Blüten

Grün-Esche

Rot-Esche

Schmalblättrige Esche

'Veltheimii'

'Veltheimii'

'Raywood'

Kaukasus-Esche

Weibliche Blüten

Weibliche Blüten

Weiß-Esche

Männliche Blüten

Schmalblättrige Esche

Weiß-Esche

Familie Bignoniengewächse (Bignoniaceae)

Trompetenbaum (*Catalpa*)

10 Arten umfassende Gattung in Nordamerika, Westindien und Ostasien beheimateter, sommergrüner Bäume mit großen, gegen-oder zu dritt quirlständigen, ganzrandigen, gelegentlich 3lappigen Blättern und Blüten in endständigen Rispen oder Trauben. Alle nachfolgend aufgeführten Arten bevorzugen einen weiträumigen Standort in sonniger Lage und gute, am besten lehmige Böden. Anzucht aus Samen.

Gewöhnlicher Trompetenbaum *Catalpa bignonioides*
Bis 20 m hoher, laubwerfender Baum, der eine niedrige, breit ausladende Krone und eine matt graubraun gefärbte, fein schuppige, anfangs wenig gefurchte, später rissige und breit gefelderte Rinde besitzt. Blätter herz- bis eiförmig, kurz zugespitzt, am Rande oft gewellt oder sehr leicht gebuchtet, oben hellgrün, unten dicht flaumhaarig. Blüten in großen Trauben von 15–20 cm Länge, Einzelblüte weiß und gelb-rötlich gesprenkelt, bis 5 cm breit. Frucht eine schlanke, 15–40 cm lange, 6–8 mm dicke Kapsel, die während des Winters an den Zweigen haftet.

Die Zierform **'Aurea'** (*Catalpa bignonioides* 'Aurea') ist durch zierlicheren Wuchs und heiklere Konstitution gekennzeichnet: Nur eingeschränkt verträgt sie direkte Sonnenbestrahlung, da diese die Blätter versengen kann. Die Blätter des Austriebes sind goldgelb, vergrünen jedoch allmählich im Laufe des Jahres.

Westlicher Trompetenbaum *Catalpa speciosa*
In ihrer Heimat werden Exemplare dieser Art nicht selten 30 m hoch; ihre Krone ist kegelförmig-pyramidal ausgerichtet. Bei uns findet man die Art häufig auf einen gewöhnlichen Trompetenbaum aufgepfropft. An der Pfropfstelle geht die braune, schuppige Rinde des Wurzelstocks in eine weidenähnlich aussehende, dunkelgraue, tief gefurchte Rinde über, an der man diese Art im Winter am sichersten bestimmen kann. Die Blätter weisen an der Basis zwar keine einheitliche Form auf (sie ist entweder herz- oder breit keilförmig), können aber von denen des Gewöhnlichen Trompetenbaumes anhand der flaumigen Härchen unterschieden werden, die sich zuerst an den Blattstielen zeigen.

Hybrid-Trompetenbaum *Catalpa × erubescens*
1874 in einer Pflanzenschule in Indiana gezüchtet, ist sie eine Kreuzung zwischen dem Gewöhnlichen und dem Gelben Trompetenbaum; ihr Vorkommen ist stets lokal sehr begrenzt. Sie besitzt eine dunkelgraue, weidenähnlich gefurchte Rinde und riesige, bis zu 38 × 33 cm große, schwach 3- oder 5spitzig gelappte Blätter, deren anfängliches Purpurrot sich später in ein durchscheinendes Hellgrün umwandelt.

Gelber Trompetenbaum *Catalpa ovata*
In China beheimatete, seltene Art mit dunkleren Blättern als alle übrigen Arten. Ihre kleinen Blüten weisen einen ganz leichten Stich ins Gelbe auf.

Farges Trompetenbaum *Catalpa fargesii*
Außerordentlich seltene Art mit sehr kleinen, eiförmigen Blättern, der ihrer fantastischen Blüte wegen stärkere Aufmerksamkeit gezollt werden sollte. Die ausgesprochen dünnen, nur 3–4 mm langen Früchte können bis zu 50 cm lang sein.

Familie Braunwurzgewächse (Scrophulariaceae)

Paulownie (*Paulownia*)

Gattung mit etwa 10 Arten, die alle in China und Japan natürlich verbreitet sind und große, gegenständige, langgestielte Blätter sowie röhrige Blüten in endständigen Rispen besitzen.

Paulownie *Paulownia tomentosa*
Leider sind Paulownien sehr kurzlebig, denn blühend gehören sie zu den schönsten und anmutigsten Pflanzen, die unsere Gärten und Parks beleben. Im Spätsommer sprießen an den Enden der Triebe die Blütenknospen, die braunbehaart überwintern und im darauffolgenden Mai prachtvoll blaßviolett bis purpurblau aufgehen. Die Früchte sind anfangs glänzend und sehr klebrig, später holzig. Bei ausgewachsenen Exemplaren werden die Blätter bis zu 35 cm lang.

Paulownie

Gewöhnlicher
Trompetenbaum

Westlicher
Trompetenbaum

Hybrid-Trompetenbaum

Farges Trompetenbaum

Gelber Trompetenbaum

Gewöhnlicher Trompetenbaum

Breitblättrige Steinlinde

'Aurea'   Gewöhnlicher Trompetenbaum   Breitblättrige Steinlinde

Familie Ginkgogewächse (Ginkgoaceae)

Die einzige Art *Ginkgo biloba* ist die letzte Überlebende einer Pflanzenordnung, die vor 200–140 Millionen Jahren die Wälder der Jura- und der Kreidezeit beherrschte. Der Ginkgobaum steht zwischen Laub- und Nadelbäumen: Einerseits wirft er im Winter sein blattförmiges Laub ab, andererseits erfolgt die Fortpflanzung wie bei den Farnen über im Wasser treibende, frei bewegliche Sporen. Bis zum Beginn der Eiszeit gab es in Europa mindestens eine Art. Fossile Funde aus Lehmschichten des Eozäns belegen immer wieder, daß vor 50 Millionen Jahren Ginkgos bei uns heimisch waren. Schon vor 1000 Jahren oder noch früher gelangte der Ginkgo dann nach Japan und China, wo er in unberührten Wäldern chinesischer Klöster überlebte und erst 1960 von dem deutschen Reisenden Kämper wieder nach Europa gebracht wurde. Exemplare aus dieser Zeit sind in Utrecht (NL) und Kew Garden (GB) zu sehen.

Der Ginkgo erreicht ein gewaltiges Alter, sein einzelner oder mehrfacher Stamm im Normalfall eine Größe von über 30 m. In Korea steht ein Baum mit einer Höhe von 70 m und 400 cm Durchmesser. Auch für Europa bringt diese winterharte, zweihäusige Art mangels natürlicher Feinde (Insekten, Pilze) gute Voraussetzungen mit.

Ginkgo, Fächertanne *Ginkgo biloba*

Der Ginkgo liebt trotz seiner Winterhärte im Sommer viel Wärme. Größe und Anzahl nehmen deshalb in kälteren Gebieten stetig ab. Die männlichen Bäume mit ihrer schmal-kegeligen Krone werden in einigen amerikanischen Gebieten gerne als Straßenbäume gepflanzt, wofür die unten weitausladenden, unregelmäßig wachsenden weiblichen Bäume nicht geeignet sind. Auch der sehr unangenehme Geruch beim Zerquetschen der 2–3 cm großen pflaumenartigen Früchte, zur Reifezeit mit gelblichem oder grau-grünem fleischigem Mantel, mag dafür ein Grund sein.

Die hell-graubraune Rinde ist grob gefurcht und breit netzförmig zerrissen. Die Zweige stehen weit ab, die jungen Spitzensprosse hängen leicht. Langtriebe grünlich-braun mit entfernt stehenden Blättern; Kurztriebe braun mit büschelig stehenden Blättern, die weniger tief gelappt sind als die Langtriebblätter. Die anfangs goldgelben Blätter sind weich, fächerförmig, mit gabelig verzweigter Blattnervatur und bis 12 × 10 cm groß; der oberseits rinnige Blattstiel 1–5 cm lang. Mit der Zeit werden sie grün und ledrig und fallen im Herbst ab.

Die männlichen Blüten sind dicke, 6–8 cm lange, gelbliche Kätzchen, zu jeweils 4–6 an den Kurztrieben. Weibliche Blüten grün, einzeln oder paarig auf ca. 2,5 cm langen Stielen. Blütezeit: März bis April. Die Zapfen sind länglich und oben zugespitzt. Die Anzucht von schönen Bäumen gelingt nur aus Samen.

Schilderhaus-Ginkgo *Ginkgo biloba* 'Fastigiata'

Selten, mit senkrechtem, dichtem Wuchs und schönem, gelbem Herbstlaub.

Familie Steineibengewächse (Podocarpaceae)

Steineiben (*Podocarpus*)

In Südamerika, Afrika, Asien und Indonesien heimische Arten. Sie besitzen sehr variable Blätter, meist sind sie breit-nadelförmig oder schmal-blattförmig, unten häufig mit weißen Streifen. Die Samen sind von einem gelegentlich farbigen, meist aber grünem Fruchtfleisch, dem Arillus, umgeben und sitzen häufig auf einem verdickten Stiel wie auf einem Fuß (wissensch. Name!). Steineiben sind immergrüne, ein- oder zweihäusige Bäume. Ihre männlichen Blüten sind hellgelb, stehen einzeln, 2–5-büschelig oder in lockeren Ähren an blaugrünen Stielen. Die weiblichen Blüten bilden Kätzchen mit fleischigen Schuppen und Blütenstiel. Steineiben lassen sich in Heide- oder Wiesenmoorerde, die mit mildem Wiesenlehm gemischt ist, kultivieren und durch Stecklinge vermehren.

Pflaumen-Steineibe, Chilenische Steineibe *Podocarpus andinus*

Aus Südchile stammende, oft buschige, manchmal mehrstämmige, aber auch einstämmig bis zu 20 m Höhe heranwachsende Art mit glatter, schwarzer Rinde. Die zahlreichen Äste mit schlaffer Spitze tragen bläulich-grüne, nervlose Blätter von schmaler, nadelähnlicher Form und zurückgebogenen Rändern. Die grünen Früchte hängen in Bündeln von 2–6 zusammen, jede Frucht mit fast weißen, erhabenen Punkten.

Weiden-Steineibe *Podocarpus salignus*

Der ebenfalls in Chile beheimatete Baum kann bei uns eine Größe von 20 m × 60 cm erreichen und vermehrt sich in klimatisch günstigen Gegenden selbständig durch Samen. Die fransige, orangebraune Rinde löst sich in purpurfarbenen Fetzen ab. Die Blätter können bis zu 12 cm lang werden.

Pflaumen-Steineibe

Weibliche Blüten

Männliche Blüten

Weiden-Steineibe

Frucht

Junge männliche Kätzchen

Weibliche Blüten

Blatt eines alten, schwachen Zweiges

Ginkgo

Schilderhaus-
Ginkgo

Familie Eibengewächse (Taxaceae)

Eibe (*Taxus*)

Die Eiben sind weitaus primitivere Nadelbäume als die zapfentragenden Arten. Die 6 Eibenarten sind immergrün und wachsen häufig auch in Strauchform. Ihre unregelmäßigen Äste sind überwiegend aufrecht gestellt und tragen meist zweizeilig stehende, bis 42 mm lange Nadelblätter. Ihre beerenähnlichen Früchte bestehen aus einem großen Samen, der von einem fleischigen, roten Samenmantel umgeben ist. Samen und Nadeln sind für den Menschen giftig. Eiben sind durchwegs zweihäusige Bäume mit extrem zähem und dauerhaftem Holz. In dieser Hinsicht übertreffen sie sogar die meisten Harthölzer.

Gemeine Eibe *Taxus baccata*
Beheimatet in Europa, Nordafrika, Asien und Nordamerika. Ihre erstaunliche Resistenz gegen Schädlinge und Krankheiten, gegen Wind, Trockenheit und Kälte, macht sie zu unserem langlebigsten einheimischen Baum. Das Alter starker Bäume übertrifft meist die kühnsten Erwartungen, da Eiben je nach Standort oft nur minimales Dickenwachstum aufweisen. Es wurden an einem 28 cm dicken Stamm schon 310 Jahresringe gezählt! Wahrscheinlich gibt es mehr tausendjährige Eiben als ebenso alte Eichen, das Alter mancher Exemplare muß in Jahrtausenden gerechnet werden.
Die bis zu 20 m hohen Bäume mit meist mehreren, manchmal hohlen Einzelstämmen besitzen aufstrebende, abstehende oder überhängende Äste. Ihre rotbraune Rinde ist tief gerippt und hinterläßt nach dem Abfallen dunkelrote Stellen. Das elastische und sehr witterungsbeständige Holz wurde früher für Armbrüste und Bögen verwendet. Die 3 cm langen Nadeln sind 2–2,5 mm breit, stehen zweizeilig oder spiralig, sind kurzgestielt und beiderseits dunkelgrün. Die zahlreichen und kugeligen männlichen Blüten stehen einzeln, achselständig, fast sitzend. Auch die weiblichen Blüten, einblütige Kätzchen, sitzen achselständig und sind von dachziegelartigen Schuppen gestützt, deren obere einen Becher bilden. Sie werden später fleischig beerenförmig und schließen den eiförmigen Samen ein, bleiben aber am Scheitel offen. Die Färbung der Samenhülle ist zunächst grün und geht dann in ein leuchtendes Rot über, sie ist ungiftig.
Die Eibe verträgt so ziemlich jede Art von Boden, nur gegen Überschwemmung ist sie empfindlich. Am besten gedeiht sie in schattigen oder halbschattigen Lagen und auf kalkhaltigem Boden. Die Anzucht ist aus Samen und Stecklingen möglich. Man kennt eine unglaubliche Anzahl an Zierformen, von denen die folgenden nur eine kleine Auswahl darstellen:

Taxus baccata 'Adpressa'
Weibliche Zuchtform mit breitem Wuchs, meist strauchig oder mit einem Hauptstamm von mäßiger Größe. Die 2–4 mm breiten, elliptischen Nadeln werden nur 12 mm lang und stehen sehr dicht. Nur manchmal entfalten sie sich ziemlich spärlich.

Taxus baccata 'Adpressa Variegata'
Diese gelbbunte Form wird nur ca. 2 m hoch. Ihre Nadeln sind an den Rändern gelb, sonst glänzend grün.

Säuleneibe, Irische Eibe *Taxus baccata* 'Fastigiata'
Eine irische Zuchtform mit recht individuellem Wuchs, die häufig in Alleen zu finden ist. Sie ist weiblich, hat senkrecht ausgerichtete Zweige und sehr dunkle, rings um die Triebe stehende Nadeln.

Goldene Säuleneibe *Taxus baccata* 'Fastigiata Aurea'
Empfindlichere Zuchtform mit Säulenwuchs und gelber Belaubung.

Bunte Säuleneibe *Taxus baccata* 'Fastigiata Variegata'
Eine Zuchtform ebenfalls mit Säulenform, aber die Nadeln sind heller grün und schmal, mit gelblichweißem Rand.

Dovaston-Eibe *Taxus baccata* 'Dovastoniana'
Zuchtform mit kräftigen, waagerecht ausladenden Ästen, von denen die Benadelung vorhangartig herabhängt. Vor allem in Parks mit viel Platz treibt die Dovaston-Eibe stark in die Breite aus.

Gelbfrüchtige Eibe *Taxus baccata* 'Lutea'
Kulturform mit gelben Früchten.

Chinesische Eibe *Taxus celebica*
Die in Mittel- und Westchina beheimatete Art wächst ähnlich unserer einheimischen baumartig, besitzt aber zweizeilig stehende, blaßgrüne und kurz zugespitzte Nadeln.

Japanische Eibe *Taxus cuspidata*
Heimat Japan. Baumartige Eibe mit aufrechtem, anfangs ausladendem, buschigem Wuchs. Die meist bis 2,5 cm langen, zugespitzten Nadeln stehen zweizeilig, auffällig nach oben gebogen, an den Ästen. Ihre Oberseite ist tiefgrün, die Unterseite gelblichgrün. Die Beeren erscheinen in blassem Rot.

Zäpfchen

Männliche Blüten

Prinz-Albert-Eibe

Goldene Säuleneibe

Dovaston-Eibe

Weibliche Blüten

Bunte Säuleneibe

Männliche Blüten

Gelbfrüchtige Eibe

Chinesische Eibe

Mannliche Blüten

'Adpressa Variegata'

Japanische Eibe

'Adpressa'

Gemeine Eibe

Männliche Blüten

Gemeine Eibe

Säuleneibe

Nußeibe (*Torreya*)

Die Gattung umfaßt 4 Arten; ihr deutscher Name ist auf die nußartige Form der Früchte zurückzuführen. Nußeiben sind zweihäusige, ein- bis mehrstämmige, immergrüne Bäume, deren Äste streng quirlig stehen.

Stinkeibe, Kalifornische Nußeibe *Torreya californica*

Die Stinkeibe verdankt ihren Namen dem öligsauren, salbeiähnlichen Duft, der beim Zerreiben der hellgrünen, 3–6 cm langen Nadeln verströmt. Die Nadeln sind kurzstielig, oberseits mit zwei Furchen versehen und stachelartig zugespitzt. Diese Nußeibe wird in günstigem Klima und auf dem von ihr bevorzugten Kalkboden etwa 20 m × 100 cm groß. Ihre Rinde besteht aus einem flachen Netzwerk von hellgrauen Leisten. An den waagerechten Ästen der spitz zulaufenden, kegelförmigen Krone hängen in Reihen die Triebe. Die weiblichen Blüten stehen in einem spiraligen Blütenstand, nur die Endschuppe trägt eine Blüte. An den männlichen Kätzchen sind die halbkreisförmig verwachsenen Staubblätter auffällig. Die 3–4 cm dicken Früchte sind nur wenig fleischig, zuerst grün und mit zunehmender Reife weinrot bis graubraun gestreift.

Japanische Nußeibe, Japanische Muskatnuß *Torreya nucifera*

Eine hagere, schlanke Verwandte der Stinkeibe ist die seltene Japanische Nußeibe, die maximal 14 m hoch wird. Im Gegensatz zur Stinkeibe besitzt sie eine rotbraune Rinde, ihre glänzend dunkelgrünen, unterseits bläulich-weißen Nadeln sind mit 2–3 cm kürzer, und ihre rötlich-braune, unangenehm riechende Steinfrucht ist kleiner.

Familie Kopfeibengewächse (Cephalotaxaceae)

Kopfeiben (*Cephalotaxus*)

Alle 5 der in Japan und China heimischen Kopfeiben-Arten sind zweihäusige Bäume oder Sträucher mit streng quirlig stehenden Ästen und Zweigen. Ihre nadelförmigen Blätter werden zwischen 20 und 80 mm lang und tragen unterseits zwei weiße Streifen. Die männlichen Blüten sind achselständig und zu mehreren in kugeligen Köpfchen; die weiblichen, eiförmigen Kätzchen befinden sich meist zu dritt an den Zweigenden, jeweils mit spiralig angeordneten Fruchtschuppen, die je 2 Samen tragen. Der steinfruchtartige Samen wird 2–3 cm groß. Kultur in geschützten Lagen unter Bäumen, kälteempfindlich.

Japanische Kopfeibe, Kopfeibe
Cephalotaxus harringtonia var. *drupacea*
Die Japanische Kopfeibe bildet einen breiten Busch von intensiv

grüner Farbe. Da alle ihre Nadeln im selben Winkel nach oben gerichtet sind, wird die breite, hell silbrig-grün gebänderte Unterseite sichtbar. Die ledrigen Nadeln laufen sehr spitz zu; die kugeligen weiblichen Blüten finden sich zu zwei Paaren an jedem Triebansatz, die knopfähnlichen männlichen Blüten paarweise in den Blattachseln.

Chinesische Kopfeibe *Cephalotaxus fortuni*
Auch die Chinesische Kopfeibe ist ein Strauch, der vielstämmig mit einer wuchernden Hängekrone bis zu 9 m heranwächst. Die rotbraune Rinde zeigt grobe, purpurartig gefärbte Schuppen, die sich in Fetzen ablösen.

Familie Araukariengewächse (Araucariaceae)

Araukarie (*Araucaria*)

Araukarien bilden 12 Arten mit immergrünen, hohen Bäumen, die Blätter, Schuppen oder Nadeln tragen können und meist zweihäusig sind. Die männlichen Blüten stehen einzeln oder büschelig, die weiblichen Kätzchen besitzen Fruchtschuppen mit nur einem Samen.

Chilenische Araukarie, Andentanne
Araucaria araucana (*A. imbricata*)
Die Chilenische Araukarie stammt aus einem kleinen Gebiet rings um den Andenvulkan Llaima beiderseits der chilenisch-argentinischen Grenze.
Männliche Araukarien wachsen geradstammig mit stumpfkegeliger Krone zu einer Höhe von 20–30 m heran. Stamm und Äste können von Resten der Schuppenblätter bekleidet bleiben. Die langen, krummen Äste und Zweige sind ein idealer Nistplatz für ganze Vogelkolonien und ein vorzügliches Brennmaterial, das mit großer Hitze langsam und gleichmäßig verbrennt und wenig Asche hinterläßt. Die Blätter sind ledrig steif, 3–5 cm lang und laufen spitzig zu.
Die ca. 20 × 15 cm großen Zapfen enthalten nach zweijähriger Reife mehr als 100 der 3 cm langen Samen, aus denen ein dornblättriger Trieb hervorwächst.

Norfolk-Tanne, Zimmertanne *Araucaria heterophylla* (*A. excelsa*)
Die Norfolk-Tanne stammt von den Norfolk-Inseln nördlich von Neuseeland und kommt in warmen Regionen weit verbreitet vor, wo sie zu einer Höhe von 30 m, manchmal bis zu 65 m, heranwächst. Mit ihren waagerechten Ästen, den wechselständigen Zweigen und den steifen, grünen Blättern ist sie von unverwechselbarer Gestalt. Als Zimmerpflanze liebt sie kühle Plätze, nährstoffreiche Erde mit einem Zusatz von lehmigem Sand und läßt sich über Kopfstecklinge vermehren.

Japanische Nußeibe

Stinkeibe

Chinesische Kopfeibe

Männliche Blüten

Weibliche Blüten

Chilenische
Araukarie

Japanische Nußeibe

Japanische Kopfeibe

Stinkeibe

Männliche
Blüten

Chilenische
Araukarie

Norfolk-Tanne

Junge Nadeln

Chinesische Kopfeibe

Norfolk-Tanne

Japanische Kopfeibe

Junge Chilenische Araukarie

Familie Tannen (Pinaceae)

Tanne (*Abies*)

Vom Laien häufig nur schwer auseinandergehalten, lassen sich Tannen und Fichten jedoch relativ leicht schon beim ersten Eindruck unterscheiden. Tannen fühlen sich ledrig glatt an, haben dornenartige Nadeln mit unterseits meist silbrig-weißen Längsstreifen und aufrecht stehende Zapfen, die noch am Baum zerfallen und die Zapfenspindel alleine übriglassen. Fichten sind dagegen schuppig rauh mit stets hängenden und als abfallenden Zapfen. Ein Blick auf den Boden genügt also im Prinzip.

Tannen sind durchwegs immergrüne, einhäusige, schön gerade wachsende Nadelbäume, die zu ca. 50 verschiedenen Arten gehören. Ihre Nadeln stehen zerstreut bis streng zweizeilig, sind über 2 cm lang und hinterlassen beim Abfallen eine runde Narbe. Die männlichen Blüten stehen einzeln in den Achseln höhergelegener Nadelblätter und werden von schuppigen Deckblättchen gestützt. Die weiblichen Kätzchen stehen einzeln und endständig.

Weißtanne *Abies alba*
Der in ganz Mittel- und Südeuropa verbreitete, weißgrau und glatt berindete Baum kann bei uns 55 m hoch werden. Es existieren einige prächtige, natürliche Vorkommen an den Nordhängen der Pyrenäen, wo die Weißtanne reine Bestände bildet, aber auch im Osten Frankreichs, wo sie zusammen mit Buchen steht. In unberührten Wäldern sprießen die Keimlinge in gewaltigen Mengen, die im Dämmerlicht des dichten Waldes während der ersten 20 Jahre jedoch nur sehr langsam wachsen. Alte Bäume haben, wenn sie einzeln stehen oder genügend Abstand voneinander haben, in der Regel viele starke Äste, die schon dicht beim Stamm steil aufwärts gebogen sind und mit dem Hauptstamm wetteifern. Die flachen Nadeln treiben recht zeitig, werden bis 3 cm lang und stehen meist zweizeilig, so daß die Zweige also ganz flach erscheinen. Wie bei den meisten Tannen reifen die Zapfen nur an den obersten Zweigen, welche alle Jahre dichte Reihen schlanker, hellgrüner Früchte tragen.
In Anzuchtbeeten zeigen sie die Tendenz zur Bildung langer, waagerechter Seitenäste, bis sie nach 3–4 Jahren, wenn die Leittriebe zu dominieren beginnen, in Reihen umgepflanzt werden.

Griechische Tanne *Abies cephalonica*
Sie ist eine der wenigen Tannenarten, die sich eher stachelig als weich anfühlen, da die harten, dornig zugespitzten, dunkelgrün glänzenden Nadeln rings von den Zweigen abstehen. In trockenen Gegenden und auf Kreide- oder kalkhaltigen Böden gedeiht diese meist nur bis 20 m hohe Tanne aus den Gebirgen Griechenlands und der Ionischen Inseln besser als die meisten anderen, jedoch schlägt sie früh im Jahr aus, und an frostgefährdeten Standorten macht der Baum viele Jahre lang kaum Fortschritte. Die größten Exemplare stehen in den feuchtkalten nördlichen Regionen.

Die Jungbäume sind breitkegelig und robust, die meisten von ihnen bekommen mächtige Äste und eine ausladende Krone; es gibt aber auch welche, die auf einem beeindruckenden Stamm eine schlanke und schwächer beastete Krone entwickeln. Die Bildung der manchmal bis 20 cm großen, harzreichen Zapfen ist oft sehr stark und kann dazu führen, daß die oberen Äste unter ihrem eigenen Gewicht abbrechen. Die neuen Triebe entfalten sich in leuchtendem Hellgrün, sind aber zum Jahresende und besonders im zweiten Jahr tieforange, was zusammen mit den strahlig angeordneten Nadeln das Bestimmen dieser Art erleichtert. Ein weiteres, nützliches Merkmal ist auch die anfangs blaßorange bis rötliche, später graubraune und mit ganz feinen, schwarzen Rissen versehene Rinde.

Algier-Tanne, Numidische Tanne *Abies numidica*
Noch gibt es Restvorkommen von Kleinasien über Sizilien bis Spanien. Eine winzige Population hat auf dem Mount Babor in Algerien überlebt; die auf dem sizilianischen Monte Scalone ist auf ganze 21 Exemplare zusammengeschrumpft. Erst 1861 entdeckt, wächst sie für eine Weißtanne in trockenen Gegenden und auf Kalkboden ungewöhnlich gut, verträgt aber auch kühle und feuchte Sommer.
Bis auf ganz wenige Ausnahmen besticht sie durch ihren schön regelmäßigen, kegelförmigen Wuchs mit glatter, erst später rotgrauer, rissiger und rundliche Schuppen bildender Rinde und die kleinen, fast waagerechten Äste. Bei manchen wuchskräftigen Exemplaren findet man starke Zweige, deren Benadelung dichter ist als bei allen anderen Tannen, und die Nadeln der inneren Reihen sind kurz, hart und breiter als lang. Auch die beiden auffälligen, weißen Streifen auf der Oberseite sind ungewöhnlich.

Spanische Tanne *Abies pinsapo*
Sie kommt nur in ein paar kleinen Gruppen in der Gegend von Ronda in der Sierra Nevada natürlich vor. Der botanische Name »pinsapo« leitet sich von Pinus saponis (»Seifenkiefer«) ab, denn die im Wasser zerriebenen Triebe ergeben ein gutes Reinigungsmittel. Diese Tanne wächst viele Jahre lang auf trockenem, kalkreichem Boden, wird aber dürr und zeigt viele abgestorbene Äste und eine verunstaltete Spitze. Jedoch belegen die vielen unterschiedlichen Wuchsorte ihre Anpassungsfähigkeit.
Obwohl sie in jungen Jahren meist eine recht hübsche, rundkronige Wuchsform besitzt, entwickeln sich oft die unteren Äste sehr stark, biegen sich nach oben und wollen so dem Hauptstamm Konkurrenz machen. Solche Bäume haben nur einen kurzen astfreien Stamm von etwa 1,2 m Dicke und werden selten höher als 25 m. Die schön gleichmäßig um den Zweig verteilten Nadeln sind nicht einheitlich blau, die Farbskala reicht von einem tiefen Blaugrün über das gewöhnlichere Hellgrau bis zu einem ganz hellen Blaugrau; dieser letzte Farbschlag kann als var. *glauca* bezeichnet werden. Die aufrechten Zapfen werden bis zu 15 cm lang.

Griechische Tanne

Algier-Tanne

Spanische Tanne

Weiße Blüten

Männliche Blüten

Weißtanne

Zapfen

Zapfenspindel

Samen

Spanische Tanne

Algier-Tanne

Weibliche Blüten

Weißtanne

Männliche Blüten

Zapfen

Weißtanne

Weibliche Blüten

Männliche Blüten

Zapfen

Griechische Tanne

Riesentanne, (Große) Küstentanne *Abies grandis*

Die Riesentanne erstreckt ihr natürliches Verbreitungsgebiet vom Süden Britisch Kolumbiens bis Nordkalifornien, wo sie eine Höhe von 90 m erreicht. Östlich des Kaskadengebirges ist sie oft in reinen Beständen anzutreffen, die jedoch klein bleiben.

Der jährliche Zuwachs ist mit 150 cm zunächst enorm, und das bleibt er zumindest in geschützten Tallagen im feuchtkühlen Klima. Dort erreicht die graubraun berindete Riesentanne im allgemeinen eine Höhe von über 50 m, trägt glänzend dunkelgrüne, an der Spitze abgestumpfte Nadeln und mit max. 9 cm relativ kurze Zapfen. Irgendwann wächst sie aber unweigerlich aus ihrem Schutz heraus, und es kann leicht passieren, daß der Wipfel von Stürmen zerzaust oder sogar abgerissen wird. In Gegenden mit hohen Niederschlagsmengen und kühlen Sommern ist dieser Schaden bald verheilt, und der Baum schlägt mit 4–5 Leittrieben wieder aus. Wo aber im Sommer trockene Winde vorherrschen, ist der Höhenzuwachs gering, sie entwickelt sich buschig und beginnt abzusterben. Trotzdem ist sie in der Forstwirtschaft geschätzt, da sie rauhes Klima gut verträgt.

Santa-Lucia-Tanne, Grannentanne *Abies bracteata* (*A. venusta*)

Ihr natürlicher Standort sind einige kleine Wälder in den Santa-Lucia-Bergen südlich von San Francisco an der kalifornischen Küste. Es handelt sich dabei um eine heiße, trockene und im Sommer regenlose Hügellandschaft, wo die Bäume allerdings in Schluchten und neben Bächen wachsen und so etwas vom sommerlichen Küstennebel mitbekommen. Dort wächst die Santa-Lucia-Tanne bis 45 m hoch und zeigt ihr charakteristisches Laub aus auffallend langen (bis 5 cm) und scharf zugespitzten Nadeln sowie die bis 12 cm langen Zapfen mit ihrer tatsächlichen 5 cm langen Deckschuppe.

Prachttanne, Prächtige Tanne *Abies magnifica*

Diese Tanne ist im Kaskadengebirge von Oregon und in Kalifornien in der Sierra Nevada heimisch, wo sie bisweilen 70 m hoch wird. An feuchten, gut geschützten Standorten wächst sie nach einigen Jahren ordentlich schnell, ist aber ansonsten kurzlebig. Der mächtige, auffällig von Astnarben gezeichnete und graubraun berindete Stamm scheint oftmals faßförmig zu sein. Die Äste sind an den Enden aufwärts gebogen und haben sehr regelmäßige Wirtel. Die blaugrünen, bis 3,5 cm langen und dicht gestellten Nadeln sind unterseits kielförmig, oberseits riffelig und können so zwischen Daumen und Zeigefinger zusammengerollt werden. Die rotbraunen Zapfen werden bis zu 22 cm groß.

Korea-Tanne, Koreanische Tanne *Abies koreana*

Wenn sie von der Tschedschu- oder Quelpartinsel stammt, ist die Korea-Tanne ein Halbzwerg; Samen vom Festland und aus der Mandschurei dagegen bringen Bäume mit waagerecht wachsenden Ästen und breiter, pyramidaler Krone hervor, die jährlich bis zu 60 cm wachsen. Ihre oberseits glänzend grünen Nadeln stehen bürstenför-mig nach oben und rund um die Triebe verteilt. Im zarten Alter blühen diese Bäume auch, jedoch nicht so üppig. Die weiblichen Blüten sind entweder rosa, purpurn oder hellgelb, die männlichen hell purpurfarben. Die braunen Deckschuppen verdecken größtenteils das schöne bläuliche Purpur der kleinen, 4–7 cm langen Zapfen, die im Winter völlig zerfallen; nur die Zapfenspindeln bleiben am Baum. Die Rinde ist dunkelbraun oder schwarz und oft ledrig glatt.

Cilicische Tanne *Abies cilicica*

In Kleinasien heimisch, sieht diese Tanne wie eine spärlich belaubte Nordmannstanne aus, doch ist der Stamm glatt und grau und weist viele Astnarben mit konzentrischen, faltigen Ringen auf. Sie kommt bei uns nur in botanischen Gärten vor und ist entweder ein schlanker, bis 30 m hoher Baum mit zugespitzten, etwa 20 cm langen Zapfen oder ist breitkegelig mit dichterer Benadelung.

Rocky-Mountains-Tanne, Felsengebirgs-Tanne, Westamerikanische Balsamtanne *Abies lasiocarpa*

Sie wächst fast neben jedem Paß in den Rocky Mountains, der über 3000 m hoch liegt, und hat von allen nordamerikanischen Tannen das größte Verbreitungsgebiet; es reicht von Alaska bis New-Mexico. Auf guten Böden wird sie dort bis 40 m hoch. Ihre Krone ist außergewöhnlich schlank, hat nur sehr kurze Äste, ist bläulich-grün belaubt und trägt bis 15 cm lange Zapfen. Mit weniger rauhen Umweltbedingungen kommt sie überhaupt nicht zurecht und ist in Europa wahrscheinlich deshalb noch nie älter als 40 Jahre geworden; nur im Nordosten Schottlands stehen einige 20 m hohe Exemplare.

Korktanne, Arizona-Korktanne *Abies lasiocarpa* var. *arizonica*

Eine langlebige Form, die 20–30 m hoch wird und in Europa etwas besser gedeiht. Sie ist entweder schlank oder kandelaberartig verzweigt. Die meist nach vorne und oben gestellten Nadeln sind hellblau, die dicke Rinde färbt sich schon sehr früh fast weißlich hell und wird korkig weich. Zapfen bis 9 cm lang.

Mandschurische Tanne *Abies holophylla*

Korea und die Mandschurei sind die Heimat dieses hübschen, robusten Bäumchens, das sowohl vom Aussehen wie von der Verwandtschaft sehr nahe bei der Momi-Tanne steht. Abweichend von dieser besitzt die Mandschurische Tanne jedoch leuchtendgrüne, dornig zugespitzte Nadeln, die an der Oberseite der glatten, rötlich-braunen Zweige rechtwinklig abstehen, und harzreiche, 14 cm lange Zapfen. Nur selten erreicht sie eine Höhe von 30 m. Sie ist in vielen großen botanischen Gärten der Welt zu sehen.

Cilicische Tanne

Mandschurische Tanne

Männliche Blüte

Riesentanne Rinde

Korktanne

Zapfen

Weibliche Blüte

Rocky-Mountains-Tanne

Zapfen

Prachttanne

Weibliche Blüte

Riesentanne

Santa-Lucia-Tanne

Männliche Blüten

Weibliche Blüte

Zapfen

Männliche Blüten

Zapfen

Rinde

Weibliche Blüten

Männliche Blüten

Korea-Tanne

Zapfen

Riesentanne

Rocky-Mountains-Tanne

Santa-Lucia-Tanne

Korea-Tanne

Prachttanne

Nordmannstanne *Abies nordmanniana*

Sie zählt zu den häufigsten Weißtannen in europäischen Gärten. Vielleicht deshalb, weil sie auch stärker alkalische Böden gut verträgt und trockener Wind ihr wenig ausmacht. Allerdings wächst die Nordmannstanne in Stadtnähe schlecht und entwickelt sich nur an geschützten, feuchten Standorten zu einem großen und eindrucksvollen Baum. In England sind die ältesten Bäume bei 35 m Höhe stehengeblieben, wohingegen sie in ihrer Heimat, dem westlichen Kaukasus und der Nordost-Türkei, zu den Baumriesen gehört und mit schwarzgrauer Rinde, geradem Stamm und dichtstehenden Ästen offensichtlich bis zu 70 m heranwächst.

Die Zweige weisen bemerkenswerte Variationen auf: Von relativ dünn und zwirbelig wachsenden, kurzen, fast flach anliegenden Nadeln bis herrlich üppig und voll mit langen, hochstehenden und glänzenden Nadeln, die an den Enden der Triebe sehr dicht stehen. An der Unterseite sind stets die zwei sehr hellen Streifen zu erkennen. Junge Bäume profitieren während der ersten 15 Jahre, also bis sie ihre volle Wuchskraft erreicht haben, vom hohen, schattigen Schutz von Birken und anderen Bäumen. So werden die Schäden klein gehalten, die Spätfröste an den jungen Trieben anrichten können. Allerdings müssen diese entfernt werden, sobald die Bäume 5 m hoch sind, wenn man Anzeichen eines schlimmen Blattlausbefalls bemerkt, denn die Läuse schwächen den Baum und gedeihen im Schatten prächtig. Erst ab einer Wuchshöhe von etwa 30 m bilden sich die 12–15 cm langen, sehr harzreichen Zapfen, aber nicht alljährlich und auch nur in der Wipfelregion.

Purpurtanne, Pazifische Weißtanne *Abies amabilis*

Die Purpurtanne ist natürlicherweise vom Süden Alaskas bis nach Nordkalifornien verbreitet, im US-Staat Washington ist sie ein mehr als 70 m hoher, schlank-kegelförmiger, manchmal bis zum Boden hinab beasteter Baum mit einer bemerkenswert silbriggrauen Rinde, einem meist ausgesprochen kräftigen Stamm und schwarzgrün glänzender Belaubung. 1830 wurden die ersten Samen aus Amerika nach Europa geschickt. Die bis zu 3 cm langen, flachen, zur Spitze hin breiter werdenden Nadeln sind fächerartig dicht über die Zweige verteilt und während des ersten Jahres oft blaugrau. Zerrieben duften sie stark nach Mandarinen. Die Zapfen zeigen im unreifen Zustand ein dunkles Purpur, das zu einem gelbbraunen Farbton heranreift. Jungpflanzen sind sehr frostgefährdet und vertragen kaum Schatten. Sogar wenn die jungen Bäume Leittriebe von nicht mehr als 50 cm Länge entwickeln, wachsen ihnen im Lauf des ersten Jahres schon Seitentriebe, was bei Weißtannen sehr ungewöhnlich ist.

Maries-Tanne *Abies mariesii*

Ihre Heimat sind die Gebirgsregionen Japans, sie ähnelt aber stark der aus Amerika kommenden Purpurtanne. Im Vergleich wird sie wesentlich kleiner (knapp über 20 m), hat kürzere, sehr gedrängt gestellte Nadeln, die nach Ingwer duften und dunkel- statt hellbraune Härchen an den Zweigen. Außerdem sind die Zapfen vor der Reife deutlich blau und weisen die Astnarben am Stamm konzentrische Ringe auf.

Farges-Tanne, Szetschuan-Tanne *Abies fargesii*

Diese aus China kommende Tannenart hat mahagonibraun und purpurn glänzende Zweige und ist ein schlankwüchsiger Baum mit leichten, waagerecht abstehenden Ästen und stark dunkelgrün glänzenden Nadeln.

Bornmüllers Tanne *Abies bornmuelleriana*

Geographisch liegt ihr Verbreitungsgebiet, eine kleine Region im Nordwesten Kleinasiens, zwischen dem der Weiß- und dem der Nordmannstanne, und vielleicht ist sie eine natürliche Kreuzung zwischen diesen beiden Arten. Sie hat eine überaus dichte Benadelung mit langen, an der Spitze fast weißen Nadeln, die von kräftigen, rotbraun leuchtenden Zweigen abstehen. In einigen Merkmalen ähnelt sie mehr der Cilicischen Tanne, insbesondere wegen der breitkegeligen Form. Sie ist relativ selten und normalerweise nur in botanischen Gärten anzutreffen.

Veitchs Tanne *Abies veitchii*

In Japan wächst diese Art in Höhen von über 2000 m und kann eine Größe bis zu 40 m erreichen. Charakteristisch ist der tief und rundlich geriefte, weiße bis hellgraue Stamm mit dichten, kurzen und waagerecht abstehenden Ästen und den direkt darunterliegenden Vertiefungen. Die durchwegs glänzend grünen Nadeln sind teilweise nach oben gebogen. Sie sind an der Spitze breiter als an der Basis und bis 3 cm lang. Die 7 cm langen Zapfen sind sehr dunkel gefärbt und haben nierenförmige Samenschuppen.

Im Anzuchtbeet sowie in Pflanzreihen wächst dieser Baum schneller als die meisten Weißtannen und ist schon nach kurzer Zeit ein sehr dekoratives und deshalb gern gepflanztes Bäumchen, das bei uns maximal 22 m hoch wird.

Edeltanne *Abies procera*

Die Edeltanne ist in Washington und Oregon heimisch und bildet dort stolze, zimtbraun bis glänzend grau berindete Exemplare von über 70 m Höhe und einem Alter von 700 Jahren. Sie ist bis zum Boden von dichtbezweigten, abstehenden Ästen umgeben; die untersten dabei leicht überhängend. 1830 kam sie nach Europa. Wo sie nicht sehr geschützt steht, wird der Wipfel oft dadurch verunziert, daß er sich in dicke, krumm wachsende Äste zerteilt. Die Edeltanne ist auch deshalb besonders anfällig für eine unförmige Spitze, da dort die großen und schweren, bis zu 25 cm langen und oft sehr zahlreichen Zapfen reifen. Unter ihrem Gewicht biegen sich die Zweige, bis im November die Samen heraus- und die Zapfen zerfallen. Selbst junge Bäume von weniger als 9 m Höhe tragen mitunter viele Zapfen, allerdings ist das eher in trockenen Gebieten der Fall, wo der Baum nicht so gut gedeiht. Das dunkel blaugrüne Laub besteht aus aufwärts gekrümmten, etwa 4 cm langen und sehr dicht stehenden Nadeln, die oberseits eine Längsrinne und auf den Seiten weiße Streifen tragen.

Im Mai schwellen die männlichen Blüten an, die dichtgedrängt in bis zu 5 m Höhe an der Unterseite der Zweige reifen, färben sich leuchtend karmesinrot, und bald darauf schütten sie riesige Mengen

Veitchs Tanne

Männl. Blüten

Weibliche Blüte

Bornmüllers Tanne

Nordmanns Tanne

Weibl. Blüte

Maries-Tanne

Purpur-Tanne

Zapfen

Männliche Blüten

Weibl. Zapfen

Zapfen

Blüte

Weibl.
Blüte

Farges-Tanne

Purpur-Tanne

Veitchs Tanne

Stamm

Nordmanns Tanne

gelber Pollen aus. Die aufrechten weiblichen Blüten sind viel größer und mehr gelblich.

Ab und zu pfropft man die Edeltannen dicht über dem Boden auf den Wurzelstock einer Weißtanne auf. Einige der großen Pfropf-bastarde gehören der var. *glauca* an, die sich durch eine sehr hell-blaue Benadelung im Jugendstadium auszeichnet.

Forrests Tanne *Abies delavayi* var. *forrestii*

Sie ist die am häufigsten gepflanzte, natürliche Form einer Gruppe ähnlicher, aus dem Südwesten Chinas stammender Arten. Sie wurde erst 1910 entdeckt. Typisch ist das helle Orange der kräftigen Zweige; wo aber Sämlinge von Gartenbäumen aufgezogen wurden, können die Zweige auch dunkelbraun sein. Die zweizeilig gestellten Nadeln sind von glänzendem, dunklem Grün und unterseits leuchtend weiß gestreift. Auffällig sind die rotvioletten, etwa 10 cm großen Zapfen.

Georges Tanne *Abies delavayi* var. *georgei*

Eine Hochgebirgsform mit behaarten Zweigen und kürzeren, häufig auch blaugrünen Nadeln.

König-Boris-Tanne *Abies borisii-regis*

Der robuste, wuchsfreudige Baum aus Griechenland und Bulgarien ist eng mit der Weißtanne verwandt und unterscheidet sich von dieser hauptsächlich durch die dichtbehaarten Zweige und die spitzzulaufenden Nadeln.

Himalaja-Tanne, Webb's Tanne *Abies spectabilis*

Die Rinde der nach ihrer Heimat benannten und dort bis zu 50 m hoch werdenden Himalaja-Tanne ist dunkelgrau mit losen, großen Schuppen; die Äste wachsen weitgehend waagerecht. Ihr dunkelgrü-nes Laub besteht aus dichtstehenden, bis 6 cm langen Nadeln. Die schönen, dunkelblauen Zapfen zerfallen nicht im Herbst, sondern überwintern am Stück. Sie ist die Hochgebirgsform der eng mit ihr ver-wandten Pindrow-Tanne, und obwohl diese beiden so unterschied-lich sind, existieren in der Wildnis Zwischenformen.

Pindrow-Tanne *Abies pindrow*

Auch ihre Äste sind waagerecht, allerdings kürzer, und die Zweige haben eine leuchtend rötlichgraue Färbung. Die Krone ist spitzkege-lig, und die langen Nadeln wachsen sehr üppig, sind unterseits jedoch blaßgrün und bilden an den Zweigenden richtige Pinsel. Durch ihren für eine Weißtanne ziemlich frühen Zeitpunkt der Knos-penöffnung ist sie empfindlich gegenüber Spätfrösten.

Nikko-Tanne *Abies homolepis*

Die Berge Zentraljapans sind die Heimat der Nikko-Tanne. Sie verträgt Stadtluft und trockene Böden besser als die übrigen Weiß-tannen, doch gedeiht auch sie am besten im kühlen, feuchten Klima. Sie beginnt nicht, wie viele japanische Nadelbäume, schon nach we-nigen Jahrzehnten zu kränkeln (zumindest bislang nicht), sondern ist ein robuster, winterharter Baum von bis zu 40 m Höhe und wächst mit geraden, starken Ästen, die alle im selben Winkel aufsteigen. Man er-kennt sie an dem orange-rötlichen Farbton, der an manchen Stellen der feinschuppigen, graubraunen Rinde zutage tritt, und an den kräftigen, gegenständig wachsenden, glatt und weich anzufühlenden

Zweigen. Ihre hellgrünen, etwa 3 cm langen Nadeln streben gerne aufwärts und zeigen so ihre weißgestreifte Unterseite. Die großen, kugelförmigen männlichen Blüten reifen hellorange-gelb und sind bei 50jährigen Bäumen in maximal 4 m Höhe zu finden. Bei etwas älteren Bäumen wachsen die bis 10 cm großen Zapfen manchmal auch schon in weniger als 2 m Höhe, was für eine Weißtanne äußerst ungewöhnlich ist.

Momi-Tanne *Abies firma*

Ebenfalls in Japan zu Hause, ähnelt sie der Nikkotanne, wird aber grö-ßer (bis 50 m), hat waagerecht stehende, hellbraune Äste und dickere Nadeln, die unterseits meist grünlich oder manchmal auch ganz weiß sind. Sie stehen fast zweizeilig, sind sehr breit, ledrig steif und zur Basis lanzettlich zugespitzt. Die Zapfen reifen von sehr hellem Grün zu einem sehr dunklen Braun. Eine Kultivierung in Deutschland kann man nur für besonders warme Gegenden empfehlen.

Colorado-Tanne, Amerikanische Weißtanne, Gleichfarbene Tanne *Abies concolor*

Je nach Standort schwankt die Höhe der im Südosten der Rocky Mountains sowie in Teilen Mexikos natürlich vorkommenden Art zwischen 25 und 60 m. Die Äste wachsen meist waagerecht oder hängen leicht über, und die manchmal bis 7 cm langen Nadeln, die beiderseits die gleiche blaugraue Färbung besitzen, stehen senkrecht von den kräftigen, hellbraunen Zweigen ab. Die glatten Zapfen färben mit der Reife von schlichtem Grün zu hellbraun, die Rinde ist glatt und dunkelgrau. Diese Tanne ist in Europa nicht sehr verbreitet, und große Exemplare sind ausgesprochen selten.

Sierratanne, Lows Tanne
Abies concolor var. *lowiana* (*A. c.* 'Lowiana')

Die Sierra-Tanne mit ihren weit ausladenden Ästen und graugrün gefärbten, an der Basis verdrillten Nadeln wird bis 80 m hoch. Sie ist die zuerst eingeführte Varietät der Colorado-Tanne. Sie wächst so deutlich besser, daß man fast nur noch diese Form anpflanzt. Häu-fig ragt sie aus einer Gruppe von Nadelbäumen heraus. Im Jugend-stadium hat sie oft eine kegelige Wuchsform und einen 1 m langen Leittrieb. Sie kommt von Oregon bis Südkalifornien vor und ist geo-graphisch gesehen ein Bindeglied zwischen der Colorado- und der Riesentanne.

Himalaja-Tanne

Colorado-Tanne

Sierra-Tanne

Zapfen

Edeltanne Rinde eines Jungba

Männliche Blüten

Weibliche Blüte

Weibliche Blüte

Weibl. Blüte

Männl. Blüte

Weibl. Blüte

Zapfen-spindel

Deckschuppe

Pindrow-Tanne

Zapfen

Georges Tanne

Samen

Forrests Tanne

Momi-Tanne

König-Boris-Tanne

Edeltanne   Zapfen

Zapfen

Nikko-Tanne

Edeltanne

Sierra-Tanne

Colorado-Tanne

König-Boris-Tanne

Douglasie (*Pseudotsuga*)

Unter den 7 Arten der Gattung *Pseudotsuga* mit einem Verbreitungsgebiet vom westlichen Teil Nordamerikas bis ganz Ostasien sind sie die wichtigsten Waldbäume Nordamerikas, die etwa ein Viertel der dortigen Holzproduktion ausmachen. Die schnellwachsenden Douglasien sind meist immergrüne, einhäusige Bäume von kegelförmigem Wuchs, mit waagerecht abstehenden Ästen und etwas überhängenden Zweigen. Die Nadeln sitzen mit einer verbreiterten Basis dem Trieb auf und hinterlassen beim Abfallen eine kleine, runde Narbe. Die hängenden Zapfen fallen als Ganzes ab, ihre Deckschuppen stehen mit drei Spitzen weit hervor.

Douglasie, Küstendouglasie, Douglastanne
Pseudotsuga menziesii

Der riesige natürliche Lebensraum der Küstendouglasie erstreckt sich von den Rocky Mountains und Nordmexiko bis zur Grenze nach Alaska. Mit den dort durchaus anzutreffenden Höhen von über 100 m zählt sie mit zu den höchsten Baumarten der Erde. Auf Vancouver Island wurde 1895 eine Douglasie gefällt, die 128 m hoch war. Der deutsche Name erinnert an David Douglas, den Mann, der 1827 die ersten Samen nach Europa schickte. Da das Holz der Douglasie solide und hart ist, ist ihre jährliche Wachstumsrate von fast 2 m für die Forstwirtschaft zwar sehr interessant, doch schwankt ihr Beliebtheitsgrad ziemlich. Sie benötigt unbedingt einen tiefen, relativ trockenen, mit Mineralstoffen angereicherten Boden und einen geschützten Standort. Auch sind bei ihr im Alter von etwa 20 Jahren nach anfänglich gutem Wachstum offensichtliche Krankheitssymptome zu beobachten, die mit Blattlausbefall einhergehen. Nach Ausdünnen erlangt sie normalerweise ihre alte Gesundheit und Wuchskraft zurück, außer auf problematischen Böden, wo man besser auf sie verzichtet.

Junge Douglasien wachsen gut und schön kegelförmig, wenn sie im Sommer halbschattig stehen. Bald schon brauchen sie volles Licht von oben, so daß die höheren, mehr ausgebreiteten Bäume ausgelichtet werden müssen, damit die jungen nicht an Wuchskraft verlieren. Wenn sich in Douglasien-Schonungen die Baumkronen berühren, wird es bis zur ersten Ausdünnung so dunkel im Wald wie in keinem anderen, und die gesamte Bodenvegetation geht infolge Lichtmangels ein. Wirtschaftlich gesehen ist es sinnlos, die Douglasien höher als rund 40 m wachsen zu lassen.

Douglasien besitzen eine sehr dicke, braune, im Alter tief gespaltene Rinde. Ihre dunkelgrünen, angenehm weichen Nadeln stehen zweizeilig, zerrieben duften sie fruchtig süß. Die unterseits der Zweige sitzenden männlichen Blüten färben mit der Zeit von Rötlich nach Gelb um, während die seitlich an den Trieben aufgerichteten weiblichen Blüten sich nach Grün verfärben. Für die enorme Größe des Baumes sind die hellbraunen Zapfen mit 8 cm etwas unauffällig, doch macht sie die große Variabilität der drei Spitzen ihrer Deckschuppen sehr attraktiv.

Blaue Douglasie *Pseudotsuga menziesii* var. *glauca*

Die blaue Varietät findet man östlich der Rocky Mountains. Sie wächst deutlich langsamer mit schmal kegelförmiger Krone und wird mit 25 m auch weniger hoch. Dafür ist sie weitaus toleranter, was unser kühleres Klima betrifft. Eines ihrer Erkennungsmerkmale ist die fast schwarze, tief rissige Rinde. Die männlichen Blüten finden sich an der Unterseite der vorjährigen Triebe und sind am Rand schön karmesinrot gefärbt. Teilweise sind die Nadeln richtig blau, meistens jedoch dunkel blaugrün. Das deutlichste Erkennungszeichen sind die langen, abstehenden oder umgebogenen Deckschuppen der kupferbraunen, 5 cm langen Zapfen. Leider ist diese Unterart sehr anfällig für die sog. Douglasienschütte, weshalb schon 1930 der weitere Anbau, einschließlich von 15 weiteren Gartenformen, verboten wurde.

Goldene Douglasie *Pseudotsuga menziesii* 'Stairii'

Auf dieser empfindlichen, gelben Kulturform sind leider stets Blattläuse zu finden. Sie erreicht als Baum nur manchmal eine Höhe von 20 m und kommt auch strauchförmig vor.

Großzapfige Douglasie *Pseudotsuga macrocarpa*

Mit maximal 16 m Wuchshöhe ist diese Art nochmals kleiner, dafür fällt sie mit bis zu 18 cm großen Zapfen auf, deren Deckschuppen aber sehr kurz sind. Ihre harten, steifen und glänzend grünen Nadelblätter laufen zu einer kurzen Spitze zu und riechen zerrieben schwach aromatisch. Die Art stammt aus den Bergen nördlich von Los Angeles, Kalifornien, und wurde 1910 in Europa eingeführt. Sie ist ausgesprochen selten und bei uns trotz Winterhärte sehr empfindlich.

Japanische Douglasie *Pseudotsuga japonica*

Die Japanische Douglasie macht nur sehr dürftige Wachstumsfortschritte. Während sie in ihrer Heimat bis 30 m hoch wird, sehen die wenigen europäischen, bisher lediglich 10 m hohen Exemplare nicht so aus, als könnten sie sich noch verbessern. Ihre Jungtriebe sind kahl und von grauer Färbung, die Zapfen werden von nur wenigen, bei Reife weit offenstehenden Schuppen gebildet. Die längeren unter den Deckschuppen sind nach außen gebogen.

Japanische Douglasie

Blaue Douglasie

Goldene Douglasie

Zapfen

Nadel

Großzapfige Douglasie Rin

Männliche
Blüten

Knospen

Nadeln

Großzapfige Douglasie

Douglasie

Samen

Weibliche Blüten

Blaue Douglasie

Männliche
Blüte

Zapfen

Douglasie – Verschiedene Zapfenformen

Keimling

Douglasie

Großzapfige Douglasie

Familie Taxodiumgewächse (Taxodiaceae)

Sequoie (*Sequoia*)

Früher wurde dieser nur in Kalifornien wachsenden Gattung auch der Mammutbaum zugeordnet. Immer noch nennen die Amerikaner, die in der Holzbranche arbeiten, die beiden Arten entsprechend ihrem Lebensraum Berg- und Küstensequoie. Die heute einzige Art ist ein immergrüner, hoher, einhäusiger Baum mit dichtstehenden, benadelten Zweigen. Seine zahlreichen, gelben männlichen Blüten stehen einzeln in den obersten Schuppenachseln der Zweigenden; die meist grünen, weiblichen Kätzchen mit ihren spiraligen Schuppen sind endständig.

Küstensequoie, Redwood, Immergrüner Mammutbaum
Sequoia sempervirens
Der offiziell höchste Baum der Welt steht etwa 11 km von Orick entfernt am Redwood Creek: Es ist eine 112 m hohe Küstensequoie mit dem Namen »Howard Libby« oder »Tallest Tree«. Ein weitaus schöneres Exemplar mit viel dickerem Stamm ist der »Big Tree«, er mißt 98 m × 5,72 m und ist im Gegensatz zum »Tallest Tree«, dessen Spitze tot und verzweigt ist, noch bis oben hin grün. Im »Giant Tree Grove« findet man noch viele weitere, oft dicht an dicht stehende, über 100 m hohe Riesen, deren Alter z. T. auf über 2000 Jahre geschätzt wird. Sie alle besitzen eine schöne, rote und tief rissige Rinde, die mehr als 30 cm dick sein kann. Die dunkelgrünen, flachen Nadelblätter werden bis 2 cm lang, sind scharf zugespitzt und tragen unterseits zwei weiße Streifen.
Die Küstensequoie braucht feuchte Sommer, wenn sie über lange Zeit hinweg schnell wachsen soll. Eisiger, trockener Ostwind dörrt sie aus, wenngleich ihr dies nur selten ernsthaften Schaden zufügt. Sie ist zu allen Zeiten auf einen gut geschützten Standort angewiesen, sonst wächst sie langsamer und bekommt allmählich eine gelichtete, abgeflachte Krone. Ansonsten aber ist sie wenig empfindlich gegen Krankheiten, treibt aus Baumstümpfen neue Triebe und läßt sich unmittelbar nach der Reife aus den in gestielten Zapfen enthaltenen, unglaublich kleinen Samen heranziehen. Das Höhenwachstum junger Küstensequoien übertrifft das des Mammutbaumes.

Sequoia sempervirens 'Adpressa'
Ihre jungen Nadeln sind zunächst cremefarben, färben sich aber später silbrig-blau und stehen viel dichter. Sie hat eine lichtere, schlankere Krone, und überhaupt ist alles an ihr kleiner dimensioniert. Nicht zuletzt wächst sie auch langsamer.

Mammutbaum (*Sequoiadendron*)

Gattung mit nur einer immergrünen, einhäusigen Art, die im Unterschied zu Sequoia nur schuppenförmige Belaubung zeigt.

Mammutbaum, Riesen-Sequoia
Sequoiadendron giganteum = Sequoia gigantea
Er ist jedermann als der Welt größter Baum bekannt, und zwar aufgrund der Kombination von Höhe und Umfang und somit volumenmäßig. Der Rekordhalter ist »General Sherman« im Sequoia-Nationalpark: Er ist 88 m hoch, und der Durchmesser beträgt am Boden 9,7 m. Konkreterweise mißt man aber in 1,5 m Höhe über dem Boden, wodurch er auf 7,75 m »schrumpft«. Mit einem Rauminhalt von 1500 m³ und einem Gewicht von schätzungsweise 2145 Tonnen ist er das größte Lebewesen unserer Erde. »General Grant« sieht etwas schöner aus. Seine Höhe beträgt 77 m, und er mißt ebenfalls 7,75 m im Durchmesser, allerdings in 2 m Höhe. »Grizzly Giant« ist ein urwüchsiger Methusalem von mindestens 3000 Jahren; er mißt 60 m × 7,05 m, gemessen in einer Höhe von 2,3 m. Übrigens sind diese Bäume vergleichsweise jung, gemessen am Alter einiger, ebenfalls in Kalifornien lebender Kiefern, die auf eine Geschichte von mehr als 5000 Jahren zurückblicken.
Der Mammutbaum war den Botanikern bis 1852 unbekannt. Schon ungefähr 80 Jahre nach seiner Einführung in Großbritannien im Jahre 1853 war er der größte Baum in jeder Grafschaft und der unverwüstliche Blitzableiter der Nation. Seine hell-rotbraune, rissige, noch dickere und damit noch mehr feuerfeste Rinde löst sich in feinen Blättchen. Die bläulichgrünen, fast schuppigen und in Spiralen angeordneten Nadelblätter sind dreieckig zugespitzt und abstehend. Die kurzen, weiblichen Kätzchen stehen aufrecht an ca. 2 cm langen Stielen, die anfangs ebenfalls aufrechten Zapfen werden bis 6 cm groß und hängen schließlich einzeln oder zu mehreren. Aus den kleinen männlichen Blüten, die dichtgedrängt am Ende der kleinsten Triebe stehen und den ganzen Winter über wie weiße Tröpfchen aussehen, werden die Pollen zwischen Februar und April abgeworfen. Sind die Blüten einmal offen, kann ihnen der Frost schwer zusetzen.
Noch nie ist dieser Baum Opfer eines Sturms geworden. Sein Holz ist so unverwüstlich wie er selbst: Es bleibt über Jahrhunderte hindurch unzersetzt.

Trauersequoie *Sequoiadendron giganteum* 'Pendulum'
Diese bei uns nicht winterfeste Zuchtform aus Frankreich kann kerzengerade und von über 30 m Höhe sein, meist biegt sich ihre Spitze aber ringförmig um. Da sie sich gelegentlich jedoch wieder aufrichtet, können sehr grotesk anmutende Formen entstehen.

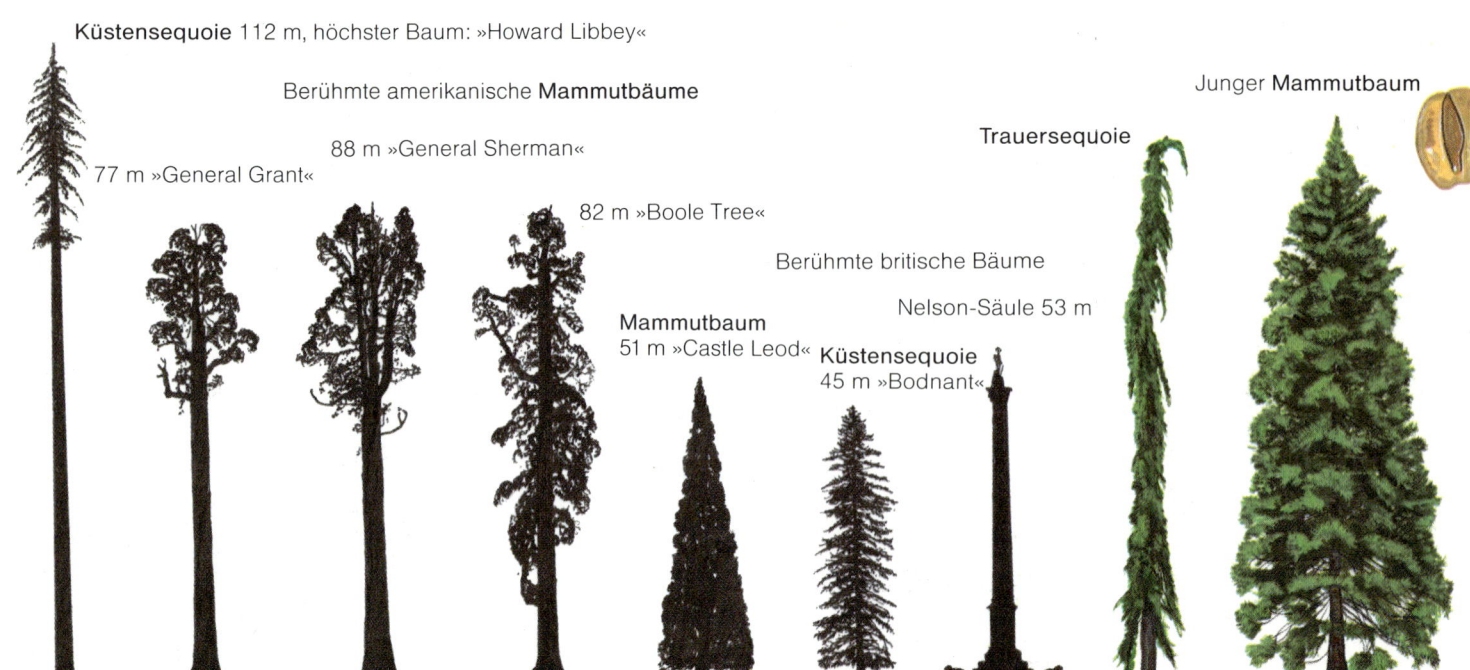

Küstensequoie 112 m, höchster Baum: »Howard Libbey«

Berühmte amerikanische **Mammutbäume**

88 m »General Sherman«

77 m »General Grant«

82 m »Boole Tree«

Junger **Mammutbaum**

Trauersequoie

Berühmte britische Bäume

Nelson-Säule 53 m

Mammutbaum
51 m »Castle Leod«

Küstensequoie
45 m »Bodnant«

Männl. Blüten

unge Zapfen

Mammutbaum

Unterseite der Nadeln

Männliche Blüten

Reifer Zapfen

'Adpressa'

Küstensequoie

Reifer Zapfen, leer

Sämling

Sumpfzypresse (*Taxodium*)

Wegen Form und Stellung der Blätter wird diese durchwegs sommergrüne, baumartige und einhäusige Gattung mit drei Arten auch Sumpfeibe genannt. Die etwa 1 cm langen, nadelförmigen Blätter stehen sehr dicht an den jungen Seitensprossen, die aus beschuppten Knospen hervorgehen und im Winter als Ganzes abfallen. Die männlichen, bei Reife purpur-braunen und sehr kurzstieligen Blüten befinden sich zahlreich an den neuen Sprossen, während die kugelförmigen, weiblichen Blüten zerstreut am einjährigen Holz sitzen. Ihr Verbreitungsgebiet sind der Süden der USA und Mexiko.

Sumpfzypresse *Taxodium distichum*

Als erste der weitverstreuten und sehr verschiedenartigen, heute noch lebenden Vertreter der Redwood-Familie war den Botanikern die Sumpfzypresse bekannt. In den Sümpfen ihres natürlichen Verbreitungsgebiets kann die Sumpfzypresse über 1000 Jahre alt werden, kränkelnde oder tote Bäume sieht man so gut wie nie. Ihre Heimat sind die meernahen, schwach salzigen Brackwasserläufe Nordamerikas, von wo aus sie sich entlang der Flüsse bis ins Landesinnere ausbreitet. Auf nassem Boden bildet der Baum zahlreiche Pneumatophoren (»Atemknie«), in feuchten, überschwemmungssicheren Talmulden hingegen nur sehr selten. Diese gehen von den Wurzeln aus und erinnern an Ameisenhaufen oder Termitenhügel, und es dauert etwa 45 Jahre, bis sie ausgewachsen sind. Vermutlich unterstützen sie die Luftzufuhr zu den Wurzeln, denn sie sind innen aus sehr lockerem Gewebe aufgebaut.

In nassem Zustand ist das Holz – besonders das fast schwarze Kernholz – extrem dauerhaft, es wird daher für Fässer und andere Behälter verwendet; man importiert es aber auch für die Fensterrahmen hochwertiger Treibhäuser.

Die Sumpfzypresse wächst mit grauroter Rinde, meist waagerecht abstehenden Ästen und pyramidaler Krone zu einer Höhe von etwa 45 m heran. Sie ist an hohe Temperaturen gewöhnt. Selbst um Mitte Juni herum ist sie deshalb oft nur grün angehaucht, und erst gegen Ende des Monats steht sie in vollem Laub. Die Nadeln der Langtriebe sind spiralig gestellt, nur an den 10 cm langen Sommertrieben stehen die zarten, frischgrünen, bis 10 mm langen Nadelblätter mit ihrer grau bebänderten Unterseite zweizeilig. Die Herbstfärbung setzt ebenfalls spät ein, und bei manchen Bäumen kann man noch im Dezember die mittlerweile trübbraunen Nadeln hängen sehen, bis sie zusammen mit den Seitentrieben abfallen. Männliche Kätzchen können den ganzen Winter über an den Triebspitzen sichtbar bleiben; die weiblichen Blüten sind sehr unscheinbar. Die kugeligen Zapfen fehlen oft völlig. Sie verfärben sich in der Reife von Grün nach Purpur, ihre Schuppen tragen in der Mitte einen Dorn.

Teichzypresse *Taxodium ascendens*

Dieser kleine Baum mit einer lichten, schmalen Krone und abstehenden Ästen hat schnurförmig wachsendes Laub aus enganliegenden, schuppenähnlichen Blattorganen von nur 4–8 mm Länge. Er ist hauptsächlich in den Everglades-Sümpfen Floridas zu Hause, bildet kurze und oft halbkugelige Atemknie, liebt entsprechend kalkfreie Standorte an stehenden Gewässern und ist nicht sehr frosthart.

Nickende Teichzypresse *Taxodium ascendens* 'Nutans'
(*T. distichum* 'Pendulum')

Die Mehrzahl der bei uns in Kultur befindlichen Bäume gehört dieser etwa 15 m hohen Zierform an, bei der die Spitzen der Zweige nach unten gebogen sind und die belaubten Jungtriebe zunächst starr und senkrecht abstehen, im Spätsommer aber an den Enden herabhängen.

Metasequoie, Urwelt-Mammutbaum, Wassertanne,
Metasequoia glyptostroboides

Sie war schon lange von 80–100 Millionen Jahre alten Versteinerungen aus der ganzen Welt (im Norden bis Spitzbergen!) bekannt. Es bestand kein Grund zur Annahme, daß sie all die Jahrmillionen überdauert haben sollte, bis 1941 eine Expedition in der chinesischen Provinz Hupeh einige dieser seltsamen Bäume entdeckte. Ein Merkmal, das botanisch gesehen einmalig wäre, träte es nicht gelegentlich auch bei der Küstensequoie auf, ist der Umstand, daß die Seitenknospen der Metasequoie nicht achselständig wachsen, also zwischen Haupt- und Seitentrieb, sondern an der Außenseite dicht unterhalb der Seitentriebe.

Am besten gedeiht der einhäusige, bis 35 m hohe Baum mit dunkelrotbrauner, faseriger Rinde am Wasser oder in Quellnähe sowie in feuchten Niederungen. In frostgefährdeten Talmulden können jedoch die ersten Jungtriebe, die Ende März sprießen, durch Spätfröste absterben, was allerdings keinen bleibenden Schaden verursacht. Wie bei der Sumpfzypresse fallen die Seitentriebe zusammen mit den Nadeln ab. Nach einem heißen Sommer sind die langgestielten, hängenden Zapfen sehr zahlreich, bisher war aber noch nie ein Sommer so heiß, daß männliche Blüten gereift wären, weshalb die Samen stets unfruchtbar sind.

Metasequoie

Sämling

Samen

Zapfen

Männliche Kätzchen

Metasequoie

Weibl. Blüte

Teichzypresse

Zapfen

Sumpfzypresse

Nickende Teichzypresse

Männliche Blüte

Teichzypresse

Sumpfzypresse

Sumpfzypresse mit Atemknie

Chinesische Sicheltanne *Cryptomeria japonica* var. *sinensis*
Die einzige Art aus der Gattung *Cryptomeria* ist in Japan und China beheimatet und wurde im Jahre 1842 aus Südchina eingeführt. Sie ist immergrün, einhäusig, meist baumförmig mit bräunlich-roter, langrissiger Rinde, sehr variabel in ihrer Gestalt und ähnelt in mancher Hinsicht einer Araukarie. Abweichend davon sitzen die zerstreuten, nach innen sichelförmig gebogenen Nadeln mit ihrem verdickten, unteren Ende direkt auf dem Stengel der Zweige, stehen die männlichen Blüten in unterbrochenen Ähren in den oberen Nadelachseln und sind die weiblichen Kätzchen fast kugelrund.
Diese Form (var. *sinensis*) läßt sich von den beiden japanischen Formen, die erst viel später nach Europa gelangten, anhand der lockeren Benadelung und der längeren, nicht so verästelten Zweige unterscheiden.
Etwa ab dem fünften Jahr nach der Aussaat überziehen männliche Blüten in Hülle und Fülle die Enden der Triebe, sie werfen im Februar die Pollen ab. Auch weibliche Blüten sind ab diesem Alter sehr zahlreich. Sie bestehen aus dornigen, grünen Rosetten, die zu holzigen Zapfen reifen, welche mehrere Jahre lang am Baum hängenbleiben.

Cryptomeria japonica 'Compacta' ('Lobbii')
Eine japanische Sorte mit sehr gedrungenem Wuchs, die 1853 aus Java eingeführt wurde. Ihre Krone ist zwar dichter, aber ungleichmäßiger, die Bezweigung kürzer und gebüschelter als bei der gewöhnlichen Form.

Cryptomeria japonica 'Cristata'
Sie ist eine sehr seltene, schmale und bis maximal 10 m hohe Form mit einer spitzen, schlanken Krone.

Cryptomeria japonica 'Elegans'
Diese Form kommt nicht über das Jugendstadium hinaus. Sie stammt ursprünglich aus Japan. Ihre Rinde ist heller rot und feinfaseriger. Sie gibt nur selten einen respektablen Baum ab; allzuoft wachsen ihr große untere, manchmal bewurzelte und dicht bezweigte Äste, oder sie gabelt sich, und die Einzelkronen hängen alle über, manchmal bis zum Boden. Das ziemlich harte Laub, das im Sommer so schön blaugrün schimmert, nimmt im Spätherbst eine matte, trüb gelbrote Farbe an, die es fast den ganzen Winter über behält.

Spießtanne, Zwittertanne *Cunninghamia lanceolata*
Ein immergrüner, einhäusiger und nicht zuverlässig frostharter Baum, dessen obere Äste gegenständig wirken. Seine Rinde ist eigentlich typisch sequoienartig und parallel flachrippig. Die sehr spitzen, flachen und oft etwas gebogenen Nadelblätter zeigen einen schwach gezähnten Rand und glänzen dunkelgrün. Die männlichen Blüten stecken zahlreich in einem Köpfchen zusammen, die Zapfen sind rund und klein.

Japanische Schirmtanne, Schirmtanne *Sciadopitys verticillata*
Die Japanische Schirmtanne ist ein in ihrer Heimat meist niedriger, gelegentlich aber auch bis zu 40 m hoher, immergrüner Baum, von dem schon seit Urzeiten keine einzige verwandte oder entfernt ähnliche Art mehr existiert. Die kleinen Buckel auf den ansonsten glatten Zweigen sind die Spitzen enganliegender Schuppenblätter. In der Spitzengegend der kurzen Jahrestriebe häufen sie sich und schwellen an. Dort stützen sie die Blattwirtel, die aus etwa 30, schirmförmig angeordneten und 12 cm langen, glänzenden Doppelnadeln bestehen und aus denen wiederum die neuen Jahrestriebe hervorwachsen. Die bis 10 cm langen Zapfen stehen senkrecht. Die Schirmtanne ist bei uns vollkommen winterhart und ein Zierbaum von eigenwilliger Schönheit.

Schuppenfichte (*Athrotaxis*)

Diese isolierte Gruppe besteht aus drei eng miteinander verwandten Arten, die wiederum mit den Sequoien verwandt sind. Ihre geographische Verbreitung ist auf die Berge in West- und Zentraltasmanien beschränkt.

Gipfel-Schuppenfichte *Athrotaxis laxifolia*
Bei ihr sind nur die Spitzen der Schuppenblätter freistehend. Eine Besonderheit sind auch ihre blaßgelben Jungtriebe. Sie ist die wuchsstärkste der drei Arten.

Zypressen-Schuppenfichte *Athrotaxis cupressoides*
Hier sind die Schuppenblätter eng an die Zweige geschmiegt und die Blattspitzen einwärts gekehrt. Von den drei Arten ist sie die empfindlichste.

Selaginella-Schuppenfichte *Athrotaxis selaginoides*
Sie hat völlig oder zumindest 1 cm weit freistehende, starre, leuchtend grüne Nadeln und mit 3 cm Durchmesser die größten Zapfen. Auch unter günstigen Bedingungen ist sie nach 50 Jahren erst ganze 12 m hoch. Die Zapfen reifen paarweise und wachsen an einzelnen, 3 cm langen Stielen. Im Sommer sehen diese Bäume ausgesprochen dekorativ aus, wenn sich nach und nach das satte, glänzende Grün abschwächt und sich Gelb, Orange und schließlich Braun voller Nuancen präsentieren, wobei diese Farben sogar gleichzeitig auftreten können.

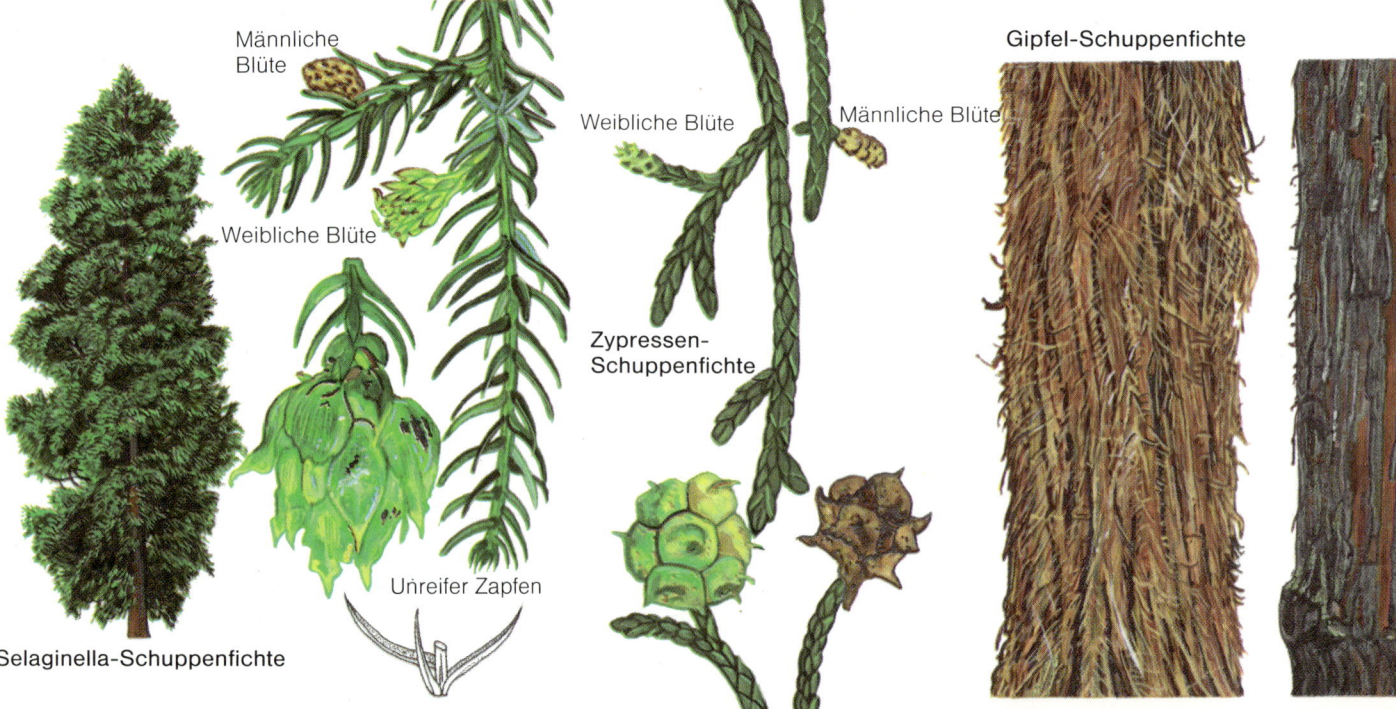

Männliche Blüte

Weibliche Blüte

Weibliche Blüte

Männliche Blüte

Gipfel-Schuppenfichte

Zypressen-Schuppenfichte

Unreifer Zapfen

Selaginella-Schuppenfichte

eibliche Blüte

Männliche Blüte

'legans'

Sommer

Winter

'Cristata'

Spießtanne

Zapfen

Chinesische Sicheltanne

Zapfen

Japanische Schirmtanne

Spießtanne Rinde

Zäpfchen

Samen

Zapfen

Gipfel-Schuppenfichte

Reifer Zapfen

Männliche Blüte

Chinesische Sicheltanne

'Compacta'

Spießtanne

Japanische Schirmtanne

Familie Zypressengewächse (Cupressaceae)

Echte Zypressen (*Cupressus*)

Echte Zypressen unterscheiden sich von den später beschriebenen Scheinzypressen in der Form der Zweige. Ihre Triebe haben wegen der um den Zweig verteilten Schuppenblätter stets einen vierkantigen oder runden Querschnitt.

Monterey-Zypresse *Cupressus macrocarpa*
Je nach Standort kann diese Pflanze bis zu einer Höhe von 35 m heranwachsen. Die Rinde bildet große bräunlichgraue Platten. Jungbäume sehen höchst bizarr aus: In der Mitte ein dicht belaubter Leittrieb und zwei bis drei waagerechte, schlangenartig gewundene Äste von Seilstärke. Großen Bäumen können durch Sturm oder die Last von Pappschnee zwar Äste abgerissen werden, nur selten aber werden sie entwurzelt. Zerreibt man die grasgrünen, in vier dichten Reihen stehenden Schuppenblätter, so riechen sie kräftig nach Zitrone. Die Zapfen werden bis 4 cm groß, die verholzten Schuppen zeigen eine warzige Oberfläche. Die Monterey-Zypresse ist ein beliebter, aber frostempfindlicher Zierbaum.

Goldene Monterey-Zypresse *Cupressus macrocarpa* 'Lutea'
Soll diese Zierform einen ansehnlichen Stamm entwickeln, muß sie fachmännisch ausgelichtet werden. Sie ist ebenfalls schnellwüchsig und besitzt schöne, goldgelbe Schuppenblätter.

Glatte Arizona-Zypresse, Arizona-Zypresse
Cupressus glabra (*C. arizonica* var. *conica*, *C. arizonica* var. *bonita*)
Sie besitzt eine hübsche Krone mit rauchig-grünen Schuppenblättern, die fast ganzjährig noch von leuchtendgelben, männlichen Blüten verziert werden. Ihre Rinde schuppt in auffällig runder Form.

Cupressus glabra 'Pyramidalis'
Eine Kulturform, die sich durch eine intensivere Blaufärbung und aufwärts gerichtete, dicke Zweige auszeichnet.

Rauhe Arizona-Zypresse *Cupressus arizonica*
Die Rauhe Arizona-Zypresse ist sehr variabel in Form und Farbe. Ihre Rinde ist feinfaserig und grau gefurcht, die schuppenförmigen Blätter können grün, graublau oder bis hin zu hellem Weiß gefärbt sein.

Italienische Zypresse, Immergrüne Zypresse, Mittelmeer-Zypresse, Echte Zypresse *Cupressus sempervirens*
Die ausgeprägt spitzkegelige, frostempfindliche Form ist der für die Mittelmeerländer charakteristische Standard. Ihre Blätter sind kleine, eng anliegende Schuppen. In den etwa haselnußgroßen Zapfen werden glatte Samen gebildet.

Säulenzypresse *Cupressus sempervirens* 'Stricta'
Oft sieht man auch eine breit-säulenförmige, deutlich buschigere Spielart. Sie ist relativ winterhart, und das zerriebene Laub riecht nur schwach harzig.

Mexikanische Zypresse
Cupressus lusitanica (*C. benthamii, C. thurifera*)
Diese in Mexiko und Guatemala beheimatete Zypresse wirkt eher zierlich, auch wenn sie mit breiter, kegelförmiger Gestalt und leicht hängenden Zweigen zu einer Höhe von 30 m heranwächst.

Himalaja-Zypresse *Cupressus torulosa*
Die Rinde dieser Art zeigt auffällig spiralige Risse. Die langen, schlanken Zweige hängen leicht über und tragen enganliegende, dunkel- bis gelbgrüne Schuppenblätter mit gerader Spitze. Sie riechen zerrieben wie frisch gemähtes Gras.

Gowen-Zypresse *Cupressus goveniana*
Das dunkle, nach Benzin riechende Laub steht in kurzen Zweiglein schräg von den orangenen Trieben ab.

Patagonische Zypresse *Fitzroya cupressoides*
Sie wurde benannt nach Kapitän Fitzroy von der 'Beagle', der mit Darwin gesegelt war. Der oft kleinwüchsige Baum hat spitze Zweige mit hängendem Laub, und die kleinen, vorne abgerundeten Blätter stehen zu dritt in Wirteln. Der Gattung *Fitzroya* zugehörig.

Rauchzypresse, Kalifornische Flußzeder
Calocedrus decurrens (*Libocedrus decurrens*)
Die Rauchzypresse wird in ihrer Heimat Oregon und Kalifornien über 60 m hoch und über 500 Jahre alt. Dort zeigt sie eine kegelige Wuchsform mit bis auf den Boden reichenden, waagerecht abstehenden, kurzen Ästen, nach oben gebogenen Spitzen und einer lichten Krone. Die Rinde blättert stark ab. Von den glänzend-grünen, anliegenden und mit winzigen, scharfen Spitzen versehenen Schuppenblättern befinden sich jeweils vier in einer Ebene. Der Geruch des Laubes erinnert an Schuhcreme. Vertreter der Gattung Flußzeder.

Rauchzypresse

Männliche Blüten

Weibliche Blüten

Zapfen

Westliche Form   Östliche Form

Italienische Zypresse   Säulenzypresse

Glatte Arizona-Zypresse

nnliche
ten

Männliche
Blüten

Glatte Arizona-Zypresse

Rauhe Arizona-Zypresse

Mexikanische Zypresse

onterey-Zypresse

Himalaja-Zypresse

Patagonische Zypresse

Gowen-Zypresse

Monterey-Zypresse

Glatte Arizona-
Zypresse 'Pyramidalis'

oldene Monterey-Zypresse

Patagonische Zypresse

Mexikanische
Zypresse

Himalaja-Zypresse

Scheinzypressen (*Chamaecyparis*)

Scheinzypressen unterscheiden sich durch ihre abgeflachten jungen Triebe von den Echten Zypressen. Sie sind immergrüne, einhäusige Bäume von vielfältiger Benadelung und Gestalt.

Lawsons Scheinzypresse, Oregonzeder
Chamaecyparis lawsoniana
Ihr natürliches Verbreitungsgebiet erstreckt sich beiderseits der Grenze zwischen Oregon und Kalifornien, wo sie ein wichtiger Holzlieferant ist. In der Wildnis zeigt der Baum eine farblich wie wuchsmäßig überraschende Uniformität: Er entwickelt sich zu einem schlanken, tief meergrünen Kegel mit abstehenden Ästen und stets hängendem Gipfeltrieb von bis zu 60 m Höhe.
Aus der großen Zahl an Zuchtformen stellen die folgenden nur eine Auswahl dar:

Chamaecyparis lawsoniana 'Erecta viridis'
War die erste gezüchtete Spielart und entstand 1855 in Knaphill, Surrey. Sie ist von derber Gestalt und hat nur selten einen einzelnen, schönen Hauptstamm. Die frischgrün belaubten Zweige biegen sich unter nassem Schnee dauerhaft nach außen.

Chamaecyparis lawsoniana 'Green Spire'
Bereits vor 1947 in Woking, Surrey gezüchtet. Sie hat eine sehr schlanke Form mit besonders langer, gerader Spitze, ist intensiv hell- bis gelbgrün und hat eine glatte, glänzende Rinde.

Chamaecyparis lawsoniana 'Pottenii'
Die hellen, federartigen, senkrecht stehenden und wippenden Triebe empfehlen diese Art für formelle Reihen- oder besser noch Gruppenpflanzungen.

Chamaecyparis lawsoniana 'Intertexta'
1869 kam sie als weitere, etwas empfindliche Lawson-Variante hinzu. Sie hat eine schlankkegelige Krone, die sich oberhalb von 10 m oftmals gabelt; das harte Laub hängt deutlich herab.

Chamaecyparis lawsoniana 'Wisselii'
Eine dichte, spitze Säulenform mit locker stehenden, aufstrebenden Ästen ist die typische Wuchsform für die 1888 in den Niederlanden gezüchtete 'Wisselii'.

Chamaecyparis lawsoniana 'Allumii'
Der häufigste Nadelbaum in kleinen Gärten. Seine kegelförmige, hübsch blaugrüne und säulenförmig wachsende Jugendform verschlechtert sich im Laufe der Zeit, da sie unten buschig austreibt.

Chamaecyparis lawsoniana 'Fraseri'
Diese gut wachsende Form ist viel seltener, weniger blau, sondern mehr graugrün glänzend und bleibt auch an der Basis eine schmucke Pflanze.

Chamaecyparis lawsoniana 'Columnaris'
Entstand 1941 in den Niederlanden. Sie zeigt eine besonders schlanke Säulenform und dichte, blaugrüne Schuppenblätter.

Chamaecyparis lawsoniana 'Triomf van Boskoop'
1895 in den Niederlanden gezüchtet, hat sie eine zartere Blaufärbung und eine völlig andere Wuchsform. Sie entwickelt schnell eine mittelbreite, konische und ziemlich lichte Krone, besitzt abstehende Äste mit leicht überhängender Bezweigung und kann über 25 m × 80 cm messen.

Chamaecyparis lawsoniana 'Pembury Blue'
Dieser Baum ist klein und eher strauchig, besitzt aber das hellste und zugleich zarteste Blaugrün aller Lawsonarten.

Chamaecyparis lawsoniana 'Fletcheri'
Die etwas empfindliche, selten bis 10 m heranwachsende Form entstand 1912 in Großbritannien. Sie besitzt eine lockere, wegen der oft mehrfachen Leittriebe vielsäulige Krone. Die dunkel blaugraue Beblätterung kann nadelförmig sein.

Chamaecyparis lawsoniana 'Ellwoodii'
Sie ist ein Keimling von 'Fletcheri', kälteunempfindlicher, hat volleres, mehr graugrünes Laub und wächst langsamer und strenger senkrecht. Sie hat schon Höhen von 11 m erreicht.

Chamaecyparis lawsoniana 'Lutea'
'Lutea' war die erste goldene Form und entstand 1870 in GB. Sie wächst rasch und säulenförmig mit hängenden Zweigen und bildet eine schlanke Krone von mitunter 25 m Höhe.

Chamaecyparis lawsoniana 'Stewartii'
Diese wohl schönste und widerstandsfähigste Form wurde 1920 in Großbritannien gezüchtet. Ihre Krone ist breitkegelig mit manchmal hängender Spitze, die aufsteigenden Äste zieren farnähnliche Zweiglein, die ringsum herabhängen, und ihre leuchtende Goldfärbung bildet einen wunderbaren Kontrast zu dem weiter innen liegenden, hellgrünen Laub.

Hinoki-Scheinzypresse, Sonnenzypresse, Feuer-Scheinzypresse *Chamaecyparis obtusa*
Die Hinoki-Scheinzypresse ist ein herrlicher, breitkegeliger Baum mit waagerecht abstehenden Ästen, überhängenden Laubzweigen und einer rotbraunen, in Streifen fasernden Rinde. Sie ist als Bonsai-Baum beliebt und existiert in zahlreichen Kulturvarietäten, z. B.:

Chamaecyparis obtusa 'Aurea'
Eine trübgoldene Form, die 3–5 m hoch wird.

Chamaecyparis obtusa 'Crippsii'
Seit 1900 bekannt, ist sie die am besten an trockene Standorte angepaßte Zuchtform mit dem kräftigsten Gold-Farbton aller Koniferen.

'Allumii' 'Stewartii' 'Columnaris' 'Pottenii' 'Ellwoodii' 'Lutea' 'Intertexta' 'Green Spire'

'Intertexta'

'Lutea'

'Ellwoodii'

Lawsons Scheinzypresse

Männliche Blüten

Männliche Blüten (Abb. vergr.)

'Fletcheri'

'Allumii'

'Filifera'

'Pottenii'

'Wisselii'

Weibliche Blüten
(Abb. vergr.)

Lawsons Scheinzypresse

'Triomf van Boskoop'

'Erecta Viridis'

'Fraseri'

'Wisselii'

'Fletcheri'

'Pembury Blue'

Chamaecyparis obtusa 'Lycopodioides'
Gelangte 1861 von Japan nach Großbritannien und gilt in Europa als zwergwüchsig, kann aber die stolze Höhe von 20 m erreichen.

Chamaecyparis obtusa 'Filicoides'
Sie gedeiht nur an feuchten, windgeschützten Orten. Die langen, farnwedelähnlichen Zweiglein hängen in Reihen.

Chamaecyparis obtusa 'Tetragona Aurea'
Eine goldgrün glänzende Zierform von 1873, deren bereits früher bekannte grüne Form vollständig verlorengegangen ist.

Sawara-Scheinzypresse *Chamaecyparis pisifera*
Diese Art besitzt im Normalfall eine kegelförmige Krone, oft aber treten auch mehrere Leittriebe auf. Sprosse und Schuppenblätter sind oberseits glänzend hellgrün und tragen auf der Unterseite zwei Reihen silberweißer Streifen.

Chamaecyparis pisifera 'Plumosa'
Chamaecyparis pisifera 'Plumosa Aurea'
Diese beiden Formen sind mittelgroß und besitzen, besonders an den federartigen Jungtrieben, eine zierliche, matt-dunkelgrüne bzw. goldgelbe, 2–3 mm lange nadelförmige Beblätterung.

Chamaecyparis pisifera 'Squarrosa'
Diese Form hat eine kastanienbraun gestreifte, graue Rinde und weiche, nadelförmige Blätter, die aus der Nähe blaugrün schimmern.

Chamaecyparis pisifera 'Filifera Aurea'
Erstrahlt in hellem Gold und ist entweder strauchig oder ein schlanker Baum mit dünnen, ausladenden Ästen und hängenden Zweigen.

Weiße Scheinzypresse, Weißzeder, Kugelzypresse, Zederzypresse *Chamaecyparis thyoides*
Die Weiße Scheinzypresse ist ein kurzlebiger Baum, der mit aufrecht stehenden Ästen immerhin bis zu einer Höhe von 35 m heranwachsen kann. Ungeachtet des deutschen Namens ist die streifig ablösende Rinde graubraun, sind die Schuppenblätter blaugrün und die ca. 5 mm großen, kugeligen Zapfen purpurbraun gefärbt.

Nootka-Scheinzypresse, Nutka-Scheinzypresse
Chamaecyparis nootkatensis (*C. nutkaensis*)
Merkmale dieser Art sind die dichtstehenden, aufwärts gebogenen Äste mit ihren überhängenden Spitzen und die beiderseits dunkelgrüne Belaubung.
Die gelben männlichen Blüten zeigen sich ab dem Hochsommer bis zum nächsten April. Sie bilden einen schönen Kontrast zu den dunkelblauen Zapfen, die auf jeder Schuppe eine kurze, dornige Spitze haben.

Hängende Nootka-Scheinzypresse
Chamaecyparis nootkatensis 'Pendula'
Diese Zierform unterscheidet sich von der Normalform durch abgeflachte, blaugrüne Schuppenblätter, die wie Girlanden an den steil aufsteigenden Ästen hängen.

Formosa-Scheinzypresse *Chamaecyparis formosensis*
Eine seltene Zypressenart, die in ihrer Heimat bei 2 m Durchmesser eine Größe bis zu 50 m erreichen kann. Sie hat eine breite, U-förmige Krone und dunkles gelblich-grünes Laub ohne weiße Spaltöffnungslinien.

Hybridzypressen (×*Cupressocyparis*)

Leyland-Zypresse × *Cupressocyparis leylandii*
(*Cupressus macrocarpa* × *Chamaecyparis nootkatensis*)
Hybridform zwischen Monterey-Zypresse und Nootka-Scheinzypresse. Die Jungbäume der Leyland-Zypresse wachsen jährlich um einen Meter und mehr. Ihre Triebe hängen weniger über, die Blätter gleichen denen der Nootka-Scheinzypresse. Sie wird als unübertroffene Heckenpflanze geschätzt und erscheint in einigen Zuchtformen:

× **Cupressocyparis leylandii 'Haggerston Grey'**
Zuchtform von 1916 mit schlanken, schön getrennten Zweigen, die oft einen leichten Grauschimmer aufweisen. Sie stehen winklig und wachsen an manchen Stellen buschig.

× **Cupressocyparis leylandii 'Leighton Green'**
Diese Kulturvariante entwickelt schnell einen kräftigen Stamm. Die langen, farnartigen, leuchtendgrünen Zweige sind abgeflacht, ihre feinsten Triebe sind breit und stehen dicht beisammen.

× **Cupressocyparis leylandii 'Castlewellan Gold'**
Eine der jüngsten Zuchtformen (1963). Ihr anfangs hellgrünes und später goldgelbes Laub steht in winkligen Zweiglein ab.

× **Cupressocyparis leylandii 'Robinson's Gold'**
Ebenfalls eine mit der Zeit goldgelb werdende Zierform, aber mit dickem und abgeflachtem Laub.

Hinoki-Scheinzypresse

Weiße Scheinzypresse

Sawara-Scheinzypresse 'Squarrosa'

Sawara-Scheinzypresse

Hinoki-Scheinzypresse

Zapfen (Abb. vergr.)

'Filicoides'

'Squarrosa'

'Tetragona Aurea'

'Lycopodioides'

'Plumosa'

'Filifera Aurea'

'Crippsii'

Formosa-Scheinzypresse

Sawara-Scheinzypresse

Zapfen

Rinde

Nootka-Scheinzypresse

Zapfen

Nootka-Scheinzypresse Rinde

Hängende Nootka-Scheinzypresse

'Castlewellian Gold'

Leyland-Zypresse

'Robinson's Gold'

Weiße Scheinzypresse

'Haggerston Grey'

Rinde

'Leighton Green'

Leyland-Zypresse

'Naylor's Blue'

Leyland-Zypresse
'Haggerston Grey'

Nootka-Scheinzypresse

Wacholder (*Juniperus*)

In der Gattung *Juniperus* sind mehr als 50, in den gemäßigten Arealen der nördlichen Halbkugel vorkommende Arten von immergrünen Bäumen oder Sträuchern mit zerstreut stehenden Ästen und zahlreichen Zierformen zusammengefaßt. Sie sind meist zweihäusig, die weiblichen Bäume tragen beeren- oder steinfruchtartige, kugelige Früchte. Die Blätter können schuppen- oder nadelförmig sein.

Gemeiner Wacholder *Juniperus communis*
Der gemeine Wacholder hat von allen Bäumen der Erde das größte natürliche Verbreitungsgebiet, er wächst als einzige Art zu beiden Seiten des Atlantiks auch wild und hat sich in ganz Amerika, aber auch von Europa bis Ostsibirien ausgebreitet. Er gedeiht auf Kalk- und Kreideböden an ungeschützten, sonnigen Standorten und auf feuchten, sauren Torfböden im Schatten alter Kiefernwälder. Er besitzt scharf zugespitzte, zu dreien in einem Quirl stehende Nadelblätter von graugrüner Färbung und einem breiten, weißen Streifen an der Oberseite. Die sehr kleinen Blüten der männlichen Bäume sind gelb, die der weiblichen anfangs unauffällig grün. Die knapp 1 cm messenden, beerenartigen Früchte wechseln im Laufe ihrer Reife von grün über blau nach schwarz und werden bekanntermaßen zur Herstellung von Gin verwendet.

Irischer Wacholder *Juniperus communis* 'Hibernica'
(*J. communis* 'Stricta')
Eine recht weit verbreitete Art von schlanker Säulenform mit geraden Zweigspitzen, blaugrüner Färbung, die 7–9 m hoch werden kann.

Schwedischer Wacholder *Juniperus communis* 'Suecica'
Diese seltenere Form wird bei breiterem, aber ebenfalls säulenförmigem Wuchs bis zu 10 m hoch. Man erkennt sie an den wippenden, zierlichen Zweigspitzen und den hellgrünen, stechenden Nadeln.

Zwergwacholder *Juniperus communis* 'Nana'
(*J. communis* var. *saxatilis*)
Meist als niedriger Strauch mit dichtem Geäst kommt er in Europa bis in große Höhen, aber auch im sumpfigen Flachland vor und hat weiche, wenig stachelige, gebogene Nadeln.

Chinesischer Wacholder *Juniperus chinensis*
In Gärten und Parks der weitaus häufigste Wacholder. Der bis 20 m hohe Stamm der Baumform ist tief längsrissig und sieht mitunter mehr wie zwei grob zusammengefügte Einzelstämme aus. Die nadelartigen Blätter der unteren und der Jungpflanzen-Zweige sind dornig und hart, man sollte daher lieber die alten oder höhergelegenen, weichen Zweige mit ihren Schuppenblättern zerreiben, will man den leicht sauren, harzigen Duft riechen. Die meist kugeligen Beerenzapfen sind blau, anfangs auch weißlich angehaucht. Es gibt zahlreiche Zierformen, z.B.:

Keteleers Chinesischer Wacholder
Juniperus chinensis 'Keteleerii'
Dies ist eine zwar seltene, aber besonders hübsche Form aus Belgien mit einer regelmäßig konischen Krone und fast nur adulten, graugrün glänzenden Blättern.

Goldener Chinesischer Wacholder *Juniperus chinensis* 'Aurea'
Die 1855 in Großbritannien entstandene, schlankwüchsige, männliche Form trägt ein goldgelbes Junglaub, das ab Mitte des Jahres bis zum Pollenabwurf im nächsten April üppig mit gelben Blüten gesprenkelt ist.

Tempelwacholder, Stechwacholder *Juniperus rigida*
Korea und Japan sind die Heimat des Tempelwacholders, der trotz seines zweiten Namens durchaus weich anzufühlende, schmale Nadelblätter besitzt, wenn man sie vorsichtig anfaßt.

Virginischer Wacholder, Bleistiftzeder *Juniperus virginiana*
Das Junglaub dieser Art ist sehr weich, es riecht angenehm nach frischer Farbe. Nadelblätter finden sich nur an den Spitzen mancher Triebe. Die Früchte sind halb so groß wie die des Chinesischen Wacholders und von silbrig-blauer Färbung. Blütezeit: April, Mai.

Blauer Virginia-Wacholder *Juniperus virginiana* 'Glauca'
Eine nicht sehr verbreitete, üppig wachsende Kulturvarietät mit weicher, blaugrüner, in aufragenden Büscheln stehender Adultbenadelung. Sie ist weiblich und ein schöner, kleiner Baum von bis zu 12 m Höhe.

Hängewacholder, Himalaja-Wacholder *Juniperus recurva*
Bei dem im Himalaja, China und Burma beheimateten Hängewacholder können bei alten Bäumen die unteren Äste 2–3 m vom Stamm abstehen, bevor sie sich nach oben biegen. Die Rinde ist tiefrissig und löst sich matt graubraun ab.

Cox's Wacholder *Juniperus recurva* 'Coxii'
Cox's Wacholder ist der größte und schönste Wacholder Oberburmas. Seine Rinde ist kräftig orange, faserig und hängt in losen Fetzen herab. Die Blätter stehen weit auseinander und geben den Blick auf die Zweige frei.

Syrischer Wacholder *Juniperus drupacea*
Dieser Baum stammt aus den Gebirgen Kleinasiens und hat von allen Arten die hübschesten, glänzendsten und mit 15–25 mm auch die längsten Nadeln und zudem noch die größten Früchte. Diese sind mehr als 2 cm dick, hellbraun und werden holzig wie die Zapfen einer Monterey-Zypresse.

Meyers Blauwacholder *Juniperus squamata* 'Meyeri'
Die tief blauweißen Nadeln dieser Art liegen zur Hälfte an dem Zweig an, ihre äußere Hälfte steht ab. Die Beerenzapfen sind erbsengroß und schwarz.

Gemeiner Wacholder
Schwedischer Wacholder
Keteleers Chinesischer Wacholder
Chinesischer Wacholder
Goldener Chinesischer Wacholder
Irischer Wacholder
Zwergwacholder

chwedischer Wacholder

Irischer Wacholder

Chinesischer Wacholder

Gemeiner Wacholder

Goldener Chinesischer Wacholder

Hängewacholder

Unterseite

Syrischer Wacholder

Männliche Blüte

Meyers Blauwacholder

Cox's Wacholder

Cox's Wacholder Rinde

Früchte

Frucht

Männliche Blüten

Blauer Virginia-Wacholder

inischer Wacholder

Syrischer Wacholder

Tempel-wacholder

Meyers Blauwacholder

Hängewacholder

Tempelwacholder

Thuja (*Thuja*)

Thujas, auch Lebensbäume genannt, sind immergrüne, aufrecht wachsende, einhäusige Bäume oder Sträucher mit kleinen Schuppenblättern. Nur in ihrer Jugend tragen sie Nadelblätter. Beide Blattformen duften zerrieben stark aromatisch.

Riesen-Thuja, Riesen-Lebensbaum *Thuja plicata (T. lobbii, T. gigantea)*
Die Riesen-Thuja aus Nordamerika verdankt ihren Namen der für Thujas ansonsten ungewöhnlichen Höhe von bis zu 60 m. Sie gibt schon nach kurzer Zeit ein solides und dennoch leichtes Holz ab, das auch noch außergewöhnlich widerstandsfähig ist. Kennzeichnend sind die rotbraune, streifig ablösende Rinde und der spitzkegelförmige Wuchs mit tief ansetzenden, zerstreuten Ästen und oberseits glänzend-grüner, unterseits weiß gefleckter Belaubung. Bei milder, feuchter Witterung kann man bereits von weitem den schweren, fruchtigen Duft dieser Bäume wahrnehmen. Das zerriebene Laub riecht süß, ein wenig nach Ananas. Die winzigen, gelblich gefärbten, männlichen Blüten werfen Anfang März ihre Pollen ab. Zapfen gibt es in großer Menge, auf feuchtem Boden wachsen daraus viele Sämlinge.

Thuja plicata 'Zebrina'
Diese nicht vor 1900 entstandene Zuchtform variiert in der Stärke und Helligkeit ihrer Goldfärbung und wächst ähnlich schnell wie die grüne Form. Allerdings wird sie nur etwa 23 m groß.

Gewöhnliche Thuja, Abendländischer Lebensbaum Westlicher Lebensbaum *Thuja occidentalis*
Ob sie nun 1536 oder 1596 herüberkam, die Gewöhnliche Thuja war vermutlich der erste amerikanische Baum auf europäischem Boden. Sie kommt aus dem Osten der USA und Kanadas, wächst langsam zu ca. 20 m heran, sieht selten richtig gesund aus und gibt sich früh auf. Sie gedeiht an Plätzen, wo es für die meisten Bäume zu sumpfig ist, wird dort aber leicht vom Sturm umgeweht. Das Laub fühlt sich aufgrund einer erhabenen Drüse auf den Schuppenblättern oberseits recht uneben an und weist unterseits eine einheitliche, matt-hellgrüne Färbung auf. Bei jungen Bäumen wächst es in aufsteigenden, geschwungenen Etagen, bei alten Exemplaren hängt es dagegen wie absterbend herab. Die Zapfen sind länglich-oval und öffnen sich bei der Reife weit. Von den zahlreichen Gartenformen seien genannt:

Thuja occidentalis 'Spiralis'
Auf ihren sonst blaugrünen Schuppenblättern zeigt diese Form im Winter mitunter einen bronzenen Schimmer. Sie besitzt spiralig angeordnete, kleine, belaubte Triebe an den aufrechten Zweiglein der äußeren Krone und ist ein herrlicher Baum für Leute mit wenig Platz in ihrem Garten, da sie meist nicht größer als 10 m wird.

Thuja occidentalis 'Lutea'
Diese Form ist ein robuster und schöner Baum mit festem Laub. Er ist relativ selten, wird meist etwa 15 m × 50 cm, maximal aber 20 m hoch.

Japanische Thuja, Japanischer Lebensbaum
Thuja standishii (T. japonica)
Von allen Nadelbäumen hat diese Thuja das wohlriechendste Laub: es duftet süß und würzig nach Zitrone und einer Spur Eukalyptus. Sie kommt aus den Gebirgen Japans und wächst nur langsam mit waagrecht abstehenden Ästen zu 20 m Höhe heran. Die Rinde weist zwischen den sich ablösenden, am Rand ausgefransten Platten rötlich glänzende Stellen auf. Die Zweiglein sind adult dick und schwer von sattgrünen unten weiß gezeichneten Schuppenblättern. Im Jugendstadium sind sie oft staubig blaugrau und besitzen wippende Enden.

Koreanische Thuja, Koreanischer Lebensbaum
Thuja koraiensis
Das flache, dünne Laub der Koreanischen Thuja ist unterseits fast ganz leuchtend weiß und riecht intensiver, aber weniger süß als die vorhergehende Art. Es duftet appetitlich nach Mandeln. Der langsamwüchsige, mit niederliegenden Ästen breit ausladende Strauch tritt nur manchmal baumförmig auf und findet sich nur in botanischen Gärten, wo er sich oberseits entweder leuchtend hellgrün oder dunkel-blaugrün präsentiert, während er unterseits mit weißen Linien prangt.

Chinesische Thuja, Östlicher Lebensbaum, Orientalischer Lebensbaum *Thuja orientalis*
In seiner Heimat China, der Mandschurei und Korea ist die Chinesische Thuja ein zierlicher Baum mit dichten Ästen, fächerförmigen Zweigen und einer lichten, spitzen Krone. Das Laub ist auf beiden Seiten gleich hellgrün und kann im Winter etwas bräunen. Die Blütezeit ist von April bis Mai. An den Enden der grünen, bläulich angehauchten Zapfen befinden sich hakig gebogene Spitzen.

Thuja orientalis 'Elegantissima'
Dies ist eine sehr kleinwüchsige Sorte, die viel in Innenhöfen, Pflanzkübeln und Steingärten gepflanzt wird, wo sie sehr langsam der 10-m-Marke entgegenstrebt. Ihr Grün ist im Sommer am hellsten, danach folgt ein dunkleres Grün, das dann im Winter einen leuchtenden Gelbton aufweist.

Hiba, Hiba-Lebensbaum *Thujopsis dolabrata*
Die in Japan heimische Hiba ist der einzige Vertreter ihrer Gattung. Sie ist einhäusig, immergrün und tritt als vielstämmiger Baum mit quirlständigen, waagerecht abstehenden oder überhängenden, verzweigten Ästen in Erscheinung. Sie kommt aber auch einstämmig, kegelförmig und bis zu 23 m heranwachsend vor. Die Rinde der vielstämmigen Exemplare löst sich in dünnen Fasern ab, bei den einstämmigen ist die Rinde dagegen glatt, glänzend und tief purpurbraun. Das glänzende, gelblich-grüne Laub ist flach, breit und hart.

Chinesische Thuja · 'Elegantissima' · Koreanische Thuja · Hiba

Hiba

'Zebrina'

Unterseite

Zapfen

Zapfen

Chinesische Thuja

Riesen-Thuja

Unterseite

Gewöhnliche Thuja

Zapfen

Zapfen

Japanische Thuja Rinde

Zapfen

Rinde

Zapfen

Unterseite

Koreanische Thuja

Unterseite

Japanische Thuja

'Zebrina'

'Lutea'

'Spiralis'

Gewöhnliche Thuja

Riesen-Thuja

Familie Tannen (Pinaceae)

Zeder (*Cedrus*)

Obwohl ihr Name für die Benennung vieler Baumarten aus z.T. ganz anderen Gattungen herhalten mußte, bilden die Zedern nur vier Arten, die vom Mittelmeerraum bis in den westlichen Himalaja beheimatet sind. Es sind immergrüne Nadelbäume, deren gemeinsames Merkmal die büschelartige Anhäufung von ca. 20 Nadelblättern an den älteren Kurztrieben ist. An den jungen Langtrieben stehen die Nadeln dagegen einzeln. Die Zapfen stehen wie bei den Tannen aufrecht und zerfallen noch am Baum, wo die Zapfenspindel alleine stehenbleibt. Alle Zedern blühen im Herbst. Als einfaches Unterscheidungsmerkmal der einzelnen Arten kann die Wuchsform der Astspitzen verwendet werden.

Libanon-Zeder, Echte Zeder *Cedrus libani*
Die Libanon-Zeder ist in der Türkei und in dem berühmten Hain auf dem Mount Lebanon beheimatet. Obwohl dieser Baum schon seit Urzeiten bekannt und beschrieben war, wurde er nicht so früh kultiviert wie angenommen. Die frühesten urkundlichen Erwähnungen datieren lediglich bis 1679 zurück. Es ist anzunehmen, daß das Alter von Zedern meist überschätzt wird und in den meisten Fällen 1000 Jahre nicht überschreitet.
Junge Libanon-Zedern wachsen relativ schnell. Sind sie über 10 Jahre alt, zeigen sie eine typisch spitzkegelige Wuchsform mit zahlreichen, kurzen Ästen. Mit zunehmendem Alter bildet sich dann die flache oder schirmförmige Krone aus. Die größten Exemplare haben meist riesige untere Äste, oder aber der Hauptstamm gliedert sich schon früh in mehrere mächtige Teilstämme. Große, freistehende Einzelstämme sehen überaus beeindruckend aus. Normalerweise haben die Bäume dunkelgrünes Laub, es gibt jedoch eine starke Tendenz zu richtig hellblauer Benadelung. Die graugrünen, männlichen Blüten stehen aufrecht und werden bis zu 5 cm lang, die ebenfalls aufrechten weiblichen Blüten dagegen nur ca. 1 cm. Die harzreichen Zapfen tragen leicht rot geränderte Schuppen und werden über 10 cm groß. Manchmal läßt sich die Libanon-Zeder nur schwer von der Atlaszeder unterscheiden, die Rinde der Libanon-Zeder ist in der Regel jedoch mehr rötlich-braun. Das Zedernholz ist für seinen stark aromatischen Geruch berühmt.

Goldene Libanon-Zeder *Cedrus libani* 'Aurea'
Die goldgelbe Zierform der Libanon-Zeder sieht man gelegentlich als kleinen, schlanken, jungen Baum oder mittelgroß mit einer breit ausladenden Krone.

Zypern-Zeder, Kurznadelige Zeder
Cedrus brevifolia (*C. libani* var. *brevifolia*)
Nur auf Zypern vorkommend hat sie mit ca. 1 cm die kürzesten Nadeln aller vier Arten, mit bis 10 cm kleinere und spitzer zulaufende Zapfen und wird kaum jemals höher als 20 m. Ansonsten ist sie der Libanon-Zeder sehr ähnlich.

Atlas-Zeder *Cedrus atlantica*
Ihre Heimat, das Atlasgebirge Algeriens und Marokkos, war hier namengebend. Man sieht sie bei uns häufig auf Friedhöfen und in Gartenhecken. Sie blüht als erste Zeder Mitte September. Wenn man die hell graugrünen, männlichen Blüten aufrecht an den Zweigen sieht, meint man, es wären Zapfen, doch dann werden sie länger (4 cm) und krümmen sich an der Spitze. Bevor sie abfallen und wahre Teppiche am Boden bilden, schütten sie massenhaft Pollen aus. Die Zapfen werden etwa 7 cm groß, ihre Spitze sitzt vertieft, wie in einem Trichter.

Blaue Atlas-Zeder *Cedrus atlantica* 'Glauca'
Weitaus verbreiteter als die Stammform ist die blaue Form der Atlaszeder. Sie wächst aufrecht bis zu 40 m, behält diese Form auch im Alter, ist weniger ausladend und unempfindlicher. Die blaugrünen bis silbergrauen Nadeln sind nur 1–3 cm lang.

Säulen-Atlaszeder *Cedrus atlantica* 'Fastigiata'
Ein hübscher Baum, der sich dadurch auszeichnet, daß er regelmäßig säulenartig wächst, daß ihm Trockenheit nichts ausmacht und er kalkreiche Böden liebt. Er entstand als Keimling in Frankreich.

Trauer-Atlaszeder *Cedrus atlantica* 'Pendula'
Diese Form ist entweder ein niedriger, runder Baum mit hängendem Wuchs, der etwa 20 Jahre lang nicht merklich größer wird, oder – was seltener der Fall ist – eine herrliche Fontäne von 7–9 m Höhe.

Himalaja-Zeder *Cedrus deodara*
Sie kommt in den Gebirgslagen des Punjab bis zu 3000 m Höhe vor und ist wegen der Gewinnung des berühmten Zedernöls sehr begehrt. Bei uns ist sie in Gärten und in Parks sehr verbreitet. Der Leittrieb des ansonsten geradstammig wachsenden Baums ist stark überhängend, auch die Astspitzen hängen. Diese Merkmale sind besonders auffällig bei jungen Bäumen, deren schmale, bis 5 cm lange Nadeln teilweise viele Jahre lang blaugrau sind. Die männlichen Blüten und die Zapfen sind größer als bei den übrigen Zedern und wachsen meist an separaten Zweigen. Die 6 mm großen weiblichen Blüten, die sich im Zentrum der Wirtel entwickeln, sind blaßgrün, leicht rosa angehaucht und öffnen sich Anfang November, wenn die männlichen Blüten ihre Pollen ausschütten. Im Laufe des folgenden Sommers reifen die Zapfen, die übrigens keine vertieft sitzende Spitze haben, zur halben Größe heran, ihre volle Größe von 12–14 cm erreichen sie erst im zweiten Sommer. Noch am Baum zerfallen sie im darauffolgenden Winter. Unter alten Bäumen gibt es große Verluste durch Windwurf.

Säulen-Atlaszeder

Trauer-Atlaszeder

Atlas-Zeder Rinde

Blaue Atlas-Zeder

Libanon-Zeder

Blaue Atlas-Zeder

Männliche Blüte

Himalaja-Zeder

Männliche Blüte

Männliche Blüte

Zypern-Zeder

Rinde

Zapfen

Deckschuppe

Goldene Libanon-Zeder

Libanon-Zeder

Himalaja-Zeder

Lärche (*Larix*)

Lärchen bilden eine Gruppe von 10 Arten mit einem riesigen Verbreitungsgebiet, das vom Norden Amerikas über Europa bis weit nach Asien reicht. Es sind sommergrüne, einhäusige Nadelbäume, die bereits vor den meisten anderen Bäumen austreiben und im Herbst ihre mittlerweile golden verfärbten Nadeln abwerfen. Auf den jungen Trieben stehen die Nadeln einzeln und zerstreut, an den älteren Zweigen jedoch sitzen Büschel von bis zu 40 Nadeln auf kurzen Trieben. Die männlichen Blütenstände sind kugelig, gelb und nach unten orientiert, während die weiblichen Blütenstände wie Zapfen aussehen und aufrecht stehen. Das Holz der Lärchen ist wegen seiner Festigkeit und Schönheit begehrt.

Europäische Lärche *Larix decidua* (*L. europaea*)
Die Europäische Lärche kommt als Wildwuchs in den Alpen von Frankreich bis in die Gegend von Wien, sowie in den Karpaten und der Hohen Tatra vor, bildet aber nur selten kleine Wäldchen. Sie wird bis zu 40 m hoch, wächst im Normalfall mit geradem Stamm und ebensolcher Krone und zeigt eine graubraune, im Alter tief rissige Rinde. Die Blüte der Lärche beginnt, noch bevor das hellgrüne, 4 cm lange Nadellaub ausschlägt.

Im allgemeinen haben die Lärchen aus den Westalpen kräftige, rötliche Zweige und große Zapfen, während nach Osten zu die Zweige zunehmend dünner und heller (gelblich bis weiß) und die Zapfen immer kleiner werden, bis die Merkmale bei der Polnischen Lärche extrem ausgeprägt sind. Die Bäume, die aus östlichen Samen hervorgingen, wachsen bei uns später, länger und schneller, nur nicht so gerade, verglichen mit denen aus westlichen Samen. Einen guten Kompromiß bieten Samen aus dem Sudetengebirge, die Bäume wachsen schnell und gerade.

Japanische Lärche *Larix kaempferi* (*L. leptolepis*)
Die schönste Lärchenart ist wohl die Japanische Lärche, die auf der Insel Honschu und an den Hängen des Fudschijama beheimatet ist. Auch sie wird forstwirtschaftlich genutzt. Vor allem auf kargen, farnbewachsenen Böden wächst sie schneller als die Europäische Lärche. Hat sie genügend Raum, dann entwickelt die Japanische Lärche oft kräftige, lange, waagerechte Äste. An den rotbraunen Haupttrieben sitzen viele Seitentriebe, daher ist ihre Krone dichter, und der gesamte Baum spendet mehr Schatten. Die Nadelfärbung variiert oberseits von hellgrün bis blaugrün, unterseits ist sie bläulich-weiß. Die Blüte, die bei den meisten Bäumen so üppig ausfällt, findet erstmals nach etwa vier Jahren statt, gerechnet ab Pflanzdatum. Die weiblichen Blüten sind nicht selten schon im Februar offen, und 1–2 Wochen später erfolgt die Pollenausschüttung der männlichen Blüten. An den etwa 3 cm großen Zapfen fällt vor allem der nach außen gebogene Rand der Schuppen auf.

Hybrid-Lärche, Dunkeld-Lärche *Larix × eurolepis*
Erstmals wurde die Hybrid-Lärche, eine Kreuzung zwischen der Europäischen und der Japanischen Lärche, im schottischen Dunkeld gezüchtet. Ihre Merkmale sind alle intermediär bis auf die, daß sie größere Zapfen und mehr Blüten hat als die beiden Eltern und auch an vielen problematischen Standorten bessere Wuchsergebnisse liefert als diese.

Auf gutem Boden können junge Bäume pro Jahr bis zu 150 cm wachsen, bei einem Wochenmaximum von 15 cm, und sind nach 20 Jahren bereits ca. 20 m hoch. Die Nadeln am schnellwüchsigsten Abschnitt des Leittriebs sind bis zu 8 cm lang. Hybridsamen ist heute von Betrieben erhältlich, wo von den schönsten, gesündesten und kräftigsten Bäumen beider Elternarten Pfropfreiser genommen werden, die man zusammen wachsen und sich gegenseitig bestäuben läßt.

Sibirische Lärche *Larix russica* (*L. sibirica*)
Sie kommt vom Nordosten Rußlands bis Zentralsibirien vor, wobei der Jenissei die Grenze zwischen ihrem Verbreitungsgebiet und dem der Dahurischen Lärche markiert. Die Sibirische Lärche ähnelt der Europäischen, die Äste sind jedoch mehr aufstrebend, Zweige und Zapfen sind weich behaart und die Nadeln länger und dichter stehend. In Finnland, Ostkanada und auf Island sind sehr schöne Exemplare zu finden.

Amerikanische Lärche, Tamarack *Larix laricina*
Die eher zierliche Amerikanische Lärche kommt in dem weiten Raum von Labrador bis Alaska und im Süden bis zu den großen Seen natürlich vor. Sie hat einen geraden Stamm und eine schlanke Krone aus peitschenförmig gebogenen Zweigen. Dank ihrer Widerstandskraft vermag sie auch da noch zu wachsen, wo der Boden für andere Lärchen zu naß ist. Am Anfang ist sie sehr schnellwüchsig, doch wird sie selten über 20 m hoch und ist nur kurzlebig. Ihre Nadeln sind klein, ebenso die kugeligen, etwa 2 cm großen Zapfen.

Goldlärche (*Pseudolarix*)

Diese Gattung mit einer einzigen Art ist den Lärchen sehr ähnlich. Wesentliche Unterschiede sind die noch am Baum zerfallenden Zapfen und die an Kurztrieben endständigen, männlichen Blüten.

Goldlärche *Pseudolarix amabilis*
Wie ihre Verwandten ist die Goldlärche ein sommergrüner Baum. Sie wächst mit heller, graubrauner Rinde und einem durch waagerecht ausladende Äste bedingten breiten Wuchs bei uns meist zu der bescheidenen Höhe von ca. 20 m, während sie in ihrer Heimat China angeblich über 80 m werden kann. Männliche Blüten der Goldlärche stehen an Kurztrieben in Gruppen zu 20 und verdrängen manchmal sogar die hellgrünen Nadeln. Die mit dicken, ledrigen Schuppen besetzten Zapfen und die männlichen Blüten wachsen nicht an denselben Zweigen. Auffällig ist auch, daß die Endtriebe jedes Jahr länger werden. Die Goldlärche ist bei uns immer noch eine Rarität: Ein breiter Baum mit einer sehenswerten goldgelben bis orangefarbenen Herbstfärbung.

Goldlärche

Goldlärche

Rinde

Männliche Blüten

Weibliche Blüten

Europäische Lärche

Samen

Zapfen

Weibliche Blüten

Männliche Blüten

Japanische Lärche

Samen

Zapfen

Hybrid-Lärche

Sibirische Lärche

Zapfen

Hybrid-Lärche Rinde

Europäische Lärche

Amerikanische Lärche

Japanische Lärche

Fichte (*Picea*)

Die Fichten sind mit etwa 50 Arten über den größten Teil der nördlichen Erdhalbkugel, mit Ausnahme von Afrika, verbreitet. Es sind immergrüne, einhäusige Bäume, deren Nadeln spiralig angeordnet sind. Bei Betrachtung mit einer Lupe erkennt man, daß das Nadelblatt von einem sehr kurzen Stielchen abgesetzt ist. Beim Abfallen der Nadeln bleibt das Stielchen zurück und bedingt die rauhe Oberfläche des Zweiges. Im Querschnitt sehen die Nadeln fast durchwegs vierkantig aus. Die schon recht früh umbiegenden und die meiste Zeit hängenden Zapfen fallen als Ganzes ab.

Gemeine Fichte (*Picea abies = P. excelsa*)
Sie ist überall in den europäischen Gebirgen vom Balkan bis nach Skandinavien verbreitet, fehlt aber im nordeuropäischen Flachland und ist allen wohlbekannt als der Lieferant der weihnachtlichen »Tannenbäume«.
Im 18. und 19. Jahrhundert wurde dieser bis zu 60 m hohe Baum mit rotbrauner, schuppig ablösender Rinde und waagerechten oder leicht hängenden Ästen sehr weiträumig angepflanzt. Seit 1920 wird er in der Forstwirtschaft vorrangig nur noch da gepflanzt, wo es für ein optimales Wachstum der Sitkafichte zu kalt oder zu windig ist. Er wurde häufig in Schutzgürteln und in den Außenbezirken der Städte gepflanzt, doch sind diese Bäume mittlerweile sehr stark ausgedünnt, da ihnen die Stadtluft überhaupt nicht bekommt. Das Wachstum ist optimal an Nordhängen oder in tiefen Waldschluchten; die jungen Bäume wachsen dort etwa 15 Jahre lang um 1 m jährlich. Bei alten Bäumen nimmt der Durchmesser nur ganz langsam zu, und obwohl die Lebensspanne mehr als 200 Jahre betragen kann, gehen sehr viele schon weit früher ein, und nur wenige erreichen 130 cm Durchmesser.
An den unteren Zweigen findet man oft spindel- bis walzenförmige Verdickungen oder Ananas-Gallen. Sie sind das Werk einer bestimmten Blattlausart, die zum Fressen von der Fichte zur Lärche übergewechselt und zur Eiablage wieder zurückgekehrt ist. Die Nadeln der gemeinen Fichte sind mit maximal 25 mm relativ kurz, zugespitzt und im Querschnitt vierkantig. Die bis zu 16 cm langen Zapfen, oft fälschlicherweise als »Tannenzapfen« bezeichnet, haben bis zur Reife fest anliegende Schuppen.
In überwiegender Mehrzahl haben Fichten eine Bürstenkrone, bei der die Zweige in allen Richtungen von den Ästen abstehen. Es gibt jedoch in jedem Forst auch ein paar »Kammfichten«, deren seitliche Zweige in schönen Reihen herabhängen. Eine andere, die nordschwedische Form, die sich vielleicht entwickelt hat, damit schwerer Schnee besser abrutschen kann, sieht man häufig in den Karpaten und in Schweden, wo man sie wegen ihrer überragenden Wüchsigkeit sehr schätzt. Die Gemeine Fichte ist Stammform zahlreicher Zuchtformen, von denen nur einige genannt werden können:

Goldfichte *Picea abies* 'Aurea'
Wenn die jungen, goldgelben Triebe sprießen, sieht sie sehr attraktiv aus, doch vom Hochsommer bis zum nächsten Mai sind ihre einzigen

Kennzeichen der recht unschöne, gelbliche Farbton einiger der ansonsten grünlich gewordenen Nadeln und der blasse Gesamteindruck.

Sibirische Fichte *Picea obovata*
Die östliche Form der Gemeinen Fichte ähnelt stark der Stammform, ihr Verbreitungsgebiet erstreckt sich von Nordskandinavien bis Ostsibirien und umfaßt auch Teile Westrußlands. Sie ist selten und nur in einigen botanischen Gärten zu sehen. Ihre Krone ist kegelig, die Zweigenden deuten nach oben. Wo an den Zweigen Knospen wachsen, stehen die schlanken, oft hellgrünen Nadeln deutlich paarweise ab; die kleinen, 5–8 cm langen Zapfen haben umgebogene Deckschuppen. Sie wächst ziemlich langsam, nur wenige Exemplare sind 15 m hoch.

Serbische Fichte, Omorika-Fichte *Picea omorica*
Diese auffallend hohe, schmale Form mit kaffeebrauner, in Platten ablösender Rinde ist ein Relikt einer voreiszeitlichen Pflanzenwelt, wo Fichten mit abgeflachten Nadeln weit verbreitet waren. Die serbische Art wurde 1875 in Jugoslawien im oberen Drautal entdeckt. Sie hat eine für Fichten bemerkenswerte Anpassungsfähigkeit an kalkige oder torfige Böden mit niedrigem pH-Wert und an Stadtluft. Leider ist sie auch ungewöhnlich anfällig für Pilzkrankheiten.
Ihre Nadeln werden etwa 14 mm lang, besitzen eine dunkelgrüne Unterseite und oberseits weiße Streifen. Wegen der recht häufigen Drehung der Nadeln scheint dies umgekehrt zu sein. Sie blüht zeitgleich mit anderen Fichten Anfang Mai, jedoch öffnen sich ihre vegetativen Knospen erst drei Wochen später als bei der Sitkafichte, weshalb sie nur selten dem Frost zum Opfer fallen. Die Zapfen werden bis 6 cm lang und wachsen zahlreich im oberen Teil der Krone.

Sargent-Fichte *Picea brachytyla*
1901 aus China eingeführt, ist die Sargent-Fichte ein in ihrer Heimat mittlerweile selten gewordener, schöner Baum, der in den meisten botanischen Gärten gezüchtet wird. Die flachen, tannenartigen Nadeln sind unterseits so leuchtend silberblau wie bei keiner anderen Fichte und sitzen an den Seiten und an der Oberseite der hellen, glatten Zweige.

Schimmelfichte, (Kanadische) Weißfichte *Picea glauca* (*P. alba*)
Eine von Alaska bis Neufundland und Labrador natürlich vorkommende, schlanke und bis 30 m hohe Art, die einer der bedeutendsten Holzlieferanten für die Papierindustrie ist. Die schlanken, an den Längskanten abgerundeten und bis 25 mm langen Nadeln sind bläulichgrün und stehen meist starr von den glatten, weißen oder rötlich angehauchten Zweigen ab. Zerrieben riechen sie unangenehm stechend nach Grapefruit. Die männlichen Blüten hängen über und sind bis zum Aufblühen rotbraun.

Schimmelfichte

Weibliche Blüten

Männliche Blüten

Sibirische Fichte

Weibliche Blüte

Männliche Blüten

Gemeine Fichte

Männliche Blüten

Weibliche Blüte

Schrenks Fichte

Serbische Fichte

Männliche Blüten

Weibliche Blüten

Unterseite

Männliche Blüten

Weibl. Blüten

Sargent-Fichte

Rinde

Zapfen

Kammwuchs-Form

Goldfichte

Zapfenschuppe

Gemeine Fichte

Nordschwedische Form

Sargent-Fichte

Serbische Fichte

Schrenks Fichte *Picea schrenkiana*
In Ostsibirien und China beheimatet und dort bis 20 m heranwachsend, fühlt sich Schrenks Fichte in Europa dagegen nur selten wohl. Obgleich die kräftigen Zweige ringsum benadelt sind, ist das Laub dünn. Die Triebe hängen nicht, die Nadeln sind meist stumpf, und die bis 8 cm langen Zapfen sind gekrümmt.

Sitka-Fichte *Picea sitchensis*
Sie hat ihren Namen von der ehemaligen Hauptstadt Alaskas und ist ein herrlicher Baum von der nordamerikanischen Pazifikküste, wo sie von den Alaska vorgelagerten Inseln bis Mittelkalifornien in einem schmalen Streifen von 4000 km Länge vorkommt. Im Westen Alaskas zwar niedrig und buschig, ist die Sitkafichte trotzdem die größte Fichte der Welt: im Staate Washington stehen viele Exemplare von 80 m × 350 cm. Im südlichsten Teil ihres meist torfreichen Verbreitungsgebiets wird sie rund 40 m hoch.
Mit ihrem raschen Wachstum (bis 15 cm/Jahr) und den starken Stämmen ist sie das Rückgrat der Holzindustrie und Forstwirtschaft vieler Industrieländer. Sie gedeiht nicht so gut, wo pro Jahr weniger als 100 mm Regen fallen oder häufig Spätfröste auftreten. In trockeneren Gegenden, besonders nach einem milden Winter leiden die Bäume unter dem Befall durch die Sitkafichtenlaus: mit Ausnahme derjenigen des Vorjahrs werden alle Nadeln braun und fallen ab, wodurch die Bäume schwächlich und krank aussehen; sie erholen sich aber in der Regel wieder.
Die Sitka-Fichte besitzt eine graue, rötlich aufblätternde Rinde, die in runden Schuppen abspringt. Die Äste sind durchgehend ansteigend, die unteren hängen meist über. Ihre graugrünen, bis 3 cm langen, flach vierkantigen Nadeln haben ober- und unterseits helle Streifen und sind scharf zugespitzt. Die Blüten beider Geschlechter sind klein und rot, die männlichen hängen und werden mit der Zeit gelb, die weiblichen stehen aufrecht. Die bis 8 cm langen Zapfen sind in reifem Zustand ockerbraun.

Siskiyou-Fichte *Picea breweriana*
Sie kommt in Höhen von 2000 m in kleinen, etwa 16 m hohen Gehölzen in den Siskiyou-Bergen vor, welche die Grenze zwischen Kalifornien und Oregon bilden. Wann immer von einer 30 m hohen Siskiyou-Fichte die Rede ist, handelt es sich um einen Irrtum, und der betreffende Baum ist in Wirklichkeit eine Himalaja-Fichte, die sehr oft so hoch wird, gelegentlich sogar über 38 m. Die Siskiyou-Fichte hat im Alter eine dunkelbraunschwarze Rinde mit abgerundeten Schuppen, einen aufrechten Wuchs mit aufwärts strebenden Ästen und bis zu 2 m langen Trieben, die vorhangartig herunterhängen. Die Nadeln sind flach, unterseits weißgestreift, etwa 3 cm lang und dunkelgrün, manchmal fast schwarz gefärbt.

Himalaja-Fichte, Morinda-Fichte *Picea smithiana*
Diese von Afghanistan bis Nepal beheimatete und dort bis 60 m hohe Fichte hat eine purpurgraue Rinde und waagerechte, an den Enden aufwärts gebogene Äste mit langen, herabhängenden Trieben. Von diesen stehen schlanke, beinahe runde, dunkelgrüne und vorwärts gebogene Nadeln von 4 cm Länge ab. Die Zapfen sind bis 15 cm groß, ihre Schuppen sind an den Spitzen leicht gebogen.

Blaufichte, Blaue Stechfichte *Picea pungens* 'Glauca'
Die Blaufichte ist wohl die bedeutendste unter den zahlreichen Zierformen der Stechfichte, deren natürliches Verbreitungsgebiet die Wälder der östlichen Rocky Mountains in Höhenlagen bis 3000 m sind. Wie die sehr seltene Stammform ist sie ein schnellwüchsiger, bis 25 m hoher Baum mit dunkel-weinroter, grobschuppiger Rinde und von meist regelmäßigem Wuchs. Die blaugrauen, bis 2 cm langen, steifen und zugespitzten Nadeln stehen bei ihr rings um die Triebe verteilt und können nach oben und vorne gebogen sein.

Blaue Engelmann-Fichte *Picea engelmannii* 'Glauca'
Auch die Stammform der Engelmann-Fichte ist bei uns sehr selten, die blaue Kulturform dagegen sehr verbreitet. Sie macht im Vergleich zur Blaufichte einen gepflegteren Eindruck, wird etwa 15 m groß und unterscheidet sich von dieser durch das weiche, nach Menthol duftende Laub und die orangefarbene Rinde, die sich in kleinen, papierartigen Fetzen abschält. Sie kommt in den Rocky Mountains mit der Stammform vor.

Hondo-Fichte, Yedo-Fichte *Picea jezoensis* var. *hondoensis*
Der bei uns recht seltene, bis 30 m hohe Baum mit glatter, feinschuppig ablösender Rinde ist auf der japanischen Insel Honschu heimisch und winterhart. Die unterseits auffallend blau-weiß gestreiften, oben glänzend grünen und stark gekielten Nadeln stehen starr von den weißen bis cremefarbenen Zweigen ab. Die hellbraunen Zapfen haben recht locker angeordnete Schuppen und werden etwa 7 cm lang.

Likiang-Fichte *Picea likiangensis*
Ebenfalls selten ist die bis 20 m hohe und in Tibet und Westchina beheimatete Likiang-Fichte. Ihre leuchtendblauen Nadeln stehen an weitausladenden, aufsteigenden Ästen, die Rinde ist hellgrau und am Stamm von dunklen Längsrissen durchzogen. Das herausragende Merkmal dieser Art ist die Fülle der tiefroten Blüten, die sich Anfang Mai öffnen und nicht selten fast die ganze Krone verhüllen.

Koyama-Fichte *Picea koyamai*
Den 18 m hohen Baum mit dunkel-rotbrauner, unregelmäßig gesprenkelter Rinde, ansteigenden Ästen und dichter, blaugrüner Benadelung trifft man bei uns sehr selten. Er stammt aus Korea sowie einem einzigen Wäldchen von etwa 100 Bäumen in Japan. Seine im Querschnitt quadratischen Nadeln zeigen allseitig schmale, weiße Streifen und duften zerrieben intensiv süßlich.

Weibliche Blüten

Likiang-Fichte

Männliche Blüten

Weibliche Blüten

Hondo-Fichte

Koyama-Fichte

Männliche
Blüte

Weibliche
Blüte

Sitka-Fichte

Blaufichte

Himalaja-Fichte

Männliche
Blüten

Siskiyou-Fichte

Weibl. Blüte

Blaue Engelmann-Fichte

Sitka-Fichte   Engelmann-Fichte   Blaufichte   Himalaja-Fichte   Siskiyou-Fichte

Borstenfichte, Drachenfichte *Picea asperata*
Die etwa 20 m hohe Borstenfichte stammt aus den Gebirgen im
Westen Chinas und wurde 1910 zur Kultivierung eingeführt. Sie ist
recht variabel und gibt in einer blauen, sehr dicht belaubten Form
einen respektablen Baum ab. Im allgemeinen hat sie jedoch dunkle
Nadeln und dünne Zweige und ist mit ihrer losen, papierartigen Rinde
kein schöner Anblick. Sie hat harte, dornig zugespitzte Nadeln. Sie
blüht bis Mitte April fast genauso schön wie die Likiang-Fichte, nur
nicht so üppig. Der kräftige Leittrieb ist in der Regel um die 30 cm lang
und wächst nicht ganz senkrecht. Die anfangs grünen Zapfen haben
oft dunkelrot gerandete Schuppen, beim Reifen werden sie hellbraun.

Alcocks Fichte *Picea bicolor*
Alcocks Fichte ist eine der beiden Arten mit unterseits blau-weiß
gestreiften Nadeln, die nicht abgeflacht, sondern fast viereckig im
Querschnitt sind. Sie hat eine charakteristische, dicht mit bläulichgrünen, bis 18 mm langen Nadeln belaubte Krone, die unteren Äste
sind lang, kräftig und schön aufsteigend. Die auffällig locker gebauten
Zapfen sind rotbraun und werden 10 cm lang. Die Art wurde aus
Japan eingeführt und ist, wie einige andere Fichten aus diesem Land,
meist kurzlebig und bevorzugt kühle, feuchte Standorte.

Tigerschwanzfichte *Picea polita*
Ebenfalls aus Japan importiert, ist sie sehr oft noch kurzlebiger als die
anderen. Die an glänzend rahmweißen Trieben sitzenden, auffällig
dicken und festen Nadeln sind sichelförmig gebogen und haben sehr
harte, dolchartige Spitzen, an denen man sich leicht verletzen kann.
Sie hat glänzend kastanienbraune Knospen und gelbgrün glänzende
Nadeln, die entweder dunkel- oder frisch grasgrün sind. Anhand
dieser Färbung sowie der kurzen, waggerechten Äste und der vielen
toten Zweige, die auch bei gesunden Exemplaren durchaus normal
sind, ist dieser Baum schon von weitem zu erkennen.

Schwarzfichte *Picea mariana* (*P. nigra*)
Die Schwarzfichte kommt in ganz Kanada von Labrador bis Alaska
natürlich vor und hat bei Höhen bis 25 m mitunter eine extrem
schmalkronige Wuchsform. In den USA ist sie rings um die großen
Seen verbreitet. Wie die japanischen Fichten ist sie nur kurzlebig,
wächst aber im Gegensatz zu diesen in Kultur so langsam, daß sie
nicht die in der Wildnis übliche, sehr schlanke Krone, sondern meist
nur eine runde, buschige Spitze bekommt, sobald sie über 10 m hoch
ist. Sie hat eine schwärzliche Rinde, waagerecht bis leicht abwärts
ausgerichtete Äste und etwa 12 mm lange, blaßblaue, weiche Nadeln,
die dicht und allseitig um die Zweige wachsen. Die nur knapp 3 cm
überschreitenden, länglichen Zapfen verfärben sich mit der Reife von
Grün mit gelb geränderten Schuppen über dunkles Violett zu
Rotbraun.

Rotfichte, Amerikanische Rotfichte *Picea rubens* (*P. rubra*)
Sie ist eng verwandt mit der Schwarzfichte und bastardisiert mit
dieser, wo sich die Verbreitungsgebiete östlich der nordamerikanischen Großen Seen überlappen. Der kräftig purpurbraun berindete

Baum mit hell-orangen bis rotbraunen Trieben besitzt locker gestellte, harte und gekrümmte Nadeln, die grasgrün gefärbt abstehen und
zerrieben nach Äpfeln duften. Die anfangs orangen, nur 5 cm großen
Zapfen haben leicht gezähnte Schuppen und stehen oft zu mehreren
zusammen.

Sikkim-Fichte, Östliche Himalaja-Fichte *Picea spinulosa*
Auch die Sikkim-Fichte gehört zu den Fichten mit flachen Nadeln. Diese sind bei ihr nach vorn gebogen, schlank, dornig zugespitzt und
wachsen dicht, allseits um die hängenden Zweige anliegend. Die Krone ist sehr licht, da die Zweige nach innen kaum noch Nadeln tragen
und die Äste in weitem Abstand voneinander stehen (oft 1 m), denn
um soviel wachsen die Jungbäume jährlich. Die etwa 8 cm langen
Zapfen sieht man nur selten, und sie sind meist gebogen. Unser Klima
ist für die Sikkim-Fichte nur schwer verträglich.

Wilsons Fichte *Picea wilsonii*
Wilsons Fichte ist die chinesische Form der Sibirischen Fichte.
Sie hat sehr schlanke Nadeln, dünne, weißlich-grüne Zweige und
kann entweder buschig breit sein oder ganz schlank. Sie ist ein
dunkler Baum, der in einigen botanischen Gärten schon 17 m hoch
geworden ist.

Kaukasus-Fichte, Sapindus-Fichte, Orientalische Fichte
Picea orientalis
Diese aus dem Kaukasus und der nordöstlichen Türkei stammende,
etwa 30 m hohe Art hat von allen Fichten mit 5–10 mm Länge
die kürzesten Nadeln. Sie sind glänzend dunkelgrün mit einer breiten,
stumpfen Spitze, an den Haupttrieben enganliegend und bleiben bis
zu 10 Jahre lang grün. Die gebogenen und zugespitzten, harzreichen
Zapfen werden ca. 8 cm lang. Bei jungen Bäumen wachsen die Äste
einmalig symmetrisch und in regelmäßigem Abstand; das sind Weih-
nachtsbäume, die der Gemeinen Fichte weit überlegen sind. Allerdings können die langen Leittriebe öfters krumm und verdreht wachsen. Nach raschem Jugendwachstum nimmt ab dem 50. Lebensjahr
das Wuchstempo merklich ab.

Kaukasus-Fichte

Weibliche Blüten

Männliche
Blüten

Sikkim-Fichte

Männliche Blüten

Rotfichte

Männliche
Blüte

Weibliche
Blüte

Weibliche Blüte

eibl. Blüte

Männliche Blüten

Borstenfichte

Männliche Blüte

Weibliche Blüte

Tigerschwanzfichte

Alcocks Fichte

Nadelunterseite

Männliche Blüten

Schwarzfichte

Weibliche Blüten

Zapfenschuppe

Rinde

Zweig von vorne

Zapfenschuppe

Wilsons Fichte

Alcocks Fichte

Borstenfichte

Tigerschwanz-
fichte

Schwarzfichte

Hemlockstanne (*Tsuga*)

Diese Gattung ist eine kleine, mit den Fichten verwandte Gruppe von Nadelbäumen. Sie umfaßt 14 Arten, die in Nordamerika, im Himalaja sowie in China und in Japan beheimatet sind. Hemlockstannen sind immergrüne, einhäusige Bäume mit meist überhängenden dünnen Zweigenden.

Westliche Hemlockstanne *Tsuga heterophylla*

Diese Art ist der Riese in der Gattung. Ihr Verbreitungsgebiet erstreckt sich von Alaska bis Nordkalifornien, man findet bis zu 70 m hohe Exemplare. Junge Bäume wachsen, etwas Schutz vorausgesetzt, um mindestens 1 m pro Jahr, und das auf einer Vielzahl von unterschiedlichen Böden, von leichtem Sand bis schwerem Lehm und tiefem Torf. Dieses Wachstum hält auch im Schatten viele Jahre lang an, wodurch sich der Baum zum Unterpflanzen und für die Forstwirtschaft empfiehlt, obwohl das Holz nicht gerade hochwertig ist und vor allem zur Papierherstellung benutzt wird. Auch die dunkle, braungraue Rinde ist verwendbar: dank ihrem hohen Gehalt an Gerbstoffen ist sie für die Lederindustrie von Bedeutung.

Die höchstens 18 mm langen Nadeln sind recht unterschiedlich groß, sehr schmal mit stumpfer Spitze, anfangs matt hellgrün und schließlich glänzend dunkelgrün gefärbt, mit zwei breiten, weißen Streifen an der Unterseite. Die hellroten männlichen Blüten treten erst bei älteren Bäumen und im Kronenbereich auf, dann aber sehr zahlreich. Die violetten weiblichen Blüten stehen endständig und nickend. Blütezeit Ende April bis Anfang Mai. Die nur bis 3 cm langen Zapfen finden sich bei den erwachsenen Bäumen in großer Zahl und über den ganzen Baum verteilt. Die unreife, grüne Form ist oft auch gerötet.

Kanadische Hemlockstanne, Östliche Hemlockstanne
Tsuga canadensis

In ihrem natürlichen Verbreitungsgebiet, das sich von Neuschottland bis Georgia erstreckt, steht sie der Westlichen an Schönheit nicht nach, wird allerdings nur etwa 30 m hoch. Bei uns ist sie ein trüb dunkelgrüner Baum mit ausladenden Ästen und einer breiten Krone. Im Vergleich zur vorigen Art laufen ihre Nadeln etwas spitzer zu und sind auf der Trieboberseite gedreht, so daß die weiß gestreifte Unterseite nach oben gekehrt ist, wodurch das Laub ein unverwechselbares Aussehen erhält. Die nur 15 mm großen, bei Reife kaffeebraunen Zapfen hängen nickend und werden nicht abgeworfen. Da die Jungbäume meist strauchig wachsen, nimmt man sie gelegentlich für Heckenpflanzungen, doch hierbei ist die Westliche Hemlockstanne ungeschlagen.

Carolina-Hemlockstanne *Tsuga caroliniana*

Diese Hemlockstanne ist eine seltene, nur in einigen tiefen Schluchten der Appalachen heimische Art. Sie wird in botanischen Gärten zuweilen 10–14 m hoch und hat hübsche, dunkelgrün glänzende, etwa 2 cm lange, fast zweizeilig stehende Nadeln und eine dichte Krone, obwohl die einzelnen Nadeln alle schlank sind und deutlich von den glänzend braunen Trieben abstehen.

Chinesische Hemlockstanne *Tsuga chinensis*

Ein stämmiger, in seiner Heimat China bis 30 m hoher Baum oder Strauch mit dunkelgrauer, schuppiger Rinde, gelblich-grünen, unterseits blaßgrün gestreiften Nadeln und biegsamen Zweigen, deren Enden im Wind schaukeln. Bei uns sehr selten.

Südjapanische Hemlockstanne, Araragi-Hemlockstanne
Tsuga sieboldii

Die Südjapanische Hemlockstanne ist ein breitkegeliger, 15 m hoher, oft dicht beasteter und zuweilen zwei- oder mehrstämmiger Baum aus Südjapan. Sie wächst sehr langsam und mit überhängenden Ästen; die glatten, glänzenden Zweige sind entweder weiß oder braun.

Nordjapanische Hemlockstanne, Japanische Hemlockstanne
Tsuga diversifolia

Sie ist über Nord- und Mittel-Japan verbreitet, ähnelt der südjapanischen Art, neigt aber mehr zur Strauchform. Ein Unterscheidungsmerkmal sind die behaarten Rillen an den Trieben, die allerdings nur unter der Lupe gut zu erkennen sind. Eine recht sichere Bestimmungshilfe ist oft auch die Färbung der orangebraunen, abschuppenden Rinde am Stamm und der hellorangen Triebe.

Himalaja-Hemlockstanne *Tsuga dumosa* (*T. brunoniana*)

Die zierliche, frostempfindliche und bis 35 m hohe Art mit ihren hängenden Trieben und den langen, unterseits kräftig silberblauen Nadeln ist in klimatisch milden Lagen eine Zierde für jeden Garten.

Berghemlockstanne *Tsuga mertensiana* (*T. pattoniana*)

Die Berghemlockstanne ist eine schöne, auffällige Art und kommt aus dem Gebiet der östlichen Rocky Mountains. Sie gedeiht bis zur Schneegrenze, aber auch auf sandigen Böden ausgesprochen gut. Aufgrund des anfänglich langsamen Wachstums schlägt sie zunächst untenherum strauchig aus, später wächst sie etwas schneller und entwickelt auf der breiten Basis eine schlanke Spitze, die bis zu einer Höhe von 30 m heranwächst.

Hybrid-Hemlockstanne, Jeffrey's Bastard-Hemlockstanne
Tsuga × jeffreyi

Erst im Jahre 1969 entdeckte man im Staate Washington wildlebende Bäume, die eine Kreuzung zwischen der Berg- und der Westlichen Hemlockstanne sind. Sie ähneln mehr der Berghemlockstanne, unterscheiden sich aber durch ihre olivgrüne Belaubung aus weniger dicht stehenden, ca. 15 mm langen Nadeln und der schwarzbraunen, orange gefurchten Rinde.

Berg-Hemlockstanne

Südjapanische Hemlockstanne

Nordjapanische Hemlockstanne

Kanadische Hemlockstanne

Westliche Hemlockstanne

Südjapanische Hemlockstanne

Nordjapanische Hemlockstanne

Carolina-Hemlockstanne

Hybrid-Hemlockstanne

Rinde

Chinesische Hemlockstanne

Himalaja-Hemlockstanne

Kanadische Hemlockstanne

Carolina-Hemlockstanne

Berg-Hemlockstanne

Westliche Hemlockstanne

Kiefer (*Pinus*)

In der Gattung Kiefer sind an die 80 Arten zusammengefaßt, die über die nördliche Erdhalbkugel und sogar auf der anderen Seite des Äquators bis Java verbreitet sind. Die meisten Arten finden sich in Mexiko. Die Nadeln stehen grundsätzlich zu mehreren an einem kurzen, unentwickelten Trieb. Die Blüten stehen an den neuen Trieben: Die männlichen an deren Basis, die weiblichen an den Spitzen. Aus den weiblichen Blüten entwickeln sich in einem Zeitraum bis zu drei Jahren durch Vergrößerung die Kiefernzapfen. Mit Ausnahme der fünfnadeligen Arten können die Zapfen auch nach Freisetzung der Samen noch jahrelang an den Bäumen bleiben.

Gemeine Kiefer *Pinus silvestris*
Von allen Kiefern hat sie das größte natürliche Verbreitungsgebiet. Es erstreckt sich von den Pyrenäen bis Nordskandinavien und von Schottland über die Krim bis nach Ostsibirien. Sie ist der Standardbaum der Heidelandschaften. Auf leichten, schnell austrocknenden Böden ist sie ein zuverlässiger, leicht anzusiedelnder Baum mit fuchsroter, im Alter graubrauner rissiger Rinde, die sich in Streifen und später in Stücken ablöst. Oft schon recht bald bekommt sie 1 m lange Jahrestriebe, nur sind solche Zuwachsraten nicht von Dauer. Die Spitze verzweigt sich und wird kuppelförmig, normalerweise, bevor der Baum 25 m hoch ist, und im unteren Teil gehen die Äste verloren. Nur wenige Exemplare sind über 30 m hoch, der Rekord liegt bei einer Lebensdauer bis zu 400 Jahren derzeit bei 37 m. Die Stämme der Freilandbäume nehmen in ihrer schnellsten Phase, die mehrere Jahre dauert, um 1 cm pro Jahr im Querschnitt zu, bei älteren Bäumen ist der Zuwachs jedoch kaum noch meßbar. Stämme von über 1 m Durchmesser sind eine Seltenheit. Trotzdem wird die Gemeine Kiefer vor allem als Bauholz intensiv wirtschaftlich genutzt; bei uns bestreitet sie etwa ein Viertel der Gesamtwaldfläche.
Die blaugrünen, normalerweise bis 7 cm langen Nadeln der Gemeinen Kiefer stehen zu zweien. Die zartrosa weiblichen Blüten entwickeln sich auf Bäumen, die erst 5–6 Jahre alt sind. Sie wachsen an den Enden der kräftigsten Triebe, das sind in der Regel der Leittrieb und die des darunterliegenden Wirtels. Mit zunehmender Wuchshöhe sind diese Triebe und damit auch die weiblichen Blüten immer weiter oben in der Krone. Wenn die Entwicklung abgeschlossen ist und die Wuchskraft nachläßt, wachsen die Blüten auch an den Enden der schwächeren Triebe. Bei alten Bäumen sind sie – und somit die Zapfen – über die ganze Krone verteilt. Die gelben, büschelig stehenden männlichen Blüten entwickeln sich nur an schwachen, schlaffen Trieben. Bei jungen Bäumen dauert es naturgemäß einige Jahre, bis sie solche Triebe bekommen; bis dahin tragen sie keine männlichen Blüten. Alte Bäume haben nur solche Triebe, bei ihnen sind die Blüten beider Geschlechter über die ganze Krone verteilt. Die weiblichen Blüten öffnen sich 1–2 Wochen vor den männlichen desselben Baums und vermeiden so Inzucht durch Selbstbestäubung. Im Juni gelangen die Pollen ins Innere der weiblichen Blüten, die sich daraufhin zu kleinen Zäpfchen umbilden, aber ihre Größe nicht verändern. Die eigentliche Befruchtung findet erst im nächsten Frühjahr statt. Dann schwellen die Zapfen an, werden während des Sommers glänzend hellgrün und sind im Spätherbst holzig und reif.

Säulenkiefer *Pinus silvestris* 'Fastigiata'
Eine seltene Form mit schönem, säulenförmigem Wuchs und stets senkrechten Zweigen, deren Bekanntheitsgrad erst allmählich zunimmt.

Österreichische Schwarzkiefer
Pinus nigra var. *nigra* (*P. nigra* var. *austriaca*)
Diese bis 35 m hohe Unterart ist unsere heimische Schwarzkiefer. Sie ist an Standorten zu finden, die nur wenige andere Nadelbäume vertragen, ist ausgesprochen widerstandsfähig auf Kreide-, Lehm- oder Sandböden, und auch die Samenanzucht ist problemlos und liefert kräftige Jungpflanzen. Anfangs wächst sie pyramidal, bekommt aber mit dem Alter die typische, schirmförmige Krone. Ihre Rinde ist dunkler, schuppiger und derber als bei den drei übrigen Schwarzkiefern und sie hat mit bis 15 cm Länge von allen auch die kürzesten, krummsten und härtestens Nadeln. Sie stehen zu zweit und sind schwarzgrün gefärbt.

Krim-Schwarzkiefer *Pinus nigra* var. *caramanica*
Sie stammt aus Kleinasien und der Kaukasusregion und ist von allen Schwarzkiefern die wuchsfreudigste. Viele ihrer Exemplare messen ca. 40 m × 150 cm und besitzen ein sonderbares Merkmal, anhand dessen man sie schon aus einiger Entfernung erkennen kann: In ca. 6 m Höhe teilt sich der Stamm in mehrere engwachsende, senkrechte Äste oder Sekundärstämme. Ihre Nadeln sind ein Mittelding zwischen den kurzen, harten, auffallend büschelig stehenden Nadeln der Österreichischen und den lockeren, langen Nadeln der Korsischen Schwarzkiefer. Dieser in freier Natur nicht gerade häufig vorkommende Baum ist mit bis zu 42 m in botanischen Gärten im allgemeinen die größte Kiefer.

Pyrenäen-Schwarzkiefer *Pinus nigra* var. *cebennensis*
Ihre Heimat ist das französische Zentralmassiv. Schon von weitem erkennt man sie an der nur 20 m hohen, kuppelförmigen Krone, den abwärts gerichteten Ästen, den orangen Trieben und der lockeren, hellgrünen Benadelung; dennoch ist sie eindeutig eine Schwarzkiefer.

Hakenkiefer *Pinus uncinata* (*P. mugo* var. *rostrata*)
Verbreitungsgebiet sind Alpen und Pyrenäen. Oft ist die Hakenkiefer nur ein großer Busch, doch wird die in den Pyrenäen stärker verbreitete Baumform bis zu 18 m hoch und ist sehr robust. Sie wächst schön kegelförmig mit unten waagerechten, sonst aufsteigenden Ästen und zeigt eine dunkel-graugrüne, sehr dichte und quirlständige Belaubung aus 6 cm langen, zu zweien stehenden Nadeln.

Nadelpaar

Zapfen

Hakenkiefer

Österreichische Schwarzkiefer

Krim-Schwarzkiefer

Typisches, vielstämmiges Exemplar

Zäpfchen

Weibliche Blüten

Kiefernspanner

Gemeine Kiefer

Nadelpaar

Reifer Zapfen

Nadelpaar

Samen

Zweig mit jungen Zapfen

Zapfen

Gemeine Kiefer

Pyrenäen-Schwarzkiefer

Hakenkiefer

Samen

ulenkiefer

Pinie *Pinus pinea*

Die Heimat der Pinie sind die Mittelmeerländer, wo die Sommer lang und trocken sind. Wird sie anderswo angepflanzt, zeigt sie allen Erwartungen zum Trotz aber keine Vorliebe für ähnliche Bedingungen, sondern gedeiht überall. Die großen Samen, aus denen man in Italien Mehl macht und die in vielen Ländern roh oder gekocht verzehrt werden (Pinienkerne), produzieren ungewöhnlich große Keimlinge mit einem Dutzend zartgrüner, 5 cm langer Keimblätter auf einem kräftigen, 3 cm langen Stiel.

Wie bei allen Kiefern sind die ersten Nadeln die flachen, lang zugespitzten, silbrigblauen Primordialblätter, nur sind sie bei dieser Art (und bei einigen anderen) für viele Jahre das einzige Laub. Nach 4–5 Jahren ist die Pinie ein schlank-verzweigter Strauch von wenigstens 1 m Höhe, und nun sprießen paarweise die graugrünen, bis 20 cm langen Nadeln zwischen den weichen Primordialblättern. Im Alter von etwa 10 Jahren beginnt sich bei ihr die für alte Bäume charakteristische, breite Schirmkrone zu entwickeln, und ab jetzt trägt sie auch Blüten und etwa 12 cm große Zapfen.

Strandkiefer, Seestrand-Kiefer *Pinus pinaster*

Auch sie ist im westlichen Mittelmeerraum zu Hause. Die Keimlinge ähneln denjenigen der Pinie und haben dieselbe silbrig-blaue Farbe, bis sie etwa 1 m hoch sind. Sie wächst viel schneller – die Jungbäume legen selbst auf Sandboden pro Jahr noch deutlich mehr als 1 m zu – und wird bis zu 34 m hoch. Wegen dieser Eigenschaft wird sie gerne zur Dünenbefestigung gepflanzt. Mit dem an der Basis verdickten Stamm, der weit hinauf astfrei ist, und der sehr lichten, breiten Krone sieht sie unverwechselbar aus. Die maximal 12 cm langen Zapfen hängen viele Jahre lang in Gruppen von 3–6 am Baum. Pflückt man sie, wenn sie gerade reif geworden sind, so leuchten sie tief rotbraun.

Japanische Rotkiefer *Pinus densiflora*

Ebenfalls sehr selten, erinnert sie an eine Gemeine Kiefer, die schon sehr schnell eine gewölbte Krone bildet und nur zu 15 m Höhe heranwächst. Sie hat schlanke, glänzend dunkelgrüne, bis 10 cm lange, paarige Nadeln, die büschelig an grünen Trieben wachsen und zahlreiche Grüppchen spitziger, etwa 5 cm großer Zapfen. In botanischen Gärten gibt sie einen attraktiven, jungen Baum ab, entwickelt sich aber allmählich zu einem dürren, spärlich belaubten Baum.

Japanische Schwarzkiefer *Pinus thunbergii*

Die Japanische Schwarzkiefer gehört zu den wenigen Nadelbäumen auf der Erde, die direkt am Meeresufer wachsen können, wo das Wasser ihre Wurzeln umspült. Sie ist auch bekannt für ihre unbändige Blühfreudigkeit. Die Blüte fällt zwar stets üppig aus, ist aber mitunter so extrem, daß an manchen Zweigen alle Nadeln der Vorjahrstriebe von weiblichen Blüten verdrängt werden. Blütenstände von bis zu 200 Blüten sind keine Seltenheit, und sie sind dann so dicht gepackt, daß sich die Zapfen gar nicht entwickeln können. Zapfengruppen bis 50 Stück können dagegen vorkommen.

Die jungen Bäume sind attraktiv, schlank und senkrecht. Zu den sehr dunklen, dicht stehenden und bis 10 cm langen Nadeln bilden die seidenweißen Knospen einen schönen Kontrast. Alte Bäume, die bis 40 m hoch werden können, bekommen nach japanischem Kunstverständnis ein sehr malerisches Aussehen: sie haben nur noch wenige, lang und staksig wachsende Äste mit büschelig stehenden Nadeln und sind oftmals krumm. Sie werden gerne als Bonsai-Bäumchen gezogen.

Bischofskiefer *Pinus muricata*

Sie kommt entlang der kalifornischen Küste verstreut in kleinen Hainen natürlich vor. Manche alten Bäume haben enorme Kuppelkronen, an anderen Standorten wächst jedoch eine ganz andere Form. Sie ist großwüchsig, schlankkegelig und hat bläulich-schwarze, bis 15 cm lange Nadeln; junge, aus diesen Samen gezüchtete Bestände haben eine außergewöhnliche Wuchskraft gezeigt. Wegen ihrer Widerstandskraft gegen salzige Böden und bei Waldbränden wird die Bischofskiefer in vielen Ländern gerne als Küsten-Windschutz gepflanzt. Die bedornten Zapfen hängen 60–70 Jahre fest an den Zweigen, und sollte einmal ein Waldbrand auch auf die Kronen übergreifen, so würden erst dann die Samen herausfallen und keimen.

Mazedonische Kiefer, Rumelische Kiefer *Pinus peuce*

Diese fünfnadelige, im Balkan beheimatete Kiefer ist nicht nur gegen Blasenrost, sondern auch gegen alle übrigen Krankheiten immun. Unabhängig vom Standort wächst sie beständig, wenn auch nicht rasch, bis maximal 30 m heran und kommt von den Mittelgebirgslagen bis zu den Kreide- und Dünenregionen am Meer vor. Sie verjüngt sich deutlich nach oben hin, ist hübsch und dicht belaubt und strotzt vor Gesundheit. Sie ist die einzige fünfnadelige Art mit glatten, hellgrünen Trieben. Ihre Nadeln werden 12 cm lang und zeigen allseitig weiße Linien. Die bis 15 cm langen Zapfen haben nach innen gebogene Schuppen.

Banks-Kiefer *Pinus banksiana*

Mit zu den widerstandsfähigsten aller Baumarten gehört die Banks-Kiefer, die in weiten Teilen Kanadas als ein strauchiges Gewächs des Sumpflands vorkommt. Mit ihren paarweisen, breiten und gedrehten Nadeln erinnert sie an eine verkümmerte Drehkiefer, hat aber glatte und zum Triebende statt zum Stamm weisende, bis 6 cm lange Zapfen. Einige von ihnen bleiben so lange am Baum hängen, bis sie vor lauter Flechten und Algen grau sind. Alte Bäume haben hängende Zweige und werden mitunter über 22 m hoch.

Japanische Rotkiefer

Japanische Schwarzkiefer

Drehkiefer

Weibliche Blüten

Männliche Blüten

Weibliche Blüten

Strandkiefer

Japanische Schwarzkiefer

Männliche Blüten

Männliche Blüten

Drehkiefer

Mazedonische Kiefer

Weibliche Blüten

Männliche Blüten

Pinie

Weibliche Blüten

Unreifer Zapfen

Strandkiefer Rinde

Samen

Bischofskiefer

Weibliche Blüte

Banks-Kiefer

Weibliche Blüten

Männliche Blüten

Pinie

Weibliche Blüten

Rinde

Bischofskiefer

Mazedonische Kiefer

Strandkiefer

Banks-Kiefer

Drehkiefer *Pinus contorta* var. *contorta*
Die Drehkiefer (Abb. S. 168/169), die von Alaska bis Nordkalifornien in einem 200 km breiten Küstenstreifen beheimatet ist, ist ein dunkelbraun und rissig berindeter Baum von bis zu 28 m Höhe. Gewöhnlich entspringt nach anfänglich strauchartigem Wachstum ein starker Trieb, der zum Hauptstamm heranwächst, an der Basis aber meist krumm gewachsen ist. Er hat eine dichte Krone mit kräftigen unteren Ästen und einer schlanken Spitze, an welcher sich oft ein Leittrieb von 130 cm Länge und mehr bildet. Im Lauf der Jahre bekommt die Krone dann ihre ausladende Kuppelform. Die paarweisen, dunkel- bis gelblichgrünen und etwa 5 cm langen Nadeln bedecken die Jungtriebe völlig dicht anliegend, erst bei alten Trieben sind sie mehr abstehend. Ein weiteres Merkmal sind die 5 cm großen, abwärts gerichteten und zu 2–4 zusammen am Baum bleibenden Zapfen mit den kleinen, dornigen Spitzen auf ihren Schuppen.

Lodgepole-Kiefer *Pinus contorta* var. *latifolia*
Diese mehr im Landesinneren wachsende und langnadelige Variation der Drehkiefer hat ein natürliches Verbreitungsgebiet, das Alaska, Alberta, den Yellowstone-Nationalpark, Wyoming, Colorado und Südkalifornien umfaßt. Sie wächst von Anfang an senkrecht bis zu einer Höhe von 40 m, und hat lichtes, lockeres, bis 10 cm langes Nadellaub. In Gärten ist sie meist robust, zwar langsam im Wuchs, dafür aber schöner als die Küstenform. Wie bei dieser bleiben die mit kurzen Dornen besetzten Zapfen in großen Mengen am Baum hängen, und Jungpflanzen blühen schon nach wenigen Jahren.

Gelbkiefer *Pinus ponderosa*
Die üppig wachsende Gelbkiefer ist fast überall in den Rocky Mountains und südlich bis Mexiko zu finden, wo sie selbst in Höhen von 3000 m noch vorkommt. Im Westen Oregons wird sie bis zu 70 m hoch und, wenn man sie läßt, bis zu 700 Jahren alt. Sie ist ein stattlicher Baum mit einem langen, geraden Stamm, was sie zu einem wichtigen Holzlieferanten macht. Die unteren Äste stehen etwas hängend, zur Krone hin dann aber aufgerichtet. Das dichte, dunkelgraue Laub besteht aus 22 cm langen, steifen Dreier-Nadeln, die in großen, losen Nadelbüscheln zusammenstehen. Die Gelbkiefer ist eng mit der Jeffrey-Kiefer verwandt, kreuzt sich aber nicht mit ihr.

Schlangenhautkiefer *Pinus leucodermis*
In Jugoslawien findet man bei 1000jährigen Exemplaren jene weiße Rinde, die nach dem Abfallen der Nadeln durch die eng beieinanderliegenden Blattnarben schlangenhautartig gefeldert ist und ihr den Namen gab. Jüngere Bäume haben eine grünliche, glatte Rinde, die mit dem Alter aber langsam hell silbrig-grau bis weißlich wird. Die steifen, schwarzgrünen Nadeln stehen zu zweien in dichten Quirlen angeordnet. Die Schlangenhautkiefer gedeiht nicht nur auf allen schnell austrocknenden Böden, von Kreide- bis zu Sandböden mit niedrigem pH-Wert sowie auf Torf, sondern ist auch stets gesund, außergewöhnlich attraktiv und mit 7 cm langen, sich von Indigoblau nach Orangebraun und Purpurbraun verfärbenden Zapfen geschmückt.

Aleppo-Kiefer *Pinus halepensis*
Die Aleppo-Kiefer wächst im Mittelmeerraum an felsigen Hängen, wo es im Sommer heiß und trocken ist. In diesen Ländern ist ihre bis 16 m hohe, lockere, hellgrüne Krone mit den bis 9 cm langen, nur an der äußeren Hälfte der Triebe zu zweit stehenden Nadeln und die reifen, purpurnen Zapfen ein vertrautes Element der Landschaft.

Kalabrische Kiefer *Pinus halepensis* var. *brutia* (*P. brutia*)
Sie ist die östliche, etwas kleinere Form der Aleppokiefer mit längeren (bis 16 cm), dunkleren Nadeln und größeren, zur Zweigspitze hinweisenden, gestielten Zapfen.

Gebirgs-Strobe, Westamerikanische Weymouth-Kiefer
Pinus monticola
Von Britisch Kolumbien bis Utah und Südkalifornien kommt diese Art natürlich vor und ist ein schöner, schlanker Baum von 50–60 m Höhe. Auf dem Stamm, der einem Schiffmast alle Ehre machen würde, thront eine herrliche, spitze, mit dem Alter auslichtende Krone. Die Rinde ist glänzend grau bis purpurgrau und sieht wie Eidechsenhaut aus. Das fast schwarz wirkende Laub besteht aus dunkel-blaugrünen, dicht stehenden Büscheln von je 5 geraden und steifen Nadeln. Es gibt reichlich in Büscheln hängende und bis 22 cm große, gestielte Zapfen. Leider wird diese Art jedoch oft vom Blasenrost befallen, was ihr Vorkommen sehr reduziert hat. Dann läuft überall am Stamm Harz herab und der Baum stirbt.

Mädchenkiefer, Japanische Weißkiefer *Pinus parviflora*
Die normale, weitverbreitete und blaugrüne Form wird nur 10 m hoch, hat maximal 8 cm lange, gedrehte und innen blauweiße Nadeln, die zu 5 zusammenstehen und ist meistens schwer mit Zapfen behängt. Die Rinde reißt in große, purpurgraue, schuppige Platten auf. Es gibt auch eine wenig verbreitete, 20 m große wachsende Wildform mit grünen Nadeln.

Weichkiefer, Nevada-Zirbelkiefer *Pinus flexilis*
Die Weichkiefer erhielt diesen Namen, weil ihre Zweige gebogen und sogar verknotet werden können, ohne daß sie brechen. Sie ist in den Rocky Mountains bis in große Höhen heimisch. Die Zapfen, die einzeln oder in Gruppen stehen, sind für eine fünfnadelige Kiefer ungewöhnlich konisch geformt.

Schlangenhautkiefer

Aleppo-Kiefer

Kalabrische Aleppo-Kiefer

Gelbkiefer

Weibliche Blüten

Männliche Blüten

Aleppo-Kiefer

Kalabrische Kiefer

Weibliche Blüten

Männliche Blüten

Gebirgs-Strobe

Weichkiefer

Männliche Blüten

Lodgepole-Kiefer

Gebirgs-Strobe

Mädchenkiefer

Männliche Blüten

Weibliche Blüten

Gelbkiefer

Mädchenkiefer

Lodgepole-Kiefer

Korsische Schwarzkiefer *Pinus nigra* var. *maritima* (*P. corsicana*)
Die bis 45 m hohe Korsische Schwarzkiefer ist die in Süditalien und auf Korsika heimische Schwarzkiefer und als einzige von forstwirtschaftlicher Bedeutung. Sie verdrängt heute vielfach die Gemeine Kiefer, weil ihre Massenleistung viel größer ist, obwohl sie allgemein nicht sehr hochwertig ist.
In jungen Schonungen wachsen Äste und Laub in regelmäßigen Stockwerken, der Abstand der Wirtel, der die jährliche Wuchsleistung des glatten Stamms markiert, beträgt 60–90 cm. Wenn die Bäumchen die für das Auspflanzen nötige Höhe von etwa 80 cm erreicht haben, sind die Nadeln schon 12–18 cm lang, verdreht und stehen, anstatt paarweise, in Bündeln zu 3–5 nahe der Triebenden. Über die bis 8 cm langen Zapfen macht sich der Große Buntspecht her.
Ab und zu findet man Keimlinge, die sich selbst gepflanzt haben, doch entwickeln sich diese meist zu spindeldürren Bäumen und werden nicht alt. Für die Forstwirtschaft und für Schutzgehölze ist dieser Baum von hohem Nutzen, denn er gedeiht sowohl auf Kreide- und Lehmböden sowie auf kargem Sand und ist überaus resistent gegenüber Luftverschmutzung.

Montezuma-Kiefer *Pinus montezumae*
Unter dieser Bezeichnung hat man mehrere mexikanische Kiefern zusammengefaßt, die manchmal als eigenständige Arten, manchmal als Varietäten dieser einen Art angesehen werden. Die sehr empfindliche Standardform mit den großen, pinselartigen Büscheln aus langen und steifen, blaugrauen Nadeln existiert heute jedoch in Mexiko nicht mehr. All die unterschiedlichen Formen haben graue oder gelblich-grüne Nadeln. Bei der in Europa häufigen Form wachsen die blaugrauen Nadeln, die 30–45 cm lang werden können, zu fünft an sehr kräftigen, glänzend orangebraunen Zweigen. Die waagerechten Äste, besonders die unteren, sind lang und stark und bilden eine große, breitausladende Rundkrone. Überraschend klein sind die Zapfen mit ihren 6–10 cm, ihre Schuppen tragen einen kleinen Dorn.

Hartwegs-Kiefer *Pinus hartwegii* (*P. montezumae* var. *hartwegii*)
Sie ist die in 4000 m Höhe an den Hängen des Popocatepetl vorkommende, bis 25 m hohe Hochgebirgsform der Montezuma-Kiefer. Man erkennt sie an der sehr schuppigen, schmutzig-rosa gefärbten Rinde, den nur 18 cm langen, grauen Nadeln, die zu gleichen Teilen in 3er- und 5er-Gruppen wachsen.

Coulters Kiefer *Pinus coulteri*
Das älteste bekannte Exemplar dieser Art ist knapp 30 m hoch und dürfte rund 70 Jahre alt sein. Die graugrünen Nadeln stehen zu dritt, werden bis 30 cm lang und im Alter runzelig, 12–15 Jahre muß man nach dem Einpflanzen auf die ersten Zapfen warten, dann folgt oftmals noch eine Periode von 15 Jahren, bis der Baum regelmäßig Zapfen trägt. Alte Bäume trugen zum Schluß alljährlich ganze Wagenladungen voller Zapfen mit der fast unglaublichen Größe von 35 × 20 cm und einem Gewicht bis zu 2 kg.

Armands Kiefer *Pinus armandii*
Ursprünglich als Zierbaum aus China eingeführt, ist diese fünfnadelige Kiefer mit hellgrünem Laub, grünen, harzigen Zweigen und eiförmigen, bis 18 cm langen und nur anfangs aufrechten Zapfen leider meistens nur spärlich belaubt und sieht oft kränklich aus.

Weymouth-Kiefer, Strobe *Pinus strobus*
Dieser bis 80 m hohe Baum mit der von schwarz bis schmutzig-rosa reichenden Rindenfärbung bedeckte einst ein riesiges Areal von Neufundland bis westlich der Großen Seen. Er ist schnellwüchsig, und das Holz ist auffallend ebenmäßig gemasert, was es für spezielle Anwendungsbereiche, z. B. den Musikinstrumentenbau, besonders wertvoll macht.

Chinesische Weißborkenkiefer *Pinus bungeana*
Sie hat von allen Nadelbäumen die dekorativste Rinde. Sie ist entweder vorwiegend blaugrau oder tiefgrün; in beiden Fällen aber löst sie sich in Platten ab, wodurch große Flecken entstehen, die zunächst weiß oder gelb sind, sich später aber braun bis dunkelrot färben. Die harten, glatten Nadeln bilden zu dritt Büschel, die Zapfenschuppen sind alle dornig zugespitzt.

Tränenkiefer, Himalaja-Kiefer *Pinus wallichiana* (*P. excelsa, P. griffithii*)
Das Verbreitungsgebiet der bis 50 m hohen, ganze Wälder bildenden Tränenkiefer reicht von Afghanistan bis Nepal und in Höhenlagen von fast 4000 m. Ihr Holz wird dort universell verwendet. Bei uns nur Zierbaum, wächst sie als einzige der fünfnadeligen Kiefern in oder in der Nähe von Städten. Ihre dunkelgraue, glatte Rinde wird im Alter rissig und löst sich in dünnen, orangebraune Flächen hinterlassenden Streifen. Sie wächst schnell mit waagerechten, im Kronenbereich aufwärts und an der Basis abwärtsgebogenen Ästen, altert aber auch schnell.

Zirbelkiefer, Arve, Zirbe *Pinus cembra*
Dieser nur 10–20 m hohe Baum der Hochalpen ist bis Sibirien verbreitet und wird sogar an lawinengefährdeten Hängen gepflanzt, um dem Schnee Halt zu bieten. Die im Sommer tiefblauen, später braunen, 8 cm langen Zapfen reifen nur auf alten Bäumen ziemlich weit oben in der Krone und fallen mitsamt den Samen ab. Werden diese von Nagetieren herausgeholt, bleiben die leeren Zapfen mit glänzenden, weißen Löchern übrig. Auch die Zirbelkiefer gehört zu den fünfnadeligen Kiefern; ihre Nadeln sind lebhaft grün und auf der Innenseite weißlich. Die dichte Säulenkrone mit den waagerechten Ästen wächst reichlich langsam.

Tränenkiefer

Männliche Blüten

Weibliche Blüten

Zirbelkiefer

Männliche
Blüten

Weibl. Blüten
Coulters Kiefer

Weymouth-Kiefer

Weibliche Blüte

Männliche Blüten

Chinesische Weißborkenkiefer

Montezuma-Kiefer

Armands-Kiefer

Männliche Blüten

Weibliche Blüte

Korsische Schwarzkiefer

Weibliche Blüten

Männl.
Blüten

ezuma-Kiefer

Hartwegs Kiefer

Armands-Kiefer

Weymouth-Kiefer

Korsische
Schwarzkiefer

Monterey-Kiefer *Pinus radiata (P. insignis)*

Auf der kalifornischen Halbinsel Carmel, im nur wenige Kilometer großen Hauptwald ihres natürlichen Verbreitungsgebiets, ist sie von einer tödlichen Mistelart befallen und kaum 20 m × 50 cm groß, wenn sie im Alter von etwa 100 Jahren eingeht. Die Monterey-Kiefer ist auf fast allen Böden schnellwüchsig, selbst direkt oberhalb von Kreidefelsen, doch wird sie in diesem Fall nach ca. 30 Jahren gelb und verliert rasch an Schönheit. In Neuseeland hat sie in 41 Jahren schon eine Höhe von 60 m erreicht. In den Subtropen wächst sie beständig weiter, ohne Knospen zu bilden, und ist dank gelegentlicher Zuwachsraten von 15 cm pro Monat das Rückgrat der Holzindustrie. In ihrer Heimat hängen die großen Zapfen so lange an Zweigen, Ästen oder dem Stamm, bis ein Buschfeuer die Kronen erfaßt. Da solche Waldbrände bei uns selten vorkommen, bleiben sie 20 Jahre und länger ungeöffnet am Baum. Ihr Gewicht ist häufig die Ursache dafür, daß Äste im Kronenbereich vom Wind abgerissen werden. An einigen südlich gelegenen Standorten fallen die Samen irgendwann von alleine heraus, und es sprießen Keimlinge, allerdings ist es ihr zwischen den anderen Pflanzen meist zu schattig. Man kann abgepflückte Zapfen für 1–2 Stunden in den heißen Backofen legen; nach und nach geben sie dann die Samen frei, die auch gut keimen werden.

Mit der Entfaltung der weißlich-grünen Jungtriebe, oft noch vor April, färben sich die männlichen Blüten hellgelb. Die hellgrünen, meist 10 cm langen Nadeln stehen zu dritt; die Büschel ihrerseits sind sehr dicht angeordnet.

Mexikanische Kiefer *Pinus patula*

Die Mexikanische Kiefer ist eine wärmegewöhnte, dreinadelige Kiefer, die man sofort an der schuppigen, hellorangen Rinde und den in Reihen hängenden, ungewöhnlich hell-, mitunter auch grasgrünen Nadeln und an den cremefarbenen Zweigen erkennt. In der Wildnis findet man diese Rindenfärbung ausschließlich an den oberen Ästen von Bäumen, die schon etwa 40 m hoch sind. Sie ist in Europa eine Rarität, und selbst weniger strenge Winter fordern ihren Tribut.

Pechkiefer *Pinus rigida*

Das natürliche Verbreitungsgebiet dieser bis 25 m hohen, graubis gelbgrün belaubten Art erstreckt sich von Neuengland über die gesamte Appalachenkette bis nach Georgia. Auch sie ist eine dreinadelige Kiefer und ähnelt einer rauhen Monterey-Kiefer mit meist nur 4 cm kleinen, rotbraunen Zapfen. Sie hat, vor allem nach Buschfeuern, die Angewohnheit, am Stamm und an den größeren Ästen Ableger zu bilden – kurze Nadelbüschel an schlanken, oft hängenden Trieben, die manchmal den Stamm richtig wie Gras überwachsen.

Jeffreys Kiefer *Pinus jeffreyi*

Ob nun stolze 50 m oder nur 25 m hoch, sie ist immer ein schön gewachsener Baum. In ganz Kalifornien löst sie oberhalb 2000 m die engverwandte Gelbkiefer ab, von der sie sich durch die blaugrau bereiften Zweige, die graueren, festeren und bis zu 23 cm langen Nadeln und größeren, dickeren, oft ein halbes Kilo wiegenden Zapfen unterscheidet. Trotz gleichem Verbreitungsgebiet ist sie weitaus seltener anzutreffen. Die jungen Bäume sind sehr wuchskräftig und auch leicht aufzuziehen, wenngleich sie sich vereinzelt als nur kurzlebig erwiesen haben. Nahezu unveränderliche Kennzeichen sind die mehr oder weniger nur zur Hälfte abfallenden Zapfen, die regelmäßige, schlanke und kegelförmige Krone und der bis in 30 m Höhe unverzweigte Hauptstamm, der sich danach allerdings kuppelförmig verwachsen kann.

Höckerkiefer, Knopfzapfenkiefer *Pinus attenuata*

Sie wächst in Südoregon und in Nordkalifornien in den Vorgebirgen der Rocky Mountains unter 60 m hohen Zuckerkiefern. In Europa ist sie selten und hat bisher nur in England 20 m Höhe erreicht. In ihrer Heimat hat sie nur an der äußeren Hälfte der Triebe bis 16 cm lange, glänzend grüne und zu dritt stehende Nadeln. Auf eine Länge von 2–3 m ist der Hauptstamm dicht unterhalb des Leittriebs vor lauter Zapfen nicht mehr zu sehen. Die Zapfen haben Schuppen mit dicken, abstehenden Dornen und können 20 Jahre lang hängenbleiben.

Zuckerkiefer *Pinus lambertiana*

Dieser ebenfalls in Südoregon und Kalifornien beheimatete Baum ist die größte Kiefernart der Welt und bildet die längsten astfreien Stämme. Oft erreichen ganze Wälder eine Höhe von 60 m, manchmal sogar 70 m, wie in der Umgebung von Giant Forest Village im Sequoia-Nationalpark. Mit bis zu 60 cm Länge hat sie auch die größten Zapfen, die an den Enden der waagerechten Äste hängen. Ihre dicht gedrängt stehenden Nadeln sind außen dunkelgrün und innen bläulich weiß. Wie viele fünfnadelige Kiefern ist sie anfällig für den Blasenrostpilz.

Mexikanische Weymouth-Kiefer *Pinus ayacahuite*

Unter den in Europa gezüchteten mexikanischen Bäumen ist sie der winterhärteste und, obwohl sie zu den fünfnadeligen Kiefern zählt, gegenüber dem Blasenrost ziemlich resistent. Bei uns wird sie nur 25 m, in ihrer Heimat hingegen bis 50 m hoch. Die schlanken, blaugrünen und innen blauweiß glänzenden und bis 15 cm langen Nadeln hängen rings um den Leittrieb bogenförmig herab. Die Zapfen werden bis zu 30 cm lang und laufen spitz zu. Abhängig vom Herkunftsort der Samen sind bei den Zapfen Variationen feststellbar, da die Enden der Deckschuppen unterschiedlich stark nach außen gebogen sind; bei einer Sorte sind sie alle stark nach unten gebogen.

Jeffrey-Kiefer   Pechkiefer   Mexikanische K

Weibliche Blüten

Männliche Blüten

Weibliche Blüten

Männliche Blüten

Alte Zapfen

Jeffreys Kiefer

Monterey-Kiefer

Pechkiefer

Männl. Blüten

Weibl. Blüten

Mexikanische Kiefer

Männliche Blüten

Zapfen

Rinde

Mexikanische Weymouth-Kiefer

Männliche Blüten

Weibliche Blüte

Weibliche Blüten

Höckerkiefer

Mexikanische Weymouth-Kiefer

Monterey-Kiefer

Zuckerkiefer

Familie Liliengewächse (Liliaceae)

Cordyline *Cordyline australis*
Als Kübelpflanze häufig in öffentlichen Anlagen oder botanischen Gärten anzutreffen. Ihr ursprüngliches Verbreitungsgebiet ist Neuseeland. Im Mittelmeerraum, in Süd-und Westengland sowie Irland kann die Art im Freiland überwintert werden – dort wird sie nicht selten 10 m hoch; bei uns ist eine frostfreie Überwinterung vonnöten. In der Regel einstämmig; Blätter sitzend, schwertförmig, dick und lederig, 60–90 cm lang, 3–8 cm breit, dunkelgrün. Ältere Blätter überhängend, zuletzt braun. Blüten weiß. Frucht eine 6 mm dicke, bläulichweiße Beere mit glänzend schwarzen Samen.

Familie Palmengewächse (Palmaceae)

Überwiegend in den Tropen natürlich verbreitete, große Familie; die in Südeuropa heimische Zwergpalme bei uns nur strauchartig.

Hanfpalme *Trachycarpus fortunei*
Aus Südchina stammende, in öffentlichen Gärten gern gesehene, hochstämmige Kübelpflanze, die frostfrei überwintert werden muß.

Meist nicht höher als 8 m; Stamm in der Jugend völlig, im Alter nur im oberen Teil von einem dichten Netz brauner Fasern und schräg nach oben gerichteten Blattgrundresten eingehüllt. Blätter endständig, mit bis 90 cm Durchmesser erreichender, fächerförmiger Spreite, dunkelgrün, an 60–100 cm langem Stiel. Früchte dunkelblauschwarz, glatt. Das dauerhafte, gegen Nässe sehr widerstandsfähige Holz wird sehr geschätzt.

Kanarische Dattelpalme *Phoenix canariensis*
Beliebte (und gelegentlich in Zimmerkultur befindliche), nicht sehr kälteresistente Zierpalme, die frostfrei überwintert wird und im Sommer am besten im Freien steht. Ihr walzenförmiger Stamm besitzt eine hellgraue, fein ringförmig gefurchte Rinde. Blüten zweihäusig. Die Früchte der Kanarischen Dattelpalme sind eßbar, doch wenig fleischig.

Zwergpalme *Chamaerops humilis*
Häufig in Kultur, eignet sich die Zwergpalme hervorragend für kühle Räume, Kalthäuser und Zimmer. Innerhalb ihres natürlichen Verbreitungsgebietes wächst sie bevorzugt an trockenen, intensiv besonnten Standorten, insbesondere auch auf Kalk.

Früchte

Cordyline

Hanfpalme

Kanarische Dattelpalme

Zwerg palm

Praktischer Teil

Eine kurze Einführung in die Praxis der Zuchtwahl und Kultivierung von Bäumen

Bäume für den Garten

Diese Tabelle enthält eine große Auswahl von Bäumen und beschränkt sich nicht nur auf diejenigen Arten, die für kleine Gärten in Frage kommen.

Die Höhe nach 10 Jahren wird durch die beklagenswerte Größe vieler der im Handel erhältlichen Bäume nach unten gedrückt, gleicht sich aber insofern wieder etwas aus, als Bäume mit einer Pflanzhöhe von 2–3 m nicht so schnell, 60 cm hohe Bäumchen dagegen sehr schnell wachsen.

»Breite« ist ein recht vager Begriff: Abhängig von den individuellen Eigenschaften wie auch vom Platzangebot, ist sie Schwankungen unterworfen. Die angegebenen Zahlenwerte gelten für 20jährige, freistehende Bäume mit durchschnittlicher Wuchsform.

Geeignete Laubbäume für den Garten

Name	Höhe nach 10 Jahren (in m)	Höhe nach 20 Jahren (in m)	Breite (in m)	Vorzüge	Nachteile
Ahorn					
Amur-Ahorn	3–6	6–8	4–6	Laub, Herbstfärbung	Zeitiger Blattfall
Eschen-Ahorn	7–9	11–12	5–6	Laub	Kurzlebig
Fächer-Ahorn	2–4	3–6	3–5	Wuchsform, Laub, Herbstfärbung	Unterschiedlicher Wuchs
Großblättriger Ahorn	8–10	12–15	3–5	Wuchsform, Blüte, Laub	–
Hainbuchen-Ahorn	3–5	5–8	5–8	Blüte, Laub, Herbstfärbung	Langsamwüchsig
Japanischer Ahorn	2–5	4–8	1–3	Blüte, Laub, Herbstfärbung	–
Lobels Ahorn	8–11	12–17	2–3	Wuchsform, Laub	Im Winter hager
Schlangenhaut-Ahorn	6–9	8–12	6–9	Laub, Herbstfärbung, Rinde	Obere Krone ausladend
Silber-Ahorn	8–14	12–20	6–10	Wuchskraft, Laub	Obere Zweige brüchig
Spitzahorn	6–10	12–15	4–5	Blüte, Herbstfärbung	–
Zimt-Ahorn	2–4	5–8	4–5	Blüte, Herbstfärbung, Rinde	Langsamwüchsig
Apfelbaum					
'Magdeburg'	5	6–8	6–8	Blüte	Nur während der Blüte schön
Roter Beerenapfel	7–9	12–15	3	Wuchsform, junges Laub, Herbstfärbung	–
Tee-Apfel	6–9	12	6–8	Wuchskraft, Blüte, Früchte	–
Wildapfel	3–4	4–7	5–8	Blüte	Niedrige Krone
Amberbaum	5–7	9–12	3–4	Laub, Herbstfärbung	Benötigt guten Boden
Birke					
Chinesische Birke	5–9	9–12	3–4	Rinde, Laub	–
'Dalecarlica'	8–11	14–18	2–4	Rinde, Laub, Krone	–
Ermans Birke	8–10	12–15	3–4	Rinde, Laub, Wuchsform	–
'Fastigiata'	6–8	10–15	1–2	Rinde, Wuchsform	Kann unansehnlich werden
Kashmir Birke	8–11	12–17	3–5	Rinde, Laub	–
Transkaukasische Birke	3–4	5–6	5–6	Krone, Laub, Herbstfärbung	Langsamwüchsig
Buche					
Dombeys Südbuche	7–12	10–17	4–6	Wuchskraft, Laub	Neigt zum Vertrocknen
Raulis Scheinbuche	8–14	13–18	5–6	Wuchskraft, Laub, Herbstfärbung	Keimling empfindlich
Säulen-Buche	6–8	9–14	5	Frühjahrsfärbung	
'Zlatia'	6–9	14–17	2–3	Wuchsform, Frühjahrs- und Herbstfärbung	–
Eberesche, Vogelbeere					
Hupeh Vogelbeere	7–9	10–12	3–5	Laub, Früchte	Seitentriebe an der Basis
'Joseph Rock'	4–6	7–9	2–4	Laub, Früchte, Herbstfärbung	Seitentriebe an der Basis
Scharlach-Eberesche	8–10	9–11	4–7	Laub, Früchte, Herbstfärbung	–
Vilmorins Vogelbeere	2–4	5–7	5–8	Laub, Früchte, Herbstfärbung	Langsamwüchsig, ausladend
Eiche					
'Fastigiata'	6–8	10–14	2–3	Wuchsform, Laub, Herbstfärbung	–
Kanarische Eiche	6–8	11–15	3–5	Wuchskraft, Wuchsform, Laub	Einige Blätter fallen im Frühjahr
Nagel-Eiche	8–11	12–15	4–6	Wuchskraft, Laub, Herbstfärbung	Benötigt heiße Sommer
Rot-Eiche	7–10	12–15	6–8	Wuchskraft, junges Laub, Herbstfärbung	–
Scharlach-Eiche	7–9	12–15	4–6	Laub, Herbstfärbung	Kann im Winter hager sein
Stieleiche	4–6	9–12	3–6	Herbstfärbung	Oft Seitentriebe bildend
Traubeneiche	6–8	11–14	5–7	Wuchskraft, Wuchsform, Laub	

Name	Höhe nach 10 Jahren (in m)	Höhe nach 20 Jahren (in m)	Breite (in m)	Vorzüge	Nachteile
Erle					
Italienische Erle	6–10	10–17	6–8	Wuchskraft, Wuchsform, Laub	Keine Herbstfärbung
Esche					
Kaukasus-Esche	6–10	10–17	6–8	Rinde, Laub	–
Manna-Esche	5–8	7–12	5	Blüten (Duft!)	–
Eukalyptus					
Breitblättriger Eukalyptus	8–15	15–25	6–9	Wuchskraft, Rinde, Laub	–
Gubbs Eukalyptus	8–12	15–20	5–9	Wuchskraft, Blüten, Rinde, Laub	Jung windwurf-gefährdet
Schnee-Eukalyptus	7–10	12–18	3–5	Rinde, junges Laub, Blüten	Wachstum ungleichmäßig
Flügelnuß					
Hybrid-Flügelnuß	9–12	15–18	6–9	Wuchskraft, Laub, Herbstfärbung	Üppige Schößlingsbildung
Gleditschie					
'Sunburst'	3–6	6–10	5–9	Laub, Wuchsform	Kurze Saison
Goldregen					
Voss Goldregen	6–8	9–10	2–4	Blüte	Nur zur Blüte schön
Haselnuß	6–8	10–15	5–9	Wuchskraft, Wuchsform	–
Judasbaum	4–6	6–8	3–5	Laub, Blüte, Herbstfärbung	Langsamwüchsig, neigt sich im Alter, brüchig
Kastanie					
'Erythroblastus'	3–4	5–8	4–6	Junges Laub	–
Indische Roßkastanie	6–8	12–14	4–6	Junges Laub, Blüte	Benötigt regelmäßigen Schnitt
Japanische Roßkastanie	7–9	9–13	4–5	Blüten, Blätter, Herbstfärbung	–
Roßkastanie	5–6	7–10	3–4	Blüte, Laub, Herbstfärbung	–
Katsura	6–10	9–14	4–7	Wuchskraft, Wuchsform, Laub, Herbstfärbung	Empfindlich gegen Spätfrost und Trockenheit
Kirschbaum					
'Autumnalis'	4–6	5–8	3–7	Blüht 6 Monate lang	Dünne, wuchernde Krone
Sargent-Kirsche	6–8	9–12	3–6	Blüte, Herbstfärbung	–
Tibetanische Kirsche	6–8	8–10	2–4	Rinde	–
Vogelkirsche	7–10	15–18	3–5	Wuchskraft, Blüte, Herbstfärbung	Bildet Wurzelschößlinge
'Yashino'	3–4	4–8	4–6	Blüte	Schwache Krone
Zierkirsche 'Kursar'	4–6	6–9	3	Blüte, Herbstfärbung	–
Zierkirsche 'Pandora'	6–8	9–10	2–3	Blüte, Herbstfärbung	–
Zierkirsche 'Sato'	2–6	4–10	1–5	Blüte	Schwache Krone
Linde					
'Laciniata'	5–7	8–10	3–4	Wuchsform, Laub, Blüte	–
Mongolische Linde	6–8	10–12	3–4	Laub, Blüte	–
Silber-Linde	6–8	12–15	4–6	Wuchskraft, Wuchsform, Blüte	–
Trauer-Linde	8–10	12–17	3–5	Wuchskraft, Wuchsform, Laub, Blüte	–
Winter-Linde	7–8	9–12	3–5	Laub, Blüte	Im Alter voller Seitentriebe und Auswüchse
Magnolie					
Veitchs	6–8	9–12	4–7	Blüht bereits sehr jung	–
Weidenblättrige Magnolie	5–7	8–9	4–5	Wuchsform, Laub, Blüte	–
Maulbeerbaum					
Schwarze Maulbeere	2	3–5	3–5	Wuchsform, Laub, Früchte	Anfangs langsamwüchsig
Mehlbeere					
Gemeine Mehlbeere	5–6	10–12	3–4	Laub, Blüte, Früchte	–
'John Mitchell'	8–10	10–13	3–5	Laub, Wuchskraft, Wuchsform	–
Paulownia	9–14	12–15	5–7	Blüten, Laub	Kurzlebig

Name	Höhe nach 10 Jahren (in m)	Höhe nach 20 Jahren (in m)	Breite (in m)	Vorzüge	Nachteile
Storaxbaum	3–5	6–8	4–6	Blüte, Wuchsform	–
Taubenbaum	4–6	6–12	4–6	Blüte, Laub	Ohne Laub sehr hager
Tulpenbaum					
Chinesischer Tulpenbaum	6–10	12–15	3–5	Laub, Blüte, Herbstfärbung	–
Tulpenbaum	5–9	9–15	3–6	Laub, Blüte, Herbstfärbung	Benötigt heiße Sommer
Tupelobaum	2–5	5–10	2–4	Herbstfärbung	Langsamwüchsig, benötigt guten Boden und einen warmen Standort
Walnuß					
Echte Walnuß	3–6	9–12	4–6	Sommerlaub, Früchte	Benötigt guten Boden und viel Sonne
Schwarze Walnuß	3–6	8–13	3–5	Wuchskraft, Wuchsform, Laub	Benötigt guten Boden und viel Wärme
Weide					
'Britzensis'	8–12	12–15	5–7	Rinde	–
Korkenzieher-Weide	8–12	10–15	5–6	Laub, Wuchsform	–
Mandelweide	6–8	7–10	2–5	Laub, Blüte	Benötigt kühlen, feuchten Standort
Reifweide	8–9	9–12	3–4	Rinde, Laub	–
Trauerweide	6–9	10–15	8–12	Wuchsform	Krankheitsanfällig
Weißdorn					
Breitblättriger Weißdorn	3–5	5–8	4–6	Laub, Herbstfärbung	–
Hahnenfuß-Weißdorn	3–5	7–8	4–6	Blüte, Früchte	–
Zelkove					
Japanische Zelkove	5–8	7–10	5–8	Wuchsform, Rinde, Herbstfärbung	–
Kaukasische Zelkove	6–8	10–12	4–7	Laub, Herbstfärbung	–

Geeignete Nadelbäume für den Garten

Name	Höhe nach 10 Jahren (in m)	Höhe nach 20 Jahren (in m)	Breite (in m)	Vorzüge	Nachteile
Araukarie					
Chilenische Araukarie	2–5	5–12	3–5	„Laub", Wuchsform	Anfangs langsamwüchsig
Eiben					
Dovaston-Eibe	3–5	6–8	6–10	Wuchsform	Unten ausladend
Gemeine Eibe	2–4	4–6	2–4	Wuchsform	Langsamwüchsig
Säulen-Eibe	2–4	3–5	1–2	Wuchsform	Langsamwüchsig
Fichten					
Blaue Stechfichte	3–6	6–10	2–3	Farbe, Wuchsform	Anfällig für Fichtenlaus
Serbische Fichte	5–8	10–13	3	Wuchsform	Anfällig für Pilzbefall
Siskiyan Fichte	2–3	5–6	2–3	Wuchsform	Langsamwüchsig
Hemlocktanne					
Berg-Hemlock	3–5	6–10	2–3	Farbe, Wuchsform	Benötigt feuchten Boden
Westliche Hemlock	8–14	10–18	3–4	Wuchsform, Wuchskraft	Gedeiht schlecht auf trockenem Boden
Lärche	8–11	12–17	3–5	Wuchskraft, Frühjahrs- und Herbstfärbung	–
Mammutbaum					
Küstensequoie	6–14	12–18	3–6	Wuchskraft	Wird bei kaltem, trockenem Wind braun
Mammutbaum	6–8	12–17	4–5	Wuchsform, Größe	–
Tanne					
Korea-Tanne	1–3	3–6	2	Blüten, Zapfen, Wuchsform	Langsamwüchsig
Riesentanne	8–11	15–20	4–5	Wuchskraft, Wuchsform	Gedeiht nicht an trockenen oder windigen Standorten
Santa-Lucia-Tanne	3–8	10–15	3–6	Wuchsform, Laub	Gedeiht nicht an trockenen oder windigen Standorten
Zypresse, Zeder					
Blaue Atlas-Zeder	6–8	12–15	8–10	Farbe, Wuchskraft	Wird im Alter ausladend
Cripps Gold-Zypresse	3–5	5–8	5–6	Farbe, Wuchsform	–
Glatte Arizona-Zypresse	6–7	10–14	3–4	Sehr bodentolerant und zäh	–
Leyland Zypresse	9	17–20	5–6	Farbe, Wuchsform	–
Rauchzypresse	6–8	12–14	2	Farbe, Wuchsform	–
Sumpfzypresse	3–6	6–12	2–3	Wuchsform, geeignet für sumpfige Böden	Lange kahl, dürr verzweigt

So pflanzt man einen Baum

Vorbereitung

Die Verpflanzung ist eine völlig unnatürliche Unterbrechung im Wuchsschema eines Baumes – ein Bruch, auf den er keine Antwort parat haben kann. Der Eingriff sollte daher gut geplant sein, damit das Wachstum so wenig wie möglich gestört wird. Das Entscheidende dabei ist, die Verpflanzung so früh wie möglich vorzunehmen, damit der Baum die gestaltbildenden ersten 5–6 Jahre bereits am endgültigen Standort erlebt. Je größer und älter ein Baum beim Pflanzen ist, desto mehr wird das Wachstum verzögert, und desto länger dauert die Bildung eines für Wachstum und Stabilität erforderlichen großen Wurzelsystems.

Die optimale Pflanzhöhe beträgt 30–50 cm. Ein solches Bäumchen ist, mit all seinen Wurzeln und fest eingepflanzt, von Anfang an stabil, braucht keinen Stützpfahl und wird schnell wachsen. So entwickelt es einen kräftigen Stamm und eine formschöne Krone. Bei einem größeren Baum hat sich schon der untere Kronenbereich – abhängig vom Platz in den Reihen der Pflanzschule – entwickelt, der Stamm bleibt meist dünn und schwächlich. Für eine gesunde Entwicklung muß sich dieser lebenswichtige Teil aber dort entfalten können, wo der Baum später stehen soll.

Das Laub eines Baumes ernährt die Wurzeln, und die Wurzeln ernähren das Laub. Ein ins Freiland gepflanzter Baum steht in der Regel ungeschützter als in der Pflanzschule, und das Laub ist durch austrocknende Winde stärkeren Belastungen ausgesetzt. Deshalb braucht er ein kräftiges Wurzelsystem. Mit dem bei größeren Bäumen oft unterentwickelten, dünnen und zusammengedrängten Wurzelwerk ist kaum ein Ausschlagen möglich, geschweige denn die Bildung neuer Triebe. Aus diesem Grund steht für die Ernährung der Wurzeln während der wichtigen Phase, in der sie sich im neuen Boden ausbreiten sollen, nur wenig Laub zur Verfügung. Somit können weder die Wurzeln noch die Triebe ordentlich wachsen, und der Baum kommt viele Jahre lang nicht über das Stadium des Minimalwachstums und des harten Überlebenskampfes hinaus.

Ein kleiner Baum mit fast natürlicher Wurzelentwicklung entgeht dieser Sackgasse. Damit die Wurzeln in den neuen Boden vordringen können, müssen sie im Loch verteilt werden und dürfen nicht im Ballen bleiben. Topfgeplagte Wurzeln müssen wenigstens teilweise entwirrt werden, selbst wenn dabei einige abbrechen sollten und zurückgeschnitten werden müssen. Dann kann man dafür Sorge tragen, daß das Loch groß genug für die befreiten Wurzeln ist. Das Loch wird noch vertieft, damit unter dem Baum eine 15 cm dicke Schicht Humus oder Lauberde angelegt werden kann. Wenn der darunterliegende Boden aus schwerem Lehm besteht, sollte er zuvor noch gut umgegraben werden. Um die Wurzeln herum verteilt man eine Mischung aus Sand, Kompost und Mutterboden und drückt alles vorsichtig fest.

Auf kargen, sandigen Böden verhilft dem Baum ein wenig Superphosphatdünger, vor dem Pflanzen am Grund des Lochs verteilt, zu schneller Wurzelentwicklung, während Langzeit-Stickstoffdünger wie Knochenmehl, die man der Auffüllerde beimengt, das frühe Triebwachstum verbessern.

Die Vorbereitung

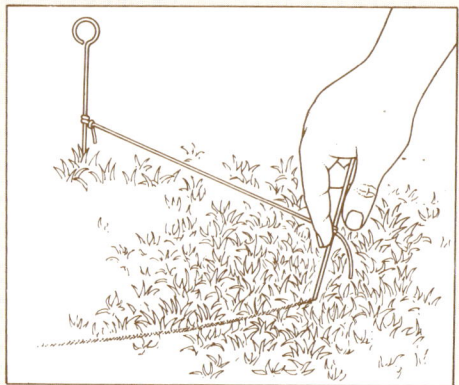

1. *Auf dem sauberen Rasen ein kreisförmiges Areal (Radius 1 m) markieren.*

2. *Rasenschicht abtragen und beiseite legen. Der größte Teil der guten Erde darunter wird wieder zum Auffüllen verwendet.*

3. *Bei fester Erde: Boden ausreichend lockern, zwecks guter Drainage. Guter Lehm kann umgegraben werden.*

4. *Rasenschicht zerkleinern und am Grund des Lochs verteilen – das gibt guten Wurzelboden.*

5. *Darauf eine Lage von gut verrottetem Mist, von Lauberde oder Kompost – das konserviert die Feuchtigkeit und erleichtert das Anwachsen.*

6. *Vor dem Arrangieren der Wurzeln Bodenschichten festtreten, damit mögliche Hohlräume verschwinden.*

Das Einpflanzen

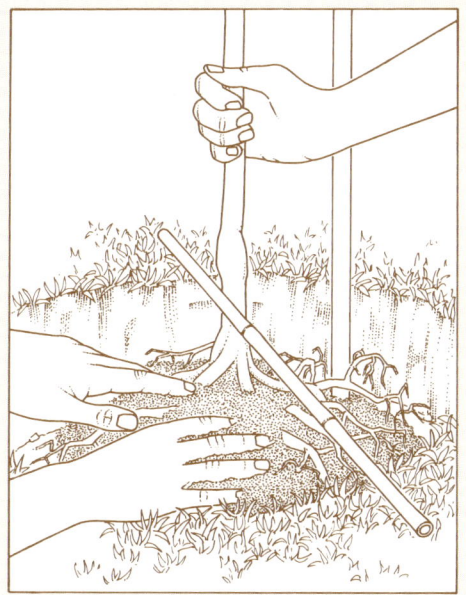

1. *Baum in Position halten und leicht auf- und abbewegen, während die Erde um die Wurzeln und dazwischen verteilt wird.*

2. *Füllhöhe mit Stab markieren, Baum beim letzten Auffüllen bis zur alten Marke und beim Festtreten der Erde festhalten.*

3. *Oberste Schicht festtreten, danach mit einem Rechen etwas lockern, damit Wasser und Luft an die Wurzeln kommen.*

Stützen und Anbinden

Hochstämmige und andere große Bäume brauchen einen Stützpfahl – nicht, um den Stamm gerade-, sondern um ihn ruhig zu halten, bis sie angewachsen sind. Danach schadet er dem Baum, da sich der Stamm hin- und herwiegen können muß, damit er sich schön kräftig entwickelt. An einem kurzen Pflock, in 30 cm Abstand vom Stamm fest in die Erde getrieben, bindet man den Baum 30 cm über dem Boden an. Nach der zweiten Wuchsperiode und den Winterstürmen wird der Pflock dann entfernt.

Ein großer Baum wird am besten von einem Dreieck aus drei kurzen Pflöcken gehalten, denn ein einzelner Pflock, in den Wurzelballen getrieben, würde sehr wahrscheinlich wichtige Wurzeln beschädigen.

Die Pflöcke sollten 40–60 cm tief in den Boden gedreht werden und aus Stabilitätsgründen längsgemasert und frei von Auswüchsen sein. Außerdem dürfen sie keinen Schädlingsbefall aufweisen und sollten nach Möglichkeit mit einem Holzschutzmittel imprägniert worden sein. Die Haltebänder sind am besten etwas elastisch, damit sich der Stamm ungehindert entwickeln kann. Gleichzeitig dienen sie auch als Abstandshalter und verhindern so ein Wundscheuern des Stammes; sie müssen an den Pflöcken befestigt werden, damit sie bei Wind und Regen nicht abrutschen.

Haltebänder

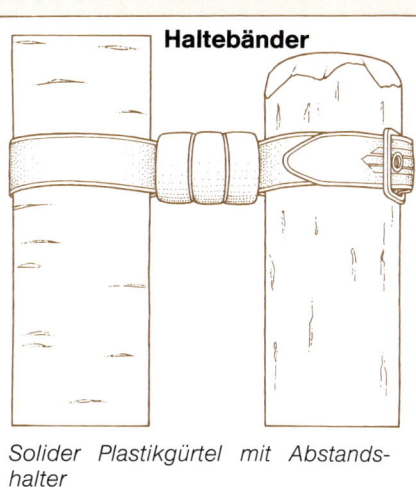

Solider Plastikgürtel mit Abstandshalter

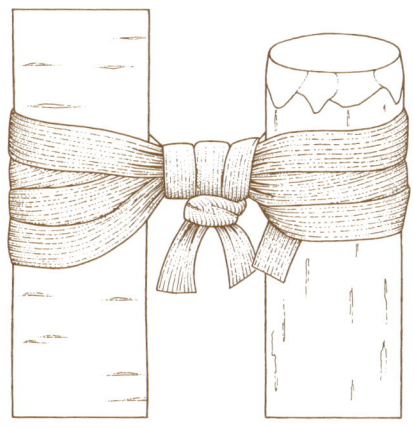

Stoffband mit geknotetem Abstandshalter

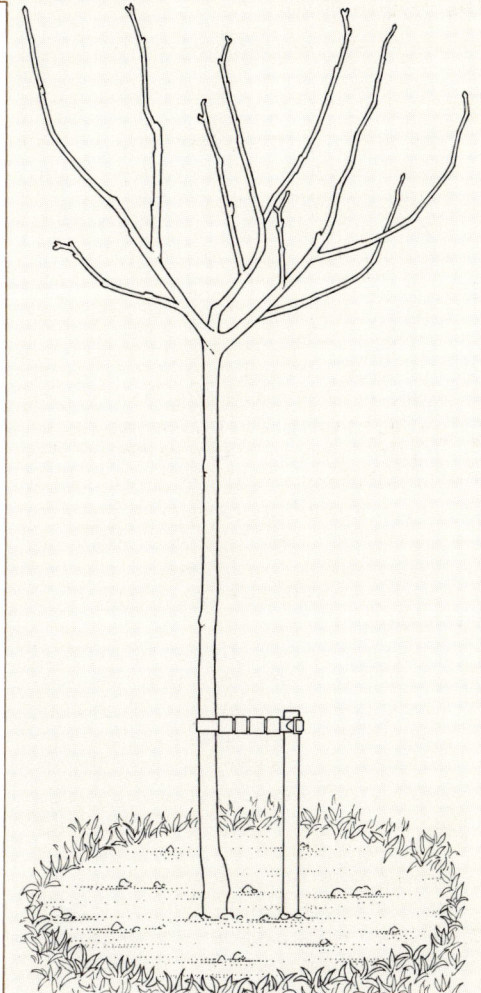

Auslichten und Formschnitt

Normalerweise erlangen Bäume ihre beste Wuchsform von ganz alleine. Nur diejenigen, die man der Früchte wegen anbaut, brauchen einen jährlichen Formschnitt, um die Größe der Früchte bzw. die Ertragsmenge zu steigern oder um zu verhindern, daß sie in unerreichbarer Höhe reifen. Bei allen übrigen Bäumen hat der Begriff »Schnitt« eine ganz andere Bedeutung und umfaßt zwei unterschiedliche Eingriffe. Der erste dient der Unterstützung des natürlichen Prozesses, bei dem die ersten, untersten Äste abgeworfen werden, wobei ein schöner, glatter Stamm unser Ziel ist. Draußen im Wald haben die unteren Äste schon bald nicht mehr genug Licht und fallen ab; bei Einzelbäumen recken sich jedoch die stärksten Äste bis zum Licht vor und werden ständig länger, während die inneren Triebe und die kleineren Äste verkahlen. Greift man hier nicht ein, dann bilden sie ein dichtes, totes Gestrüpp, das den Stamm verdeckt und bald voller Nesseln und Unrat hängt.

Der zweite Eingriff – der Formschnitt – korrigiert lediglich Wuchsfehler. Ein sich verzweigender Leittrieb kann ausgelichtet werden, sobald man ihn entdeckt. Ein gegabelter, zweistämmiger Baum ist unattraktiv und nicht sturmfest. Unvorteilhaft oder übertrieben stark wachsende Äste sollten, wo nötig, entfernt werden.

Wo man schneidet

Durch das Auslichten von Seitenästen in früher Jugend entfernt man vom Stamm totes wie lebendiges Holz von nur wenigen Zentimetern Durchmesser. Dies kann zu jeder Jahreszeit geschehen; die kleinen Wunden verheilen innerhalb von 1–2 Jahren und hinterlassen einen glatten Stamm.

Dieselbe »Reinigungsaktion« hinterläßt bei älteren Bäumen große Wunden am Stamm und in der Krone.

Äste werden in der Regel zum Ansatz hin dicker und verjüngen sich zur Spitze hin. Das schafft einen Konflikt zwischen den beiden angestrebten Zielen: einerseits soll die Wunde so klein wie möglich sein, andererseits soll der Schnitt möglichst bündig am Stamm oder Hauptast erfolgen, damit sie schön glatt bleiben.

Falsch

Ein bündiger Schnitt ergibt zwar eine glatte Oberfläche, doch da die Äste meist zum Ansatz hin dicker werden, ist die Wunde um so größer, je näher man am Stamm sägt. Was aber schwerwiegender ist: Ein solcher Schnitt entfernt auch den Kragen aus Gewebe, dessen Funktion die Bildung neuen Gewebes zur Wundheilung ist. Die Heilung zieht sich in diesem Fall länger hin, und die zu heilende Wundfläche ist größer. Wundverbände sind keine gute Lösung. Nur wenige von ihnen verhindern überhaupt Fäulnis, und bei vielen bildet sich eine Haut, die nach kurzer Zeit rissig wird, so daß sich Wasser vor der Wunde sammeln kann.

Richtig: Die Shigo-Methode

Erst vor kurzem konnte Dr. A. Shigo aus New Hampshire anhand von Studien exakt zeigen, wo geschnitten werden sollte, und warum. Dr. Shigo hat bewiesen, daß **alle** Bäume Fäulniszonen mittels Barrieren aus resistenten Zellen isolieren und daß an den Astansätzen bereits das Gewebe zum Aufbau dieser Barrieren in der Anlage vorhanden ist, um den natürlichen Abwurf vorzubereiten. Ein »Rindenkamm« auf der Ober- und ein »Kragen« auf der Unterseite des Asts markieren die äußerlich sichtbare Begrenzung des Gewebes, das die Barriere bildet, die nach innen konisch zuläuft.

Das natürliche Absterben eines Astes bewirkt eine Vergrößerung des Kragens. Wenn der Ast verrottet und abfällt, reißt er meist diesen konischen »Einsatz« mit heraus. Sollte er jedoch im Stamm steckenbleiben und dort faulen, wird er von ihm isoliert und das Äußere dadurch versiegelt, daß der vergrößerte Kragen sich allmählich schließt. Der Schnitt muß dicht beim Kragen erfolgen, darf ihn aber keinesfalls verletzen.

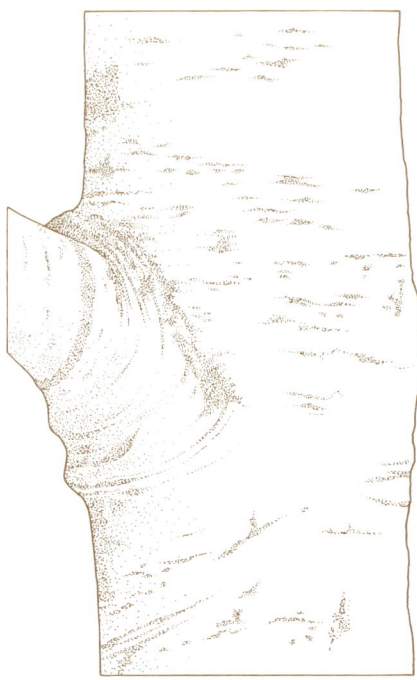

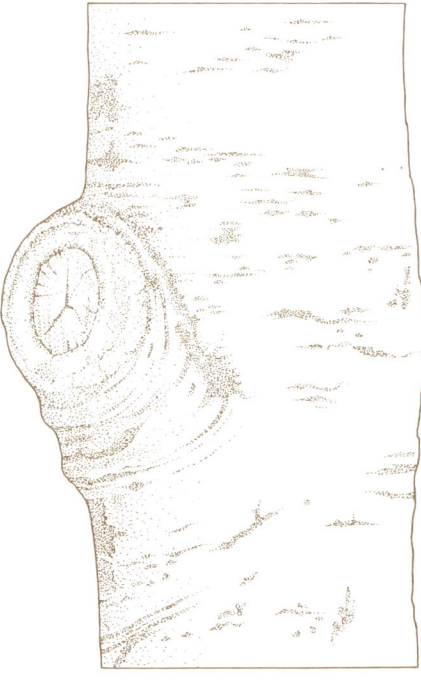

Der korrekte Schnitt verläuft knapp vor dem „Rindenkamm" auf der Oberseite bis zum Rand des Kragens auf der Unterseite. Der Kragen ist nicht immer sichtbar; in solchen Fällen ermittelt man den Schnittwinkel mit Hilfe des Winkels, in dem der Rindenkamm vom Ast absteht. Die beiden Winkel sind gleichgroß, weichen aber in entgegengesetzter Richtung von der Vertikalen ab. Bei einem fast horizontal abstehenden Ast bedingt dies einen Schnitt sehr dicht am Stamm, der aber nicht bündig ist, da der lebenswichtige Kragen stehenbleibt.

Auslichten einer Gabelung

Eine symmetrische Gabelung kann bei einem sehr jungen Baum bis zum folgenden Austrieb stehengelassen werden, aber nicht länger. Bei einer ungleichmäßigen

Gabelung muß man sich eventuell zwischen einem schwachen, langen und einem starken, aber kürzeren Trieb entscheiden.

Astschnitt

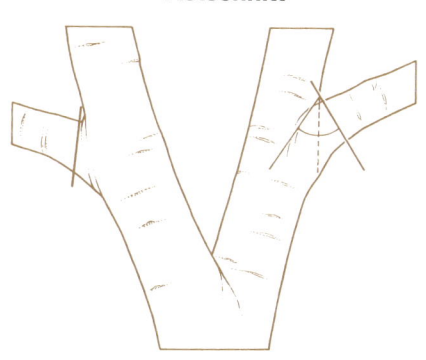

Alle Äste mit Ausnahme der schwächsten werden vor dem Auslichten zu einem Stumpf zurückgeschnitten, um ein Ausbrechen zu vermeiden.

Auslichten von Trieben

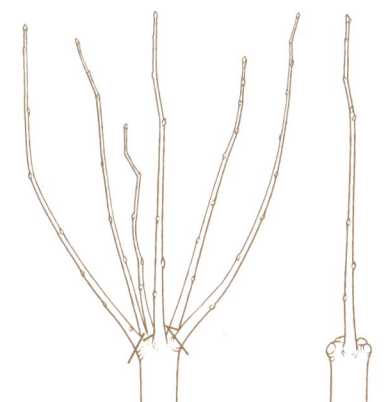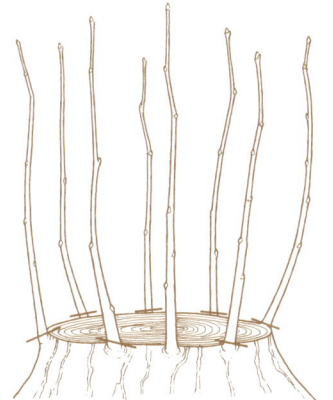

Bei wuchskräftigen Bäumen können nach einer harten Frostperiode viele gleich lange Triebe aus dem Stamm sprießen. Wählen Sie einen geraden, starken Trieb aus und schneiden Sie die übrigen ab.

Ein ausschlagender Stumpf läßt sich wieder zu einem Baum trimmen, indem man alle neuen Triebe bis auf den stärksten und schönsten entfernt. Dank des großen Wurzelsystems wird er sehr rasch wachsen.

Auslichten des Stamms

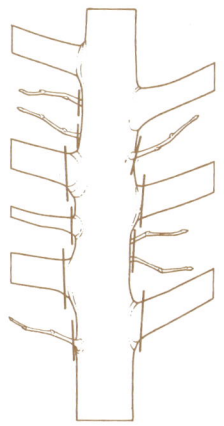

Bei einem ungepflegten Baum können die unteren Äste den Stamm verunstalten. Man hätte sie schon längst mit einer Baumschere abschneiden sollen, solange sie noch klein waren. Nun braucht man dazu eine Säge. Ein

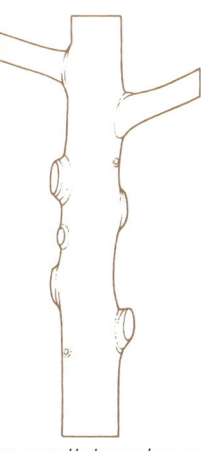

Ausdünnen der Krone

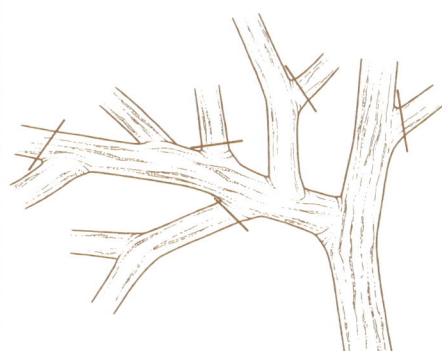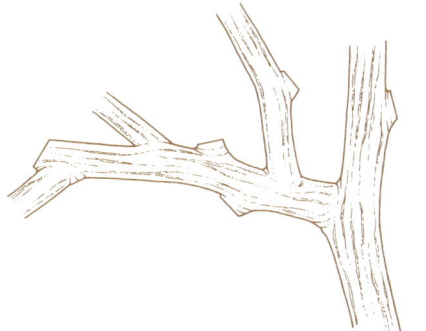

Bei manchen Laubbäumen kann die Krone zu dicht beastet sein. Sie schluckt dann zuviel Licht und wird unansehnlich. Durch planlosen Schnitt wird sie vollends übel

und häßlich. Eine Ausdünnung durch gezieltes Entfernen überflüssiger Äste, die man stets bis zu einem Hauptast zurückschneidet, löst das Problem.

Stamm kann gerettet werden, wenn die Äste nicht dicker als 10–15 cm sind, ansonsten würden die Wunden zu groß. Das Mindestziel ist ein astfreier Stamm von 1,5 m.

Natürliche Entwicklung und Wachstumsförderung

Bäume sind gesellige Pflanzen. In der freien Natur sprießen und wachsen sie normalerweise in Gruppen mit variabler Dichte, in denen nur eine oder auch mehrere Arten vorkommen können. Selbst Pionierarten, die Erstbesiedler von Ödland, tauchen in der Regel immer zu mehreren auf.

Die neuen, kahlen Gebiete wurden größtenteils durch Feuer verwüstet (aufgrund von Blitzschlag), haben aber durch aktive Brandrodung zwecks Urbarmachung zu Weide- und Ackerland noch erheblich an Fläche zugenommen. Oft liegen die „Feuerstellen", die zur Wiederaufforstung zur Verfügung stehen, in Heidelandschaften. Nicht selten sind sie das Resultat mutwilliger Zerstörung oder der Unachtsamkeit von Rauchern und Campern zuzuschreiben. Die Ausdehnung früherer Waldbrände ist häufig an den Landstrichen mit reinem, dichtem Weißbirkenbestand zu erkennen.

Im Westen Nordamerikas finden wir in den meisten Nadelwäldern weite Flächen mit Beständen gleichen Alters, die man bis zu einem Waldbrand zurückdatieren kann, und die meisten Bäume besitzen einen Lebenszyklus, der an die durchschnittliche Zeitspanne zwischen zwei Waldbränden angepaßt ist; diese ist wiederum davon abhängig, wie lange es dauert, bis sich genug brennbares Material angesammelt hat.

Pionierarten haben leichte, oftmals wollige oder geflügelte Samen, die vom Wind viel weiter fortgetragen werden als schwere Früchte, die auf Vögel oder Säugetiere angewiesen sind. Die Bäume mit den schwereren Früchten gesellen sich erst dazu, wenn die Pioniere eine Art Waldland geschaffen haben. Aus diesem Grund sind die nachfolgenden Arten auch daran angepaßt, zwischen anderen – und zwar zunächst artfremden – Bäumen aufzuwachsen.

Espe, Sal- und Lorbeerweide sowie verwandte Strauchformen haben wollige Samen und sind die Langstreckenpioniere unter den einheimischen Arten. Weiß- und Moorbirke können mit ihren winzigen, geflügelten Samen auch noch recht weite Strecken zurücklegen; die Gemeine Kiefer ist mit ihren schweren Flügelsamen ein Kurzstreckenpionier, es sei denn, ein Kreuzschnabel nimmt sich einen Zapfen und verliert unterwegs Samen.

Die ersten Bäume auf dem neuen Land wachsen unter ganz anderen Bedingungen als im Wald auf. Sie stehen völlig ungeschützt, und der Boden ist entweder erst frisch angelegt worden oder vor kurzem verbrannt. Im ersten Fall fehlen ihm meist nicht nur die für das Wachstum wichtigen Nährstoffe (insbesondere Stickstoff), sondern auch der Humus. Im zweiten Fall liegt zwar ebenfalls Stickstoffmangel vor, doch ist die Erde reich an Kaliumkarbonat (Pottasche), und der Humus fehlt nur in der obersten Bodenschicht. Pionierarten müssen sich daher an karge, oft sandige Böden anpassen können und haben einen geringen Nährstoffbedarf. Der alles bestimmende Faktor im Brachland ist jedoch der Wind. An solchen Standorten ist es ständig windig. Dies verursacht ein rasches und häufiges Austrocknen des Bodens, weshalb Pionierarten auch Trockenheit gut vertragen können müssen. Sie werden dabei sowohl von ihren tief hinabreichenden, großen Wurzeln, die sich schon sehr früh bilden, als auch von kleinen oder dicken Blättern unterstützt.

Die Pioniere sind zu Beginn sehr schnellwüchsig. Bereits wenige Jahre nach dem

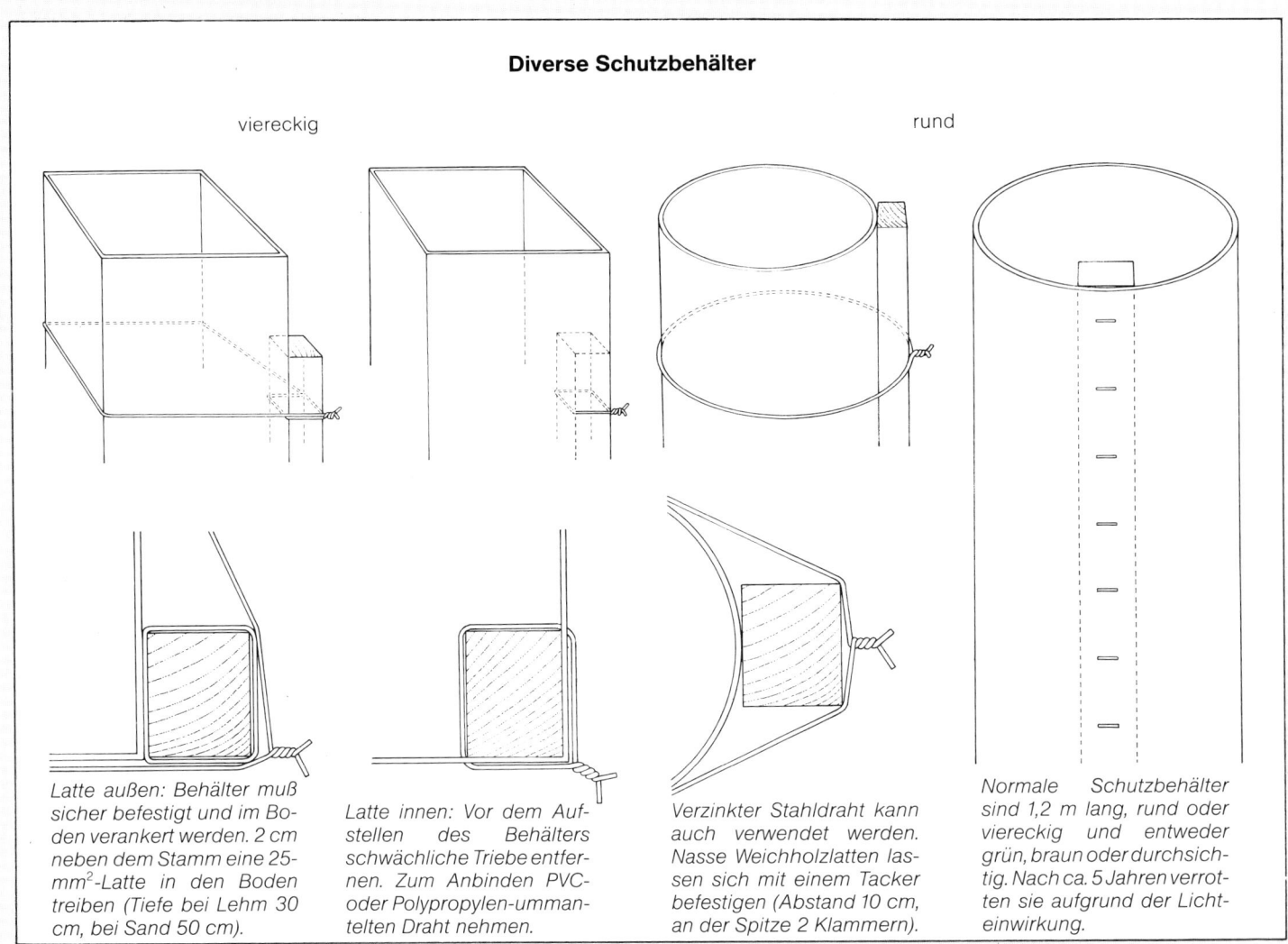

Diverse Schutzbehälter

viereckig

rund

Latte außen: Behälter muß sicher befestigt und im Boden verankert werden. 2 cm neben dem Stamm eine 25-mm²-Latte in den Boden treiben (Tiefe bei Lehm 30 cm, bei Sand 50 cm).

Latte innen: Vor dem Aufstellen des Behälters schwächliche Triebe entfernen. Zum Anbinden PVC- oder Polypropylen-ummantelten Draht nehmen.

Verzinkter Stahldraht kann auch verwendet werden. Nasse Weichholzlatten lassen sich mit einem Tacker befestigen (Abstand 10 cm, an der Spitze 2 Klammern).

Normale Schutzbehälter sind 1,2 m lang, rund oder viereckig und entweder grün, braun oder durchsichtig. Nach ca. 5 Jahren verrotten sie aufgrund der Lichteinwirkung.

Keimen der Samen blühen sie und bekommen Früchte – nur sind sie in der Regel kurzlebig. Diese Eigenschaften sind weitere Anpassungsmerkmale an ihre Lebensweise. Sie müssen jedoch ihre unwirtliche Umgebung verändern, um gut oder – in extremen Lagen – überhaupt wachsen zu können. Das ist nur möglich, wenn sie von Anfang an in großer Zahl gemeinsam wachsen, was auf Ödland die normale Folge von Selbstaussaat ist. Ein jeder Baum profitiert dann vom Schutz der anderen, und dieser Kollektivschutz verstärkt sich noch, wenn die Bäume größer werden; er verbessert auch das Mikroklima innerhalb des Standorts deutlich. Selbst die Bäume am Rand profitieren davon, da die hinter ihnen wachsenden dem durchrauschenden Wind etwas die Kraft nehmen. Nach innen werden die Bäume größer, wodurch ein keilförmiges Profil entsteht.

Die Standorte der Pionierbäume liegen meist recht ungeschützt, es gibt aber auch Ausnahmen wie die Birkenhaine, die sich nach Heidebränden gebildet haben, oder die in den zentralen Rocky Mountains gelegenen Bestände der Drehkiefer, die in sehr dichten Gruppen sprießen und trotz starker Unterdrükkung und hoher Verluste großenteils auch so bleiben.

Die Arten, die nachfolgen, sind daran angepaßt, ihr Leben im Schutze der relativ feuchten Wälder auf einem »fertigen«, humusreichen und einigermaßen fruchtbaren Boden zu beginnen. Viele brauchen nach wechselhaften Phasen freien Himmel über sich und erreichen dies, indem sie ihren Nachbarn entweder über den Kopf wachsen oder so lange warten, bis die Kronen über ihnen langsam eingehen und abbrechen. Aus all diesen Faktoren muß man den Schluß ziehen, daß sich ausnahmslos jeder Baum, ob einzeln gepflanzt oder in weitem Abstand auf freien Plätzen (wie z.B. in den meisten Parkanlagen), Umweltbedingungen ausgesetzt sieht, von denen er durch seine natürliche, arteigene Entwicklung abgeschirmt wird. Gravierender aber ist oft noch, daß er bei der Verpflanzung schon viel zu groß ist und viele Jahre unter gänzlich anderen Bedingungen in der Pflanzschule zugebracht hat. Für einen solchen Baum ist es am schlimmsten, plötzlich ungeschützt im Freien zu stehen.

Tuley-Röhren

Graham Tuley, ein Mitglied der britischen Forstkommission, experimentierte mit durchsichtigen Plastikschutzröhren für Bäume. Verschiedene Materialien, Durchmesser und Höhen wurden dabei getestet. Eine schlanke Röhre erzeugt einen Treibhauseffekt, da sie die Wärme des eingestrahlten Sonnenlichts speichert – ein Effekt, den man leicht selber feststellen kann, wenn man an einem kühlen Tag in eine solche Röhre greift. In der windsicheren, feuchten Wärme bekommen die Seitentriebe große Blätter, die für das Wachstum von Stamm und Leittrieb förderlich sind. Sie sind kurz und stehen viel zu dicht, werden aber entfernt, sobald der Stamm ausgelichtet wird. Gleichzeitig schützen die Röhren die Bäume vor Wildverbiß. Mit ihrer Hilfe wird das Jugendwachstum vieler Laubbäume stark gefördert.

Materialien und Methoden befinden sich noch in der Erprobungsphase, dennoch wurden seit 1983 schon mehr als eine halbe Million Tuley-Röhren verkauft.

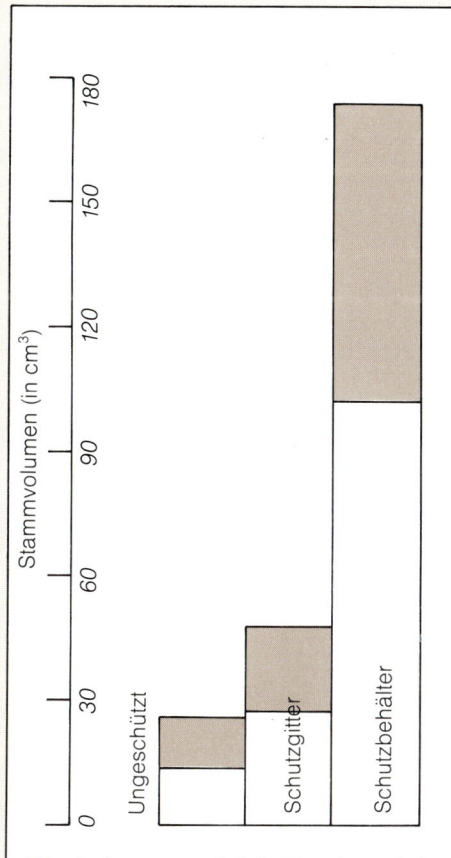

Wachstumsvergleich: Traubeneiche (3. + 4. Jahr)
Ungeschützt (als Vergleichsmaßstab), Schutzgitter und -behälter; je 20 Bäume. Weiß: nach 3 Jahren; braun: Zuwachs im 4. Jahr.

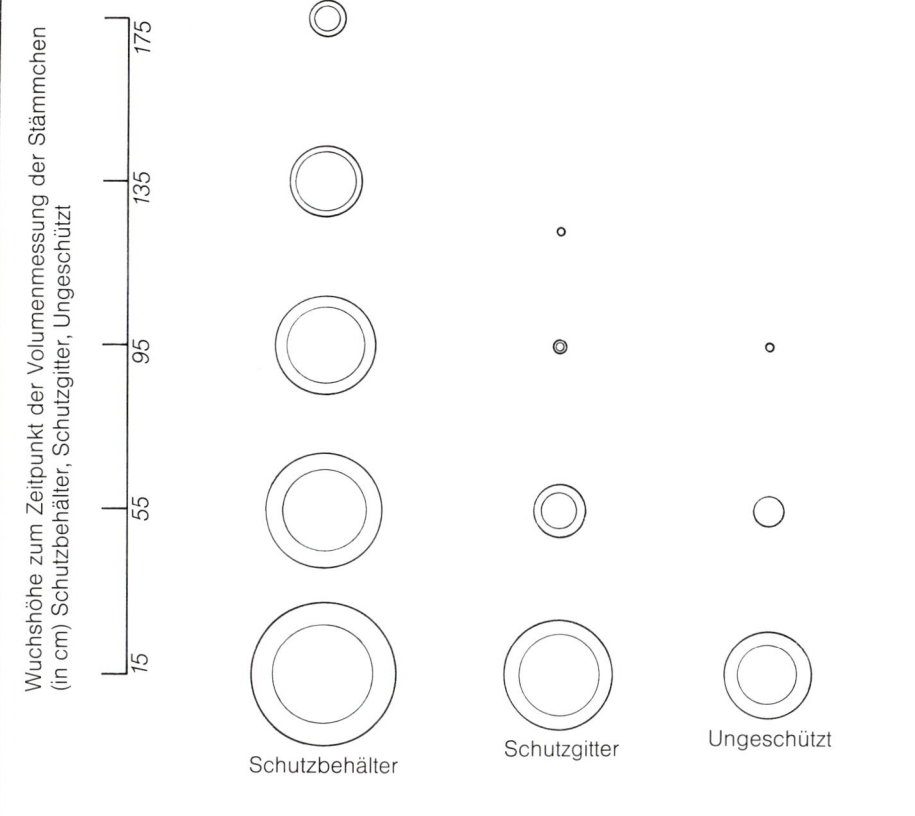

Dieselben Bäume (20 pro Testreihe), mittlerer Durchmesser im Abstand von 40 cm aufwärts. Innerer Ring: Größe nach 3 Jahren; äußerer Ring: Zuwachs im 4. Jahr. Alle Bäume waren von kaninchensicherem Maschendraht umgeben. Der Volumen- *zuwachs der Bäume in Schutzröhren entsprach im 3. Jahr dem Gesamtwachstum der Bäume in Schutzgittern im Laufe von 6 Jahren. Weißbirke, Spitz- und Bergahorn u.a. reagierten ähnlich.*

Höhenmessung

Die Höhe eines Baumes, der kleiner als 6 m ist, läßt sich mit Hilfe eines Stabs genau ermitteln. Ein großer Baum kann mittels verschiedener hausgemachter Methoden leicht und einigermaßen genau gemessen werden, genauer und zuverlässiger geht es freilich mit einem Meßinstrument. Eine ganz exakte Messung ist jedoch unter normalen Umständen unmöglich. Selbst das Erklettern des Baumes kann nur selten das Problem lösen. Die Höhe wird ab dem höchsten Punkt der Krone gerechnet. Dieser kann bei alten, vielverzweigten Nadelbäumen und bei Laubbäumen mit breiter Kuppelkrone viele Meter neben der Mittelachse liegen. Die Basis eines Baumes ist die höchste Stelle, bis zu der die Erde am Stamm hinaufreicht. Das verhindert, daß der Stammauslauf und die Wurzeln an der Talseite eines Steilhangs zur Höhe mitgerechnet werden.

Hat man die beiden Punkte ermittelt, zwischen denen gemessen werden soll, so muß als nächstes der Standort bestimmt werden, von dem aus gemessen wird. Die höchste Genauigkeit erhält man, wenn dieser auf einer Höhe mit der Basis des Stamms liegt und ungefähr so weit entfernt ist, wie der Baum hoch ist. In der Praxis verfälscht selbst ein recht abschüssiger Hang das Ergebnis kaum, da man ja sowohl nach unten zur Basis als auch nach oben zur Spitze hin mißt. Man schätzt also grob die Höhe des Baumes – 20, 30 oder 40 m – und sucht sich einen Standort in entsprechender Entfernung (bei einem Meßinstrument muß diese genau stimmen), der weitestgehend auf gleicher Höhe mit der Basis liegt und von dem aus man die Spitze und die Basis sehen kann. Ein krummer Baum sollte nach Möglichkeit im rechten Winkel zur Neigungsrichtung anvisiert werden. Ist dies nicht möglich, so mißt man zweimal von gegenüberliegenden Standorten (wofür man sich übrigens bei allen sehr großen Bäumen die Zeit nehmen sollte) und erhält so einen Durchschnittswert, der der Höhe entspricht. Interessanterweise schätzt das ungeübte Auge die Wuchshöhe von 6–12 m hohen Bäumen deutlich zu niedrig, die von 25–30 m hohen Bäumen dagegen viel zu hoch.

Methode 1

Die Spitze eines Baumes, dessen Basis und das Auge müssen ein Dreieck mit einem rechten Winkel zwischen Stamm und Erdboden bilden. Dann beträgt der Beobachtungswinkel 45°, da ja die Höhe des Baumes der Meßentfernung entspricht. Ihr Standort ist gleichweit von der Basis entfernt wie die Spitze. Diese Strecke am Boden kann präzise abgemessen werden. Zur Ermittlung des Punkts, an dem der Winkel 45° beträgt, fertigen wir ein verkleinertes Modell dieses Dreiecks an. Kürzen Sie einen Holzstab so, daß er genauso lang ist wie Ihr ausgestreckter Arm. Halten Sie ihn senkrecht und mit ausgestrecktem Arm von sich weg. Laufen Sie solange, bis sich die Enden des Stabs mit der Spitze und der Basis des Baums decken, das ist der gesuchte Punkt.

Methode 2

Für diese Methode braucht man zwei Leute. In ein Lineal oder einen ähnlich mit einer Skala versehenen Stab schneidet man bei 2,5 cm eine Kerbe ins Holz (bei einem 50 cm langen Stab bei 5 cm). Halten Sie das Lineal mit ausgestrecktem Arm von sich weg (das ist eine konstante Entfernung), und suchen Sie den Punkt, an dem sich die Enden des Lineals mit der Spitze und der Basis des Baums decken. Bitten Sie nun Ihren Helfer, eine weiße Markierung (eine zu einem Dreieck gefaltete Seite aus einem Notizbuch tut's auch) so lange auf- und abzubewegen, bis sie exakt in der Kerbe des Lineals erscheint. Die Höhe, bei der dies der Fall ist, entspricht genau $\frac{1}{12}$ bzw. $\frac{1}{10}$ der Baumhöhe, je nach dem verwendeten Maßstab.

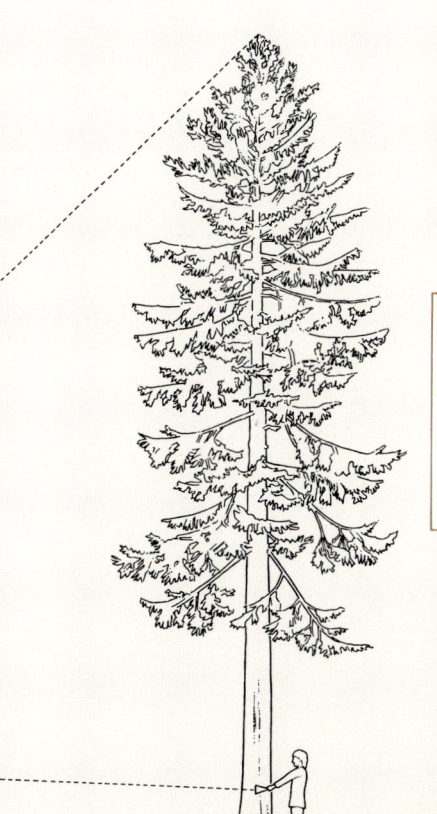

Methode 3

Die Sonne scheint zwar nicht immer, und die Bäume werfen ihre Schatten auch nicht sehr oft auf freies Gelände, doch auf Rasen kann die Schattenmethode sehr nützlich sein. Man vergleicht die Länge eines Baumschattens mit dem Schatten, den ein 2 m langer Stab zur gleichen Zeit wirft. Durch eine einfache Verhältnisrechnung erhält man die Höhe des Baumes.

Der Höhenmesser

Bei diesem Instrument wird die Höhe eines Objekts von einer frei beweglichen Nadel direkt auf verschiedenen Skalen angezeigt oder von einem rotierenden Zylinder, der sich vor einer starren Markierung dreht. Die meisten dieser Geräte haben Skalen für verschiedene Entfernungen zum jeweiligen Objekt. Sie sind teuer, doch kann man sich auch selbst ein funktionsfähiges Gerät basteln.

Altersschätzung

Höhe und Breite eines Baumes nehmen mit den Jahren zu, bis die Vergreisung einsetzt und sie wieder abnehmen. Beide Angaben sind nach den ersten Jahren als Altersindiz ungeeignet. Durchmesser und Stammumfang müssen mit jedem Lebensjahr zunehmen, wobei alljährlich ein Ring aus neuem Holz gebildet wird. Der in 1,5 m Höhe gemessene Stammumfang gibt Aufschluß über das Alter eines Baumes. Für großwüchsige Bäume gilt die grobe Regel, daß der Umfang pro Jahr um rund 2,5 cm (1 Zoll) zunimmt (uneingeschränkt für alle Arten). Ungeachtet der Tatsache, daß die meisten Bäume in ihrer Jugend deutlich mehr als 2,5 cm pro Jahr zulegen, nähern sie sich mit zunehmendem Alter diesem Mittelwert an und sacken schließlich darunter ab. Da die Holzbildung von der Laubmenge abhängt, ist die jährliche Zuwachsrate bei einem Baum, der eingezwängt im Wald steht oder Äste verloren hat, geringer und beträgt dann vielleicht nur noch 2,5 cm alle 2 Jahre. Eine Eiche mit voller Krone und einem Stammumfang von ca. 6 m ist runde 250 Jahre alt. Allerdings gibt es unter den Bäumen auch wahre Sprinter sowie andere, die im Schneckentempo wachsen. Zur ersten Gruppe zählen mit 7–10 cm Zuwachs pro Jahr beispielsweise Eukalypten, Weiden und Pappeln.

Manche Arten wachsen in den ersten 50–80 Jahren um mehr als 2,5 cm jährlich und werden dann sehr langsam. Beispiele hierfür sind die Gemeine Kiefer und die Holländische Linde. Das ungefähre Alter dieser Bäume beträgt 100 Jahre plus 2 Jahre pro Zoll Mehrumfang über 1 m.

1789 verzeichnete Gilbert White den Umfang der Selborne-Eibe mit 7,18 m in 1 m Höhe. 1984 betrug er 7,80 m. Die konstante Abnahme der Zuwachsrate von $\frac{1}{2}$ Zoll pro Jahr ergibt ein heutiges Alter von etwa 1400 Jahren.

Register